BULLETINS

DES

CONTRIBUTIONS INDIRECTES.

DELAGUETTE, Imprimeur, rue Saint-Merry, N°. 22, A PARIS.

C.

BULLETINS

DES

CONTRIBUTIONS INDIRECTES,

Faisant suite au TRAITÉ DU CONTENTIEUX,

Par M^r. D'AGAR, Chef de Division Adjoint du Contentieux de la Régie, Auteur de plusieurs Ouvrages de Jurisprudence.

TOME PREMIER.

A PARIS,

Chez RENARD, Libraire, Successeur de M. BAILLEUL, rue Sainte-Anne, N°. 71.

1820.

NOTE

DE L'ÉDITEUR.

Le *Traité du Contentieux*, composé en juillet 1819, présente l'état de la législation et de la jurisprudence des Contributions indirectes à cette époque; l'accueil flatteur qu'il a reçu de la part de MM. les employés supérieurs de l'administration et de ceux des magistrats auxquels il est parvenu, nous dispense d'en faire ici l'éloge, qui a été d'ailleurs répété dans tous les journaux du temps. Nous nous bornerons donc à faire observer que cet ouvrage offre le résumé de tout ce qui a été publié jusqu'alors sur le contentieux de cette branche des revenus publics.

Mais ce travail serait imparfait, si on n'avait soin de le tenir au courant des additions, changemens et modifications apportés aux règles qui y sont établies par les lois, ordonnances, décisions administratives et arrêts subséquens, toujours nombreux dans une matière aussi étendue et aussi variée; nous nous sommes donc fait un devoir, avec l'agrément de l'Administration, d'accéder au vœu qui nous a été manifesté de toutes parts, de donner un supplément périodique à ce Traité, au moyen de la publication, à des époques très-rapprochées, de *Bulletins* qui présenteront tout ce qui aura paru depuis la composition de cet ouvrage, ou qui aurait pu y être omis.

L'auteur, jaloux de continuer à mériter le suffrage de ceux à qui son travail est plus particulièrement destiné, continuera à puiser dans les archives des Domaines, de l'Enregistrement, des Douanes et autres parties du service public, les décisions administratives ou judiciaires sur des difficultés analogues ou communes au service des Contributions indirectes; ce qui contribuera à former un corps de doctrine général et uniforme sur cette branche importante de l'économie publique, connue sous le nom d'*Impôts indirects*.

Pour que MM. les abonnés soient instruits, pour ainsi dire, *jour par jour*, des variations de la législation et de la jurisprudence sur cette partie, il leur sera expédié une livraison aussitôt qu'il y aura assez de matière pour une feuille. On peut compter, dans les premiers temps, au moins sur quatre livraisons par mois, vu l'intervalle qui s'est écoulé depuis la publication de l'ouvrage auquel elles doivent servir de supplément.

La réunion de vingt livraisons formera un volume, qui sera précédé d'une *table chronologique* et suivi d'une *table alphabétique* des matières. Le tout parviendra aux abonnés, franc de port, à raison de *sept francs* par volume, qui devront être payés en s'abonnant, au moyen d'un mandat sur Paris.

Les demandes doivent être faites par lettres affranchies, à l'adresse de *M. Renard, libraire, rue Sainte-Anne, N°. 71*, et contenir avec exactitude le nom et la profession de l'abonné ainsi que l'adresse à laquelle l'ouvrage doit lui être envoyé.

Nous terminerons cette note en faisant observer à ceux de MM. les employés de la Régie qui auraient pu se laisser prévenir par quelques retards apportés dans le temps à la livraison du *Manuel alphabétique*, que ces retards ont eu pour cause des circonstances particulières indépendantes de la volonté de l'auteur, et notamment le desir qu'il avait de rendre cet ouvrage le plus complet possible, en y insérant une instruction générale sur la comptabilité qui avait été annoncée.

Ces retards ne se renouvelleront plus; l'exactitude que nous avons mise dans les livraisons du *Traité de Contentieux*, lequel n'a été annoncé que lorsqu'il a été imprimé et mis en vente, doit être pour eux une garantie de celle que nous mettrons dans les livraisons successives des Bulletins. Outre que notre intérêt personnel y est attaché, nous avons le plus grand desir d'obtenir leur confiance, et nous espérons y parvenir en remplissant nos engagemens avec promptitude et fidélité.

Le *Traité du Contentieux*, auquel les Bulletins servent de supplément, et qu'il est nécessaire d'avoir sous les yeux pour l'intelligence des articles contenus dans ce dernier ouvrage, se trouve à la même adresse : il forme deux volumes in-8°. , dont le prix, à Paris, est de 12 fr. , et de 15 fr. par la poste ; le premier volume se vend séparément. Ceux de MM. les Directeurs qui font, à-la-fois, la demande d'un ou plusieurs exemplaires des deux volumes et de cinq exemplaires du premier, ne payent plus les deux volumes que 10^f. et le premier volume 4^f. seulement.

On trouve également chez le même libraire, le *Manuel alphabétique* ou *Dictionnaire des Contributions indirectes*, du même auteur, un vol. in-8°. à deux colonnes, prix à Paris, 6 fr. , et 7 fr. 50 cent. par la poste. Les employés qui font la demande de cet ouvrage par l'intermédiaire de leur directeur ne le payent que 5 fr.

Le *Code des Contributions indirectes*, auquel on renvoye souvent dans le cours des Bulletins pour la vérification du texte, se trouve également chez le même libraire. Prix 6 fr. à Paris, et 7 fr. 50 cent. par la poste.

Nous joignons au présent avis la première feuille de bulletins, pour que l'on puisse juger de l'utilité de l'ouvrage : ceux qui nous auront fait connaître en réponse leur intention de s'abonner, recevront immédiatement les livraisons suivantes, qui se succéderont avec rapidité.

BULLETINS

DES

CONTRIBUTIONS INDIRECTES.

BULLETINS.	
BULLETIN N°. 1er. Les *débitans de bière*, et en général tous ceux qui débitent des boissons, *de quelque espèce que ce soit*, sont soumis à la *déclaration préalable* de leur profession à la régie, à prendre *licence* et à souffrir les *visites et exercices* des employés. (*Arrêt de cassation, du 13 août 1819.*)	DÉBITANS DE BIERE. LICENCE. DÉCLARATION. VISITES ET EXERCICES.
Lorsque le *Traité du contentieux* fut publié, la cour de cassation n'avait point encore eu à prononcer sur cette difficulté, et nous dûmes nous borner à étayer notre opinion particulière d'une décision de S. Ex. le Ministre des Finances, et d'un jugement rendu en dernier ressort par le tribunal civil de Lille, contre lequel il n'y avait pas eu de pourvoi. Depuis lors, la cour suprême a joint l'autorité de ses arrêts à celle des décisions précitées, en sorte que le principe que nous venons d'établir ci-dessus ne peut plus rencontrer, aujourd'hui, de contradiction fondée.	Traité du contentieux, *nomb.* 292, § III, *tome* 1er., *page* 293.

Le tribunal de 1re. instance de Rouen jugeant en police correctionnelle et, après lui, la cour royale de la même ville, avaient décidé qu'aucun article de la loi du 28 avril 1816, n'assujétit les débitans de bière à faire une déclaration préalable à la régie ; que l'article 144 de ladite loi, n'impose l'obligation de se munir d'une licence qu'aux personnes tenues de faire la déclaration des boissons dont elles veulent faire commerce et qui sont frappées du droit de

BULLETINS.

détail par l'art. 47; et qu'enfin les débitans de bière n'étant pas soumis à faire cette déclaration, sont également dispensés de la licence et affranchis des visites et exercices.

« La cour de cassation, ouï le rapport de M. Chasle, conseiller; les observations de M. Cochin, avocat de la régie; et les conclusions de M. Hua, avocat-général;

» Vu les articles 52 et 171 de la loi du 28 avril 1816;

» Vu aussi le tarif annexé à ladite loi, sous le n°. 4, au titre des *Droits de licence*, lequel établit comme assujétis auxdits droits, en termes génériques, *les débitans de boissons*. »

. » Attendu, en premier lieu, que les expressions de l'article 52, *toute personne qui vend en détail des boissons de quelqu'espèce que ce soit*, sont générales et absolues; qu'elles ne font ni ne permettent de faire aucune distinction ni exception en faveur des *débitans de bière*, et qu'ainsi les débitans de cette espèce de boisson, *quoiqu'elle ne soit pas assujétie aux droits de détail*, n'en sont pas moins soumis aux *visites et exercices* des employés, et que cet assujétissement exige *nécessairement* la déclaration préalable prescrite par l'article 50.

» Attendu, en second lieu, qu'il résulte évidemment de la combinaison des articles 50, 52 et 171, rapprochés du tarif annexé à la loi auquel ce dernier article se réfère, que tous les débitans de boissons, *sans aucune exception ni distinction d'espèces*, sont obligés à se munir de *licences*.

» Que le raisonnement qui a déterminé l'opinion contraire de la Cour royale de Rouen, porte évidemment à faux, puisque, d'après la combinaison dont on vient de parler, *il ne peut pas être douteux* que les débitans de bière sont soumis aux *visites et exercices* des commis; qu'ils sont *conséquemment* tenus de faire les déclarations préalables que la loi a prescrites aux débitans, et en même temps de se pourvoir de licence;

BULLETINS.

d'où il suit que la cour a violé les articles ci-dessus rappelés.

« Par ces motifs, la cour casse, etc. »

BULLETIN N°. 2. Les personnes qui exercent l'une des professions désignées en l'article 50 de la loi du 28 avril 1816, sont réputées, dans la présomption de la loi, faire le commerce en détail de boissons, et sont par conséquent soumises à faire la déclaration préalable prescrite par cet article, à prendre licence et à souffrir les visites et exercices des employés, quand bien même elles prétendraient ne vendre d'aucune espèce de boissons soumises aux droits. (*Arrêt de cassation, du* 19 *novembre* 1819.)

CABARETIERS, TRAITEURS, AUBERGISTES, RESTAURATEURS, MAITRES D'HOTELSGARNIS, CAFFETIERS, LIQUORISTES, BUVETIERS, DÉBITANS D'EAU-DE-VIE, et *toutes personnes* donnant à manger au jour, au mois ou à l'année.

« La cour, ouï, M. Ollivier, conseiller, en son rapport, et M. Freteau de Peny, avocat-général, en ses conclusions;

» Vu l'article 50 de la loi du 28 avril 1816, portant etc.

» Attendu que, d'après l'esprit et le texte de cet article, les cabaretiers, aubergistes et tous ceux dont les professions s'y trouvent dénommées, ont, *par le seul fait de l'exercice légal de ces professions*, le droit de vendre des boissons en détail, et sont réputés en vendre en effet;

» Que dès-lors ils sont *nécessairement* soumis à faire la déclaration prescrite par l'article 50 précité, et à prendre la licence exigée par l'art. 144;

» Qu'ils ne peuvent s'exonérer de l'une ni de l'autre de ces obligations, sous le prétexte qu'ils n'auraient ni fait de débit de boissons, ni donné à manger et à boire. Qu'admettre une telle excuse, ce serait méconnaître ce qui constitue, principalement et essentiellement, l'exercice de la profession d'aubergiste et ouvrir la plus large porte à la fraude;

Traité du contentieux, *tome* 1er. *pages* 292, 305, et suivans, *nomb.* 292 § I. *et nomb.* 293, § I, II *et* III.

<table>
<tr><td>

</td><td>

BULLETINS.

</td></tr>
</table>

» Et attendu que dans l'espèce il était constaté par le procès-verbal des employés de la régie, que les demandeurs avaient la qualité d'aubergistes, que chacun d'eux tenait auberge, recevait et logeait des voituriers avec leurs chevaux et voitures ;

» Que dès-lors ils étaient soumis à faire la déclaration prescrite par l'art. 50, et à prendre la licence exigée par l'art. 144 ;

» Que faute par eux d'avoir satisfait à ces deux obligations, et encore par leur refus de s'y soumettre, ils ont commis une double contravention, à raison de laquelle la régie a eu droit de les poursuivre ;

» Que néanmoins, d'après leur assertion de se borner à loger les voituriers, sans leur donner à manger ni à boire, et à nourrir leurs chevaux, le jugement du tribunal correctionnel de Lyon, confirmé par l'arrêt attaqué, les a mis hors de cour sur l'action de la régie ;

» En quoi cet arrêt a violé les articles 50 et 144 de la loi du 28 avril 1816.

» Par ces motifs, la cour casse et annulle, etc.

COMPTABLES.

VOLS DE CAISSE.

PRÉCAUTIONS DE SÛRETÉ.

Traité du contentieux, *nomb.* 103, §1, *tom.* I, *page* 96.

BULLETIN Nº 3. Les receveurs, et autres comptables publics, doivent donner tous leurs soins à la sûreté des deniers dont ils sont dépositaires. En conséquence, S. Ex. le Ministre des Finances a rejeté la demande en décharge formée en faveur d'un receveur qui avait essuyé un vol de caisse ; attendu que la porte d'entrée de son bureau était sans cadenas ni serrure de sûreté ; que les meubles où se trouvaient les objets enlevés n'étaient fermés que par une serrure ordinaire, et qu'ils étaient d'ailleurs si faciles à briser, qu'on les aurait inutilement fermés avec des serrures

BULLETINS.	OBJETS des Bulletins et renvois aux Ouvrages dont ils sont le supplément.

solides. (*Décis. du Ministre des Finances,* *du 24 avril 1818.*)

BULLETIN N°. 4. Il n'y a plus, à l'entrée des salpêtres en France, d'autres restrictions que celles qui affectent toute espèce de marchandises taxées à plus de vingt francs. L'administration des Douanes n'exige plus, en conséquence, que ceux qui importent du salpêtre en France justifient qu'ils sont fabricans de soude ou d'acides, ni à faire garantir l'envoi en fabrique par des acquits-à-cautions. *(Circulaire de l'administration des Douanes, du 15 mars 1819. Secret. général N°. 477.)*

SALPÊTRES.

CIRCULATION.

D'où il suit que les employés de la régie n'ont à exiger aucune expédition pour la circulation, dans l'intérieur du royaume, des salpêtres importés.

Traité du contentieux, *nomb.* 178, *tom.* I, *p.* 169.

BULLETIN N°. 5. Les préposés des Douanes qui verbalisent en matière de contravention aux droits de garantie des matières d'or et d'argent, doivent remettre leur procès-verbal au procureur du Roi, et déposer au greffe les objets saisis. Mais ils ne peuvent se dispenser de donner avis de cette double opération au directeur des Contributions indirectes ; celui-ci étant chargé d'acquitter les frais de poursuite et de percevoir le montant des condamnations. (*Circulaire de l'administration des Douanes, du 23 mars 1818. Contentieux N°. 376.*)

MATIÈRES d'or et d'argent

Saisies opérées par les préposés des Douanes.

Traité du contentieux, *nomb.* 629, § IV, *tom.* 2, *p.* 290.

<table>
<tr><td>

</td><td>

BULLETINS.

BULLETIN N°. 6. Lorsque la loi a exigé que l'affirmation d'un procès-verbal fût faite dans un certain nombre d'heures, si le procès-verbal contient l'énonciation de l'heure de sa rédaction, il est nécessaire que l'acte d'affirmation énonce aussi l'heure à laquelle ce dernier acte a eu lieu: autrement il ne serait pas constant que l'affirmation a été faite dans le délai de la loi , toutes les fois que cette dernière circonstance ne ressort pas soit du procès-verbal , soit de tout autre genre de preuve. (*Arrêt du 31 juillet 1818, en matière forestière.*)

Dans l'espèce de cet arrêt, le procès-verbal des gardes-forestiers énonçait qu'il avait été dressé le 25 février 1815, *à deux heures de l'après-midi* ; il avait été affirmé le lendemain 26 , *sans indication de l'heure.*

Les tribunaux de première instance et d'appel avaient jugé, avec raison, que le défaut d'indication de l'heure de l'affirmation empêchait qu'il pût être reconnu si celle-ci avait été faite dans les vingt-quatre heures , ce délai devant en effet expirer le 26 à deux heures, et *rien ne prouvant* que l'affirmation, faite le 26 , eût été reçue par le juge de paix avant l'heure fatale. En cassation la régie de l'Enregistrement avait bien invoqué les dispositions de la loi du 29 septembre 1791 , qui n'impose pas d'une manière expresse aux gardes-forestiers l'obligation d'énoncer l'heure de l'affirmation de leurs procès-verbaux , ainsi que la jurisprudence des arrêts que nous avons rapportés dans notre Traité du contentieux , aux nombres rappelés en marge, et desquels il résulte que, dans le doute en cette matière , la présomption légale est que l'affirmation a eu lieu dans les délais prescrits.

Mais ces moyens n'étaient pas applicables à la question, et ils ont été rejetés par l'arrêt dont la teneur suit :

« La cour etc, attendu que le délai de l'affirmation des procès-verbaux des gardes-forestiers est fixé à

</td></tr>
</table>

BULLETINS.

vingt-quatre heures ; que dès-lors le procès-verbal du garde qui a servi de base aux poursuites, dans l'espèce, *ayant énoncé l'heure de sa rédaction*, le tribunal civil de Tarbes a pu, sans violer la loi, juger que l'acte d'affirmation *qui n'énonçait pas de même l'heure à laquelle il avait eu lieu*, n'établissait pas la preuve de sa régularité et devait être reputé hors du délai légal ;

Que d'ailleurs rien, dans ledit acte d'affirmation, ne tend à faire connaître ni à prouver qu'il ait été fait dans les vingt-quatre heures de la clôture du procès-verbal ;

La cour rejette le pourvoi. »

Cet arrêt ne change rien à la jurisprudence établie en cette matière.

Les gardes-forestiers ne sont pas obligés d'énoncer *l'heure de la rédaction* de leurs procès-verbaux; aucune loi ne les y astreint. Mais quand ils ont énoncé cette heure, il devient alors indispensable qu'ils invitent le magistrat devant lequel ils se présentent pour affirmer, d'indiquer *l'heure de l'affirmation* ; sans quoi leurs procès-verbaux courent risque d'être annullés, à moins que l'heure de l'affirmation ne ressortît du procès verbal lui-même ou de quelqu'autre circonstance, telle que celle rapportée tome 1er. du Traité du contentieux, page 395.

On a cru devoir rapporter cet arrêt, d'abord parce qu'il est applicable à tous les cas où le délai de l'affirmation se règle par heure, comme en matière d'octroi, de garantie et de navigation ; et ensuite parce que les gardes-forestiers, appelés à verbaliser, en certains cas, en matière de Contributions indirectes, doivent le faire dans la forme qui leur est propre, et qu'il importe à la régie que ces formes soient observées.

BULLETIN Nº. 7. Le préposé comptable qui a rendu ses comptes sans reprise ni débet, peut recevoir au trésor les intérêts de son

	BULLETINS.

cautionnement, bien que ses comptes n'aient pas été vérifiés, et qu'il n'ait pas encore son certificat de *quitus*, pourvu toutes fois qu'il ne s'élève contre lui aucun soupçon d'infidélité et qu'il produise un certificat de solde de compte. (*Décision du Ministre des Finances, du 20 août* 1819.)

BULLETIN N°. 8. Les directeurs de la régie peuvent, sans le concours des préposés des Domaines et de l'Enregistrement, faire vendre au profit de l'état, les papiers, caisses, colis et autres effets mobiliers devenus hors d'usage. (*Décision du Ministre des Finances, du* 10 *septembre* 1819.)

Cette décision est fondée sur ce que l'arrêté du 23 nivôse an 6, qui statue que la vente des effets mobiliers de l'état, non réservés pour le service public, sera faite par les préposés des Domaines, et que le produit sera versé dans leurs caisses, n'a pas entendu disposer à l'égard des objets affectés au service des administrations financières, et qui ne peuvent plus être employés à l'usage auquel ils étaient destinés.

BULLETIN N°. 9. Le jour de la rédaction du procès-verbal ne compte pas dans le délai de quatre jours donné par la loi, pour l'enregistrement de cet acte; le dernier jour du délai ne compte pas non plus lorsqu'il tombe nu jour de dimanche ou de fête légale.

BULLETINS.

En conséquence un procès-verbal rédigé le mercredi a pu n'être enregistré que le lundi suivant. (*Arrêt de cassation, du 18 février 1820.*)

Il faut observer que les jours de dimanche et de fête légale ne comptent pas dans les délais, seulement lorsqu'ils sont, comme dans l'exemple ci-dessus, le dernier terme du délai ; mais que ces jours comptent dans tous les autres cas. Ainsi un procès-verbal rédigé *le jeudi*, doit être enregistré *le lundi*, pour dernier terme du délai, bien qu'il y ait eu un dimanche parmi les quatre jours donnés pour l'enregistrement.

Traité du contentieux, tom. 1, p. 460, nomb. 418.

BULLETIN N°. 10. Un procès-verbal ne peut être déclaré nul que lorsqu'il présente omission de l'une des formalités prescrites *par la loi*, à peine de nullité. Dans aucun cas on ne peut annuller un procès-verbal dans lequel les rédacteurs auraient omis de remplir des formalités qui leur auraient été recommandés *par des circulaires* ou *des instructions* de leurs chefs. Ces dernières omissions peuvent les exposer au blâme et à la censure de leur supérieur, mais elles n'entraînent pas la nullité de ce procès-verbal. (*Arrêt de cassation, dans l'intérêt de la loi, du 18 février 1820*, en matière forestière.)

PROCÈS-VERBAUX.

NULLITÉS.

OMISSION DE FORMALITÉS RECOMMANDÉES PAR DES INSTRUCTIONS.

Traité du contentieux, tome 1er., pag. 422, sect. II.

BULLETIN N°. 11. L'administration des Douanes n'a le droit de saisir à sa requête, les tabacs circulant dans le rayon des Douanes,

TABACS.

SAISIES DANS LE RAYON DES DOUANNES.

<table>
<tr><td>

</td><td>

BULLETINS.

que lorsque l'importation est flagrante, ou lors-
que des marques certaines indiquent que ces
tabacs viennent de l'étranger.

Dans tout autre cas, la circulation fraudu-
leuse des tabacs, même dans le rayon des
Douanes, doit être poursuivie à la requête de
l'administration des Contributions indirectes,
et jugée d'après la législation qui lui est
propre. (*Avis du comité des finances du
conseil d'état, du 7 avril 1820.*)

Cet avis du conseil d'état ne fait que confirmer la
décision de S. Ex. le Ministre de la Justice que, nous
avons rapportée nomb. 54 de notre *Traité du con-
tentieux.* Voici les motifs qui ont déterminé l'avis du
conseil d'état que nous venons d'indiquer.

« Le comité des finances consulté par Son Excellence
le Ministre Secrétaire-d'État au même département, sur
des difficultés qui se sont élevées entre l'administration
des Douanes et celle des Contributions indirectes, relati-
vement aux saisies de tabacs circulant frauduleusement
dans le rayon des Douanes ;

» Vu le rapport de M. le directeur-général des
Contributions indirectes, adressé à Son Excellence le
Ministre des Finances, le 16 juillet dernier ;

» Celui de M. le directeur-général des Douanes, en
réponse au premier, en date du 8 décembre ; ainsi
que deux rapports également adressés à S. Ex., par
M. Dutremblay, premier commis des finances ;

» Considérant que le débat de compétence qui s'est
élevé entre l'administration des Douanes et celle des
Contributions indirectes provient de ce que les dispo-
sitions de l'article 38 de la loi du 28 avril 1816, con-
cernant les Douanes, ont été diversement interprétés
par MM. les directeurs-généraux des deux adminis-
trations ;

» Que selon M. le directeur-général des Douanes,
les saisies de tabacs circulant frauduleusement dans le

</td></tr>
</table>

BULLETINS.

OBJETS
des Bulletins et renvois
aux Ouvrages dont ils
sont le supolément.

rayon de deux myriamètres de la frontière sur lequel l'administration des Douanes exerce sa surveillance, doivent être faites à sa requête ; et que l'article 38 précité répute importées de l'étranger, toutes marchandises de la classe des marchandises prohibées qui sont trouvées dans le rayon des Douanes, sans être accompagnées d'expéditions régulières ;

» Que M. le directeur-général des Contributions indirectes, sans contester à l'administration des Douanes le droit de saisir, à sa requête, les tabacs circulant dans le rayon des Douanes, lorsque l'importation est flagrante ou lorsque des marques certaines indiquent que ces tabacs viennent de l'étranger, soutient qu'à l'exception de ces deux cas, c'est à son administration qu'il appartient de poursuivre les délits de fraude sur les tabacs, et que c'est d'après la législation qui lui est propre que ces délits doivent être jugés ;

» Considérant que MM. les directeurs-généraux appuyent leurs prétentions respectives sur des motifs prépondérans, puisés également dans l'intérêt du trésor public et dans la législation particulière à chacune de leur administration ; mais que, ne pouvant réunir l'une et l'autre les mêmes attributions, il est indispensable de fixer la limite où doivent s'arrêter les droits et l'action de chacune d'elle ;

» Considérant que l'administration des Douanes n'a qu'un intérêt secondaire et éloigné à la repression de la fraude qui s'exerce sur les tabacs, tandis que l'autre en a un tout-à-fait direct, puisque c'est elle qui achète, fabrique et vend la matière, qui administre l'impôt, qui le perçoit, et qui, ayant toute la responsabilité du recouvrement, doit avoir aussi nécessairement l'initiative de toutes les dispositions qui peuvent le garantir ; qu'ainsi il paraît convenable de donner, dans l'intérêt du trésor public, la plus grande part possible de surveillance et d'autorité à la régie des Contributions indirectes pour la poursuite de la fraude des tabacs, et de restreindre le concours de celle des Douanes aux cas qui sont uniquement et spécialement dans ses attributions : EST D'AVIS etc. »

BULLETINS.

Nous n'avons pas besoin d'ajouter que les dispositions qui précèdent ne font point obstacle à ce que les préposés des Douanes continuent à verbaliser dans le cas de contraventions aux lois sur le tabac ; mais il en résulte seulement qu'ils doivent le faire *à la requête de l'administration des Contributions indirectes*, et que leurs procès-verbaux doivent être remis aux directeurs de cette dernière administration, pour être poursuivis selon les règles qui lui sont propres.

BULLETIN N°. 12. L'administration des Contributions indirectes, chargée de faire l'avance des frais dans les procès relatifs au droit de garantie des matières d'or et d'argent, doit également faire le recouvrement des amendes prononcées en cette matière ; et ce serait à tort que MM. les procureurs du roi confieraient l'exécution de ces condamnations aux préposés de l'Enregistrement. (*Décision du Ministre des Finances, du* 19 *mai* 1820.)

BULLETIN N°. 13. Les tribunaux ne peuvent, sans excès de pouvoir, refuser d'ordonner l'exécution des arrêtés du gouvernement, décrets, ordonnances, même sous le prétexte d'inconstitutionnalité. (*Arrêt de cassation, du* 3 *février* 1820.)

La cour : ouï le rapport de M. Busschop, conseiller, et les conclusions de M. Freteau de Peny, avocat-général;

» Vu les articles 408 et 416 du code d'instruction criminelle, d'après lesquels la cour de cassation doit

BULLETINS.

annuller les arrêts et jugemens en dernier ressort qui ont violé les règles de compétence établies par la loi;

» Vu aussi les différens articles du décret du 23 pluviôse an 13, sur la vente des poudres de guerre, et l'article 231 de la loi du 28 avril 1816, sur les Contributions indirectes;

» Considérant que les actes des gouvernemens qui ont précédé la restauration du trône, et qui ont été exécutés comme des lois, sans opposition des pouvoirs qui avaient le droit de juger s'ils renfermaient une usurpation de l'autorité législative, doivent conserver le même caractère et la même force d'exécution, jusqu'à ce qu'ils aient été légalement révoqués ou modifiés; à moins qu'ils ne se trouvent anéantis par un texte précis de la Charte constitutionnelle;

» Que les tribunaux, qui ne participent point aux pouvoirs politiques, n'en peuvent exercer les attributions;

» Que le décret du 23 pluviôse an 13 a été exécuté comme loi, qu'il n'y a eu aucune opposition constitutionnelle à son exécution et que, son abrogation ne dérive point de la Charte;

» Qu'il a même été implicitement, mais évidemment maintenu dans toutes ses dispositions par l'article 231 de la loi du 28 avril 1816;

» Que néanmoins la cour royale de Douai, par son arrêt du 30 octobre 1819, a refusé d'en faire l'application, et, qu'ainsi elle a violé ledit article 231 de ladite loi d'avril et a d'ailleurs violé les règles de compétence en exerçant une attribution de pouvoir législatif;

» D'après ces motifs, la cour casse et annulle etc. »

BULLETIN N°. 14. Le débitant de boissons doit déclarer à la régie toutes les boissons qu'il possède, non seulement dans la commune où il est exercé par la régie, mais

OBJETS
desBulletins et renvois
aux Ouvrages dont ils
sont le supplément.

BULLETINS.

Traité du con-
tentieux, *tome*
1, *page* 312,
§ VII *du nomb.*
293.

encore dans toute autre, quelqu'éloignée qu'elle puisse être (*Arrét de cassation*, *du* 2 *janvier* 1818).

Cet arrêt, dont nous nous étions bornés à citer la date dans notre Traité du contentieux, est important à connaître, parce qu'il renferme des développemens étendus et lumineux, qui indiquent parfaitement l'esprit dans lequel a été rédigé l'article 50 de la loi du 28 avril 1816.

« La cour, sur le rapport de M. le conseiller Bailly, et les conclusions de M. Giraud Duplessis, avocat-général ;

» Vu les articles 50, 53, 61 et 97 de la loi du 28 avril 1816 ; sur les Contributions indirectes ;

» Vu aussi l'article 100 qui veut que, pour les boissons énoncées audit art. 97, il soit tenu un compte d'entréc et de sortie, dont les charges soient établies d'après les congés acquits-à-cautions ou passavans ;

» Considérant qu'en matière de Contributions indirec-tes, c'est recéler des boissons que de les soustraire à la connaissance et à la surveillance des employés, en se dispensant d'en faire, au bureau de la régie, la décla-ration prescrite par la loi ;

» Considérant qu'il suit de la combinaison des articles ci-dessus transcrits, que toutes les boissons qui sont en la possession d'un débitant, doivent être prises en charge aux registres portatifs des commis, et sont assujéties généralement à leur surveillance et à leurs visites, et que par conséquent toutes doivent être décla-rées au bureau de la régie ; que l'art. 50 prescrit for-mellement cette déclaration générale, et que si l'art. 53 n'en parle pas expressément à l'égard des boissons dont le vendant en détail devient possesseur pendant le cours de son débit, il est clair qu'il la présuppose, puisqu'il défend au débitant de les introduire dans son domicile, ses caves ou celliers, qu'en vertu de congrés acquits-à-cautions ou passavans, qui ne sont délivrés, que d'après les déclarations exigées, notamment par les art. 6 et 10 de la même loi ;

BULLETINS.

» Considérant que l'obligation imposée aux vendans en détail de déclarer toutes leurs boissons, à quelque époque qu'ils en deviennent possesseurs, comprend non seulement les boissons qu'ils ont *dans la commune où leur débit et établi*, mais encore celles qu'ils possèdent *dans toute autre commune* ;

» Qu'en effet, pour restreindre cette obligation aux boissons possédées dans la commune du domicile, il faudrait qu'après les mots *ou ailleurs* desdits art. 50 et 61, le législateur eût ajouté ces mots : *dans la même commune*, tandis qu'au contraire, en plaçant *ou ailleurs* en opposition aux mots *leur demeure, leurs maisons*, il a manisfesté qu'il voulait soumettre à une déclaration les boissons quelconques qui appartiendraient aux vendans en détail, soit dans la commune de leur demeure, soit dans toute autre commune ; et qu'il est si peu entré dans sa pensée de limiter à l'étendue de la commune du domicile des boissons à déclarer, que, s'agissant, dans l'art. 97, de semblable déclaration à faire par les marchands de boissons en gros, il a employé, à la place des mots *leurs demeures ou ailleurs, leurs maisons ou ailleurs*, dont il s'était servi dans l'art. 50 et 61, les expressions tant dans *le lieu de leur domicile qu'ailleurs*, portion de phrase où le mot *lieu* étant synonime de *commune*, il est évident que le mot *ailleurs* est exclusif de la commune du domicile ; de quoi il résulte que les vendans de boissons en détail, sont tenus de déclarer toutes les boissons qu'il possèdent, n'importe qu'elles soient dans la commune de leur débit, ou dans une autre commune, et par suite, que celles non déclarées constituent le recel des boissons, défendu par l'art. 61 de la loi du 28 avril 1816 ;

» Considérant, en fait, que 3164 litres de vin rouge et blanc, contenus dans les quinze tonneaux saisis à St.-Privé, par le procès-verbal du 9 août 1816, appartenaient à de Launay et Valois, cabaretiers à Orléans, et que ces débitans ne les avaient point déclarés à la régie ; d'où la conséquence qu'ils formaient dans la commune de St.-Privé un recel défendu

BULLETINS.

par ledit art. 61 de la loi du 28 avril, et constituaient, en outre, une contravention aux art. 50 et 53 de la même loi ; ce qui imposait aux magistrats de la cour royale d'Orléans l'obligation de prononcer la confiscation, et de condamner les prévenus à l'amende et aux frais ;

» Considérant que, néanmoins, d'après l'insistance des prévenus sur leur système, qui tend à renfermer la généralité d'expressions des mots *ou ailleurs* dans les limites de la commune, cette cour, chambre des appels de police correctionnelle, a jugé, par arrêt du 1er. février 1817, que ledit procès-verbal du 9 août précédent n'établissait ni contravention auxdits art. 50, 53 et 61 de la loi du 28 avril 1816, ni fraude ; en conséquence, a renvoyé Delaunay et Valois de la demande de l'administration, avec dépens ; en quoi elle a violé ces articles ;

» Considérant qu'en vain, dans la vue de justifier cet arrêt, Delaunay et Valois ont essayé de se prévaloir de ce que, d'après la latitude indéfinie attribuée par l'administration aux mots *ou ailleurs*, il faudrait donc que les débitans, et même des marchands en gros, de boissons, demeurant à Paris ou à Rouen, déclarassent à la régie les boissons qu'ils auraient en dépôt à Bordeaux ou à Montpellier ; que cette conséquence ne saurait paralyser la loi ; qu'en supposant que le législateur crût devoir y attacher de l'importance, au point de circonscrire, pour l'avenir, l'applicabilité des mots *ou ailleurs*, dans un cercle de tel ou tel rayon, à partir de la commune du domicile du débitant ou de marchand en gros de boissons, cela n'empêcherait pas qu'en attendant cette modification, ou tout autre qui plairait au législateur de décréter, la loi ne dût être observée telle qu'elle est ; sauf à l'administration des Contributions indirectes à répondre à la confiance absolue que le législateur a jugé convenable de lui accorder quant à ce, en n'étendant pas au-delà des besoins l'exigence des déclarations ; mais que l'arrêt susdaté n'en contient pas moins rectation expresse des art. 50, 52 et 61 de la loi du 28 avril 1815 ;

» Casse et annulle etc. »

BULLETINS.

<table>
<tr><td>

Bᴜʟʟᴇᴛɪɴ Nᵒ. 5o. Les marchands en gros, qui ne peuvent justifier, par des expéditions de la régie, la sortie des boissons prises en charge chez eux, ne sont pas en contravention, par le fait du *manquant* que ce défaut d'expéditions fait reconnaître. Il n'y a donc pas lieu à verbaliser pour ce fait, qui donne seulement ouverture aux droits d'entrée et de détail, selon que le marchand est domicilié dans un lieu sujet ou non aux droits d'entrée, lesquels droits doivent être exigés par voie de contrainte, en vertu des articles 104 et 37 de la loi du 28 avril 1816. (*Arrêt de rejet, du 26 mars* 1818.)

La cour de cassation a consacré, par l'arrêt précité, le principe que nous avions établi dans notre Traité du contentieux, que les *manquans*, chez les marchands en gros de boissons et autres dénommés en l'article 97 de la loi du 28 avril 1816, ne constituent plus aujourd'hui une contravention, mais donnent seulement lieu au paiement du droit de détail et de celui d'entrée, selon qu'il y a lieu.

Dans l'espèce de cet arrêt, il s'agissait d'un négociant d'Orléans, qui avait déclaré en *transit* une quantité de 221 hectolitres de vin, lesquels avaient été pris en charge à son compte, mais dont une partie fut reconnue manquer à ses charges lors de la visite des préposés, sans qu'il pût représenter de quittance des droits, ni d'acquit-à-caution de la régie.

Les préposés avaient cru pouvoir verbaliser pour contravention aux articles 14, 37 101 de la loi du 28 avril 1816, qui soumettent les marchands et transitaires à représenter les boissons à toute réquisition des commis, ou des expéditions attestant le paiement des droits ou donnant la garantie qu'ils seront acquittés ; mais c'était une erreur de leur part. Nous en avons

</td><td>

</td></tr>
</table>

<table>
<tr><td>

</td><td>

BULLETINS.

</td></tr>
</table>

donné le motif sous le nombre 290 de notre Traité du contentieux, rappelé ci-contre.

L'arrêt précité est ainsi conçu : « La cour : ouï le rapport de M. Chasle, conseiller ; les observations de M. Roger, avocat de la régie, et les conclusions de M. Giraud, avocat-général :

(» Attendu que dans l'état de la législation actuelle, laquelle, en ajoutant aux lois précédentes, a assujéti les boissons manquantes dans les magasins des marchands en gros et entrepositaires, et non justifiées être sorties, au paiement des droits de détail, outre les autres droits établis,) la cour royale d'Orléans avait reconnu constant, en fait, que le défendeur ayant observé les formalités prescrites par la loi, (la déclaration de transit par suite de laquelle la prise en charge avait eu lieu) il avait, par ce moyen, pleinement assuré la perception des droits dus dont il avait offert le paiement, et qu'il n'y avait aucune contravention de sa part ; que par conséquent cette cour a pu, sans violer aucune loi, renvoyer la régie à se pourvoir par action civile, pour réclamer les droits qui peuvent lui être dûs.

» Par ces motifs, la cour rejette le pourvoi de la régie, etc. »

DÉBITANS DE BOISSONS.

BOUTEILLES.

TRANSVASIONS.

BULLETIN N°. 31. La défense faite aux débitans par l'art. 58 de la loi du 28 avril 1816, d'avoir des boissons en bouteilles, est de rigueur dans l'intérêt de la perception ; en sorte que le débitant ne peut avoir chez lui des boissons en bouteilles, autres que celles livrées à un *débit actuel*, à moins que ces bouteilles n'aient été cachetées et prises en charge par les préposés de la régie lors de leur introduction dans le débit ; ce débitant ne peut être excusé de sa contravention, en alléguant que les

<table>
<tr><td>

BULLETINS.

</td><td>

OBJETS
des Bulletins et renvois
aux Ouvrages dont ils
sont le supplément.

</td></tr>
</table>

bouteilles proviennent d'une transvasion de boissons en cercles prises en charge, à son compte, toutes les fois que la transvasion n'a pas été déclarée aux commis. (*Arrêt de cassation, du 4 février 1820.*)

« La cour : ouï le rapport de M. Chasle, conseiller, et les conclusions de M. Freteau, avocat-général :

» Vu l'article 58 de la loi du 28 avril 1816, qui porte, etc.

» Attendu qu'il avait été constaté par le procès-verbal des employés, du 4 octobre 1818, régulier dans sa forme, qu'ils avaient trouvé dans la cuisine du défendeur cinq bouteilles pleines de vin rouge, non revêtues du cachet de la régie, qui n'étaient point livrées *à un débit annuel*, et qui étaient au contraire en réserve et placées sur une petite armoire, derrière une cheminée et couvertes d'un linge ;

» Que quoique ce fait constituât une contravention formelle au dernier paragraphe de l'article 58 ci-dessus rappelé, en ce que ce vin saisi chez le défendeur n'avait point été transvasé en présence de commis, et que les bouteilles qui le contenaient n'avaient point été revêtues du cachet de la régie, et que cette contra-vention dût entraîner les peines de confiscation et d'amendes portées par l'article 96 de la même loi :

» Néanmoins le tribunal de Montauban, qui s'est approprié les motifs des premiers juges, a adopté une distinction, entre les transvasions entières et les transva-sions partielles, que la loi n'a pas établie ; qu'à l'aide de cette fausse interprétation, il a éludé l'application des peines qu'elle prononce ; en quoi le tribunal a commis un excès de pouvoir, et violé en même temps les articles 58 et 96 de la loi du 28 avril 1816 ;

» Que les bouteilles de vin dont il s'agit n'étaient point livrées à un débit actuel ; qu'elles étaient au contraire mises en réserve et cachées sous un linge dans la cuisine ; que si le défendeur, prévoyant un débit extraordinaire, avait jugé à propos de tirer du

Traité du con-
tentieux, *tom.*1,
p. 317, *n.* 295.

vin d'avance, il aurait dû en prévenir les employés, *faire la transvasion en leur présence et faire cacheter les bouteilles*, aux termes de la loi.

» Par ces motifs, la cour casse et annulle, etc. »

DÉBITANS
DE BOISSONS.

ÉPICIERS.

ASSUJÉTISSEMENT
AUX DROITS DE
DÉTAIL DE TOUTES
LES BOISSONS
QU'ILS POSSÈDENT

BULLETIN N°. 32. Les débitans qui déclarent ne vouloir vendre qu'une seule espèce de boissons, n'en sont pas moins tenus de déclarer à la régie toutes les boissons qu'ils possèdent et dont ils prétendent ne pas faire le commerce, ou qu'ils destinent à leur consommation personnelle ; en conséquence ces dernières boissons sont soumises à l'exercice et au paiement du droit, comme si elles étaient vendues en détail.

Par suite de ce principe, les *épiciers* qui déclarent ne vendre que de *l'eau-de-vie*, sont soumis à la déclaration des *vins* et autres boissons qu'ils possèdent, et à acquitter les droits sur celles de ces boissons reconnues manquantes à leurs charges. (*Arrêt de cassation, du 26 mai 1820.*)

Traité du contentieux, *tome* I, *page* 312, § VII.

Le 28 juillet 1819, à onze heures du matin, un contrôleur de ville et deux autres employés de la régie des Contributions indirectes, après avoir exercé les eaux-de-vie qui existaient dans la cave du sieur Jean-Baptiste-Alexandre Delan, épicier et débitant d'eau-de-vie, à Meaux, lui demandèrent l'exercice des vins qu'il pouvait avoir en sa possession, à l'effet de les prendre en charge et d'en suivre les manquans pour mémoire : mais il refusa obstinément de satisfaire à cette demande, en disant qu'il ne croyait pas assujétis aux exercices, des vins dont il déclarait ne pas faire commerce, et qu'il n'avait que pour sa consom-

BULLETINS.

<table>
<tr><td></td><td></td></tr>
</table>

mation. Sur quoi, et attendu que, malgré leurs présentations ultérieures, il avait persisté dans son refus, ils lui déclarèrent, et, le lendemain, rédigèrent procès-verbal de ce que dessus, comme formant contravention à l'article 50 de la loi du 28 avril 1816, sur les Contributions indirectes.

En conséquence, le 29 du même mois de juillet, demande de la régie, devant le tribunal de police correctionnelle de Meaux, tendant à condamnation, du sieur Delan, à l'amende voulue par l'article 68 de ladite loi, avec dépens.

A l'audience du 10 août, indiquée par la citation, la régie, en ajoutant aux conclusions de sa demande, et les déterminant, a conclu, par le ministère de son avoué, à ce que le sieur Delan fût condamné, 1°. à lui payer 361 fr. 5 cent., somme égale à celle payée pour trois mois par le sieur Boullevaux-Pelletier, le plus imposé du canton ; 2°. à une amende de 300 fr., et aux dépens.

A la même audience, l'avoué du prévenu a conclu au renvoi de la demande, avec dépens ; le procureur du Roi a fait ses réquisitions : un délibéré a été ordonné.

Le 17 du même mois d'août 1819, jugement sur délibéré qui, pour la contravention résultant du refus d'exercice, et fondé sur l'article 68 de la loi ci-dessus citée, a condamné le sieur Delan, non soumis précédemment aux exercices des vins par lui possédés, à payer à la régie les 361 fr. 5 c. par elle demandés, et aux dépens ; et néanmoins, pour le cas où, avant l'expiration d'un trimestre à partir du 28 juillet, jour du procès-verbal, il se soumettrait à l'exercice de ses vins, a ordonné que les 361 fr. 5 c. seraient réduits au prorata du nombre de jours nécessaire pour compléter ce trimestre.

Les parties ont respectivement appelé de ce jugement : le prévenu, à raison des condamnations portées contre lui ;-la régie, en ce qu'il n'avait pas été condamné en outre à l'amende de 50 à 300 fr., déterminé par l'article 96 de ladite loi du 28 avril ;

BULLETINS.

Et, sur ces appels, le tribunal de police correctionnelle de Melun, chef-lieu judiciaire du départemeut
de Seine-et-Marne, après en avoir délibéré, vu les
articles 47, 50, 52, 53, 66, 247, de la susdite loi,
a rendu, le 1er. mars 1820, un jugement en dernier
ressort dont voici l'analyse :

En fait il a dit que les employés n'avaient éprouvé
d'opposition de la part du sieur Delan que lorsqu'ils
avaient voulu exercer les vins qu'il avait en sa possession, et qu'il déclarait n'avoir que pour sa consommation personnelle.

En droit, il s'est demandé « si un épicier qui avait
déclaré vouloir vendre en détail des eaux-de-vie, était,
par cela seul, soumis aux exercices de la régie, non-seulement à raison des eaux-de-vie, mais encore pour
les vins qu'il avait en sa possession, lors même qu'il
déclarait ne les avoir que pour sa consommation
personnelle. »

Ensuite il a résolu négativement cette question ; ce
qui a été rejeter l'exercice indéfini que la régie demandait, en conformité, disait-elle, de cinq arrêts de
cassation, des 13 avril 1809, 4 janvier 1810, 8 avril
1812, 5 mars et 9 décembre 1819;

Et, en conséquence de cette solution négative, il
a rejeté l'appel de la régie, déclaré qu'il avait été
mal jugé en première instance, en ce que le sieur Delan
y avait été condamné au paiement des droits de détail
sur les vins qu'il avait en sa possession : réformant,
l'a déchargé des condamnations contre lui prononcées :
au principal, l'a renvoyé des plaintes et demandes
de la régie, avec dépens.

Les motifs de cette décision se réduisent, en dernier
terme, aux affirmations qui suivent :

« La loi n'a voulu assujétir à déclaration, à prise
en charge, aux exercices des employés, au paiement
du droit de détail, que les boissons destinées à être
vendues.

» Cela résulte de la combinaison des articles 50,
52 et 53 avec les articles 47, 66 et 247 de la loi du

BULLETINS.

28 avril 1816 ; et surtout de ce que , dans l'article 47, le droit de détail est établi uniquement sur le prix de la vente en détail : ce qui suppose nécessairement une vente , et ne saurait s'appliquer à des boissons consommées par la personne même que la régie prétend assujétir à ses exercices , et par sa famille.

» Aussi la régie a-t-elle réclamé simplement pour mémoire , devant les premiers juges , la prise en charge des vins du sieur Delan.

» Et quant aux cinq arrêts cités par elle , ils ne peuvent être d'aucun poids dans l'espèce , ayant été rendus contre des prévenus dont la profession de cabaretier , limonadier ou cafetier , a été jugée suffisante pour qu'ils dussent être considérés comme débitans de toutes les boissons possédées par eux »

Tel est le jugement dont la régie a demandé la cassation , pour violation des articles 50 , 52 , 53 , 54 , 66 et 68 de la loi du 28 avril 1816 ; violation qu'elle a divisée sous les trois rapports , du refus de l'exercice des vins du sieur Delan ; du refus du droit de prendre en charge ; et de leur assujétissement au droit de détail.

Sous le premier rapport , elle a dit que la combinaison des articles 50 , 52 , 53 , démontre que le législateur , loin de penser à ériger en principe le système du tribunal de Melun , a voulu , au contraire , que les exercices des employés s'étendissent indéfiniment à toutes les boissons qui arriveraient chez les vendans en détail , bien que ce fussent des espèces destinées à leur consommation personnelle.

Elle a dit , quant à la prise en charge , que si , devant les premiers juges , elle a été énoncée comme n'étant que pour mémoire , c'est une erreur de droit , qui , outre qu'elle a été réformée et rectifiée en cause d'appel , ne peut point avoir l'effet d'autoriser à dégénéraliser la loi.

En ce qui touche l'assujétissement de toutes les boissons d'un débitant au paiement du droit de détail , elle a soutenu que la disposition textuelle de l'article 66,

BULLETINS.

qui « accorde aux débitans, pour tous déchets et pour consommation de famille, trois pour cent sur le montant de droits de détail à payer », est inconciliable avec l'idée qu'il n'y ait aucun droit de détail à percevoir sur des vins qu'un débitant d'eau-de-vie allègue n'avoir chez lui que pour sa consommation.

Elle a invoqué ensuite, en faveur de la cassation par elle demandée, les cinq arrêts de cassation que le tribunal correctionnel de Melun a trouvé étrangers à l'espèce.

Mais la cour de cassation a cru devoir fonder le résultat de sa délibération sur la loi, comme devant être exclusivement la base de ces décisions.

Le sieur Delan est intervenu par un mémoire, signé *Odillon-Barrot*, dans lequel, en se référant aux motifs du jugement dénoncé, il a insisté spécialement sur la prétention qu'il n'avait pas refusé aux employés de la régie la faculté d'exercer ses vins, et qu'il n'avait fait refus que de se soumettre à en payer le droit de détail comme s'il en faisait débit; d'où il a tiré la conséquence que la question à juger par la cour était, non de savoir « si un épicier qui vendait de l'eau-de-vie, pouvait ou ne pouvait pas refuser l'exercice des autres boissons qu'il avait chez lui, » mais bien « si les employés pouvaient, en outre, prendre en charge, et assujétir à toutes les obligations accessoires du débit, des boissons non soumises au débit. »

Mais, en rapprochant cette prétention, tant du procès-verbal du 28 juillet 1819, que de la question posée par le tribunal de Melun, la cour a pensé que cette question était bien celle qui sortait de ce procès-verbal combiné avec les conclusions de la régie.

Sur le tout, la cour a rendu, ledit jour 26 mai 1820, l'arrêt dont voici la teneur :

« Ouï le rapport de M. le chevalier Bailly, conseiller, les observations d'Odillon-Barrot, avocat du sieur Delan, défendeur au pourvoi de la régie des Contributions indirectes, et intervenant ; ouï ensuite les conclusions de M. Hua, avocat-général ;

BULLETINS.

» Vu les articles 47, 50, 52, 53, 66 et 68 de la loi du 28 avril 1816, sur les Contributions indirectes, qui portent : etc., etc.

» Considérant qu'il suit de ces articles,

» 1°. Que quiconque exerce une des professions énoncées dans l'article 50 de la loi du 28 avril 1816, est, par cela seul, assujéti non-seulement à déclarer et à désigner par leurs espèces et quantités toutes celles des boissons dénommées dans l'article 47 de cette loi, qui sont possédées par lui, mais encore à souffrir, sur toutes ces boissons et indéfiniment, les visites et exercices des employés de la régie des Contributions indirectes; ce qui comprend notamment, tant le jaugeage, la prise en charge et les autres opérations dont doit être composé l'exercice primitif déterminé par l'article 53, que les exercices spéciaux de chaque pièce qui sont prescrits par l'article 54, et les conséquences de ces exercices séparés, qui sont voulues par lesdits articles 65 et 66 ;

» 2°. Qu'il ne peut soustraire, ni à ces divers exercices ni à leurs conséquences, *dont le droit de détail fait partie,* aucune des boissons par lui possédées, soit sous prétexte qu'elle n'entre point dans son débit, soit sous prétexte ou sur le fondement qu'elle n'est destinée qu'à sa consommation personnelle et à celle de sa famille ; et qu'il le peut d'autant moins, qu'à l'exercice de sa profession est attaché le droit de vendre en détail toutes les boissons spécifiées dans ledit article 47 ;

» Considérant que, sur tout cela, la législation de 1816 n'a fait que reproduire et confirmer celle des articles 34 et 35 de la loi du 24 avril 1806, des articles 14, 17, 18, 21 et 22 du décret du 5 mai même année, et les dispositions analogues de la loi du 8 décembre 1814 ;

» Considérant que l'esprit uniforme de la législation sur les boissons a donc été, à compter du 24 avril 1806, qu'il fût suffisant d'exercer une des professions indiquées dans ledit article 50, pour que l'on ne pût, sous un prétexte quelconque, échapper aucune des obligations, ni à aucun des assujétissemens ci-dessus énoncés;

BULLETINS.

» Considérant, en fait, que le sieur Delan réunit à sa qualité d'épicier la profession de débitant d'eau-de-vie, expressement et spécialement dénommée dans ledit art. 50, et qu'il était constaté, par le procès-verbal des employés de la régie des Contributions indirectes du 28 juillet 1819, que, ce même jour, il avait refusé de souffrir qu'ils exerçassent les vins qu'il avait chez lui, en prétendant que ces vins étaient exempts de leurs visites et exercices, attendu qu'il déclarait n'en point vendre et n'en avoir que pour sa consommation ;

» Considérant que ce refus d'exercice constituait une contravention formelle aux articles 50, 52 et 53 de ladite loi du 28 avril 1816 : contravention passible de la peine spéciale voulue par le second alinéa dudit article 68, indépendamment de l'amende de 50 à 300 francs établie par l'article 96 de la même loi ; et que cette double peine était demandée par la régie, en cause d'appel, comme elle l'avait été en première instance ;

» Considérant que, néanmoins, tout en reconnaissant le fait matériel de l'opposition motivée du sieur Delan à l'exercice de ses vins, et après avoir dit, en conséquence, que la question à décider était de savoir « si un épicier qui avait déclaré vouloir vendre en détail des eaux-de-vie, était, par cela seul, soumis aux exercices de la régie, non-seulement à raison des eaux-de-vie, mais encore pour les vins qu'il avait en sa possession, lors même qu'il déclarait ne les avoir que pour sa consommation personnelle, « le tribunal de police correctionnelle de Melun, chef-lieu judiciaire du département de Seine-et-Marne, a, par son jugement en dernier ressort du 1er. mars 1820, dont la régie poursuit la cassation, adopté la négative de cette proposition, et, par suite, a déclaré qu'il avait été mal jugé le 17 août précédent, par le tribunal correctionnel de Meaux, en ce qu'il avait condamné le sieur Delan au paiement de droits de détail sur les vins qu'il avait en sa possession ; réformant, l'a déchargé

BULLETINS.

des condamnations prononcées contre lui ; au principal, l'a renvoyé des plainte et demande de la régie, avec dépens ;

» Considérant que, pour juger ainsi, le tribunal de Melun s'est fondé sur des motifs qui, en dernière analyse, se réduisent aux affirmations que voici : « La loi n'a voulu assujétir à déclaration, à désignation par espèces et quantités, à prise en charge, aux exercices, au droit de détail, que les boissons destinées à être vendues : cela résulte de la combinaison des articles 50, 52 et 53 avec les articles 47, 66, 247 de la loi ; et surtout de ce que, dans l'article 47, le droit de détail est établi uniquement sur le prix de la vente en détail, ce qui suppose nécessairement une vente, et ne saurait s'appliquer à des boissons consommées par la personne même qui les a en sa possession, et par sa famille. »

» A quoi ledit jugement du 1er. mars a ajouté la circonstance que, devant les premiers juges, la régie elle-même n'avait réclamé que pour mémoire la prise en charge des vins du sieur Delan ;

» Mais que tout ce système du tribunal de Melun est subversif de la législation uniforme relative aux boissons, telle qu'elle a été décrétée le 24 avril 1806, maintenue et confirmée depuis lors ; constamment entendue et pratiquée jusqu'à ce jour, et telle qu'on la retrouve dans l'ensemble et la corrélation des articles de la loi du 28 avril 1816, citée en tête du présent arrêt ;

» Qu'admettre le système du jugement dénoncé serait méconnaître qu'il est invinciblement repoussé, notamment par la disposition textuelle de l'article 66 de cette loi, qui n'aurait pas accordé à tous les débitans, sans distinction, sur le montant des droits de détail, une remise pour consommation de famille, si le législateur avait entendu exempter de déclaration, de prise en charge, de visites et exercices, et de concours au montant des droits de détail à payer, les boissons destinées par les débitans à la consommation personnelle d'eux et de leur famille ;

BULLETINS.

OBJETS
des bulletins et renvois
aux Ouvrages dont ils
sont le supplément.

» Quant à la circonstance du *pour mémoire* relevée dans les motifs dudit jugement du 1er. mars, considérant que cette circonstance, outre qu'elle a été désavouée et rétractée par la régie en cause d'appel, ne pouvait point avoir l'effet d'autoriser le tribunal de Melun à dégénéraliser la loi;

». Et qu'enfin ce système du jugement attaqué, en ouvrant la porte à la fraude, serait évidemment abrogatoire des précautions et des garanties légales, qui seules peuvent assurer la perception des droits sur les boissons:

« Par tous ces motifs, la cour casse. »

On ne peut plus aujourd'hui révoquer en doute, d'après cet arrêt et ceux que nous avons cités dans notre Traité du contentieux, que le débitant ne soit soumis de la manière la plus générale et la plus absolue à la déclaration, à l'exercice et au paiement du droit sur toutes les boissons qui sont en sa possession, lors même qu'il prétendrait ne pas en faire commerce. MM. les directeurs doivent cependant continuer à se conformer, à l'égard des épiciers, aux mesures de tolérance que la régie a pu prescrire dans certaines localités, tolérance qui peut toutefois être révoquée à sa volonté, conformément à l'arrêt cité sous le nombre 491 de notre Traité, tome 2, pages 79 et 80.

DÉBITANS DE
BOISSONS.

VISITES ET
EXERCICES.

ASSISTANCE DES
OFFICIERS
DE POLICE.

BULLETIN N°. 33. Les débitans de boissons sont assujétis aux visites et exercices des employés d'une manière absolue; en sorte que ceux-ci peuvent exercer chez eux telle surveillance ou vérification qu'ils jugent nécessaires, sans avoir besoin de l'assistance d'un officier de police.

Les débitans doivent également être prêts à satisfaire, *à l'instant*, à chaque réquisition des employés. En sorte que le refus de la femme

BULLETINS.

du débitant ou de la personne qui le représente, de donner ouverture d'une armoire placée dans son domicile, même lorsque cette armoire appartiendrait à un tiers que l'on prétendrait en avoir la clef, est une contravention aux articles 52 et 56 de la loi du 28 avril 1816. (*Arrêt de cassation, du 3 décembre 1819.*)

Nous avons établi cette doctrine dans notre dernier ouvrage, aux articles rappelés ci-contre. Le nouvel arrêt que nous allons rapporter, ne fait que la confirmer de la manière la plus formelle.

« La cour : ouï le rapport de M. Chasle, conseiller, et les conclusions de M. Freteau de Peny, avocat-général ;

» Vu l'article 52 et l'article 56 de la loi du 28 avril 1816, qui portent : etc.

» Attendu que la réponse faite par la femme Lamothe à la sommation à elle faite par les employés, d'ouvrir deux armoires placées dans son domicile, pour y faire leurs visites, que ces deux armoires ne lui appartenaient pas et qu'elle n'en avait pas les clefs, formait un obstacle réel aux exercices des employés, et par conséquent une contravention aux lois ci-dessus rappelées, qui doivent nécessairement entraîner l'application des peines qu'elles portent ;

» Que le mari de ladite Lamothe étant débitant de boissons, ni elle, ni lui n'avaient le droit d'exiger la présence d'un officier public aux visites et exercices des employés ; que cette faculté n'est accordée par la loi, qu'à ceux qui n'exercent aucune des professions qui soumettent à ces exercices ;

» Qu'en supposant que les deux armoires, dont les employés requièrent l'ouverture, appartinssent réellement aux locataires de la maison habitée par le cabaretier Lamothe, et qu'ils s'en fussent réservés les clefs, ces circonstances ne pourraient nullement atténuer la con-

Traité du contentieux, *tome 1er., pag. 294, § IV; page 351, n. 306; p. 354, n. 309; et page 355, n. 310.*

BULLETINS.

travention constatée contre Lamothe, par la raison que nul n'est censé ignorer la loi, et que les locateurs, comme le locataire débitant, ont dû savoir que celui-ci étant assujéti, par son état, aux visites et exercices des employés, devait être mis en mesure de satisfaire, à l'instant, à chaque réquisition des employés, et être à cet effet muni de toutes les clefs de ses appartemens et des meubles y contenus, pour en faire l'ouverture à toute réquisition; que s'il en était autrement, et si sous un prétexte quelconque, soit d'absence de clefs ou autrement, il était loisible à un débitant de refuser, ou même seulement de retarder une ouverture qui lui est requise, il arriverait le plus souvent que les objets de fraude disparaîtraient, et que la loi serait éludée au grand préjudice de l'état;

» Attendu qu'en déchargeant les mariés Lamothe des demandes de l'administration, et en ne leur appliquant pas les peines portées par la loi, sur le prétexte frivole qu'il était prouvé que les deux armoires placées dans leur domicile ne leur appartenaient pas, la cour royale de Pau a méconnu et violé la lettre, l'esprit et l'objet de la loi ci-dessus rappelée :

» Par ces motifs, la cour casse. »

BULLETIN N° 34. Lorsque, sur le rapport du directeur de la régie et conformément à l'art. 63 de la loi du 28 avril 1816, le préfet a pris un arrêté qui soumet le voisin d'un débitant aux visites et exercices, les employés doivent, avant d'y procéder, exhiber cet arrêté au voisin du débitant personnellement, et s'ils ne le trouvent pas chez lui, ils doivent le lui notifier en lui en laissant copie. Ce n'est qu'à partir de cette *exhibition à la personne du voisin* ou de la *notification à domicile*, que

BULLETINS.	OBJETS des Bulletins et renvois aux Ouvrages dont ils sont le supplément.

les visites et exercices peuvent avoir lieu chez lui, en son absence comme en sa présence. La première exhibition de l'arrêté faite à sa femme ou à ses domestiques, n'est pas suffisante pour, qu'au cas de refus de leur part, les employés puissent verbaliser contre eux, et encore moins contre le voisin en leur personne.

Dans l'espèce qui a donné lieu à cette décision de la régie, les employés porteurs de l'arrêté du préfet, qui soumettait le voisin du débitant aux visites et exercices, s'étant présentés à son domicile et ayant exhibé à sa femme, seule présente, l'arrêté du préfet, celle-ci, alléguant l'absence de son mari et prétendant ignorer ses intentions, s'était refusée à les laisser pénétrer dans son domicile. Procès-verbal de ce refus ayant été dressé, le mari fut cité en justice, comme devant répondre civilement des faits de sa femme ; la régie ayant succombé en première instance et en appel, le directeur local avait cru devoir déclarer le pourvoi, mais l'administration en a ordonné le désistement par les motifs suivans, qui doivent désormais diriger la conduite des employés.

Traité du contentieux, tom. 1, p. 304, 330 et 313.

On ne peut assimiler de *prime abord*, à un débitant de boissons, le simple particulier qui a des portes de communication avec l'habitation de ce débitant, et qui ne sont pas susceptibles d'être scellées.

Les obligations de l'un peuvent devenir communes à l'autre ; mais l'époque où elles commencent pour chacun d'eux est bien différente.

Celles qui concernent le débitant, commencent dès le jour même où il fait sa déclaration de vouloir vendre des boissons en détail ; par le fait seul de cette déclaration il se soumet volontairement à toutes les obligations que la loi impose à la profession qu'il exerce.

Dès cet instant la régie acquiert le droit de faire

BULLETINS.

vérifier par ses employés l'exactitude de la déclaration des espèces et quantités de boissons, de les faire prendre en charge sur les portatifs, marquer les tonneaux et suivre le débit pour arriver à la fixation des droits dus à l'état.

L'entrée de l'habitation du débitant, la visite de tout ce qui la compose, et l'exercice des boissons ne peuvent pas cesser d'être libres *chaque jour* et à *toute heure*; si le débitant s'absente, celui ou ceux qu'il laisse dans sa maison *sont ses représentans de droit*, il doit les mettre en état de satisfaire à toutes les réquisitions des employés, soit pour l'exhibition des expéditions, soit pour l'ouverture dés portes, etc., etc.

Tout ce qui est constaté avec l'un ou plusieurs de ses représentans est légalement censé constaté avec le débitant lui-même, par la nature de sa profession et par la force des obligations que la loi lui impose, et il est personnellement responsable des faits, des refus, des fautes de ses représentans.

Ces obligations sont les mêmes pour le voisin du débitant qui a des communications nécessaires avec l'auberge ou le lieu du débit; mais elles ne commencent pour lui qu'au moment où l'arrêté du préfet, qui l'assujétit à ces mêmes obligations en vertu de l'art. 63 de la loi du 28 avril 1816, lui a été exhibé. Mais à qui cette exhibition doit-elle être faite? Ce ne peut être qu'à celui que le préfet a cru devoir assujétir à l'exercice, c'est-à-dire *au voisin lui-même*, au chef de la maison voisine, afin de lui faire connaître l'obligation qui lui est imposée, et de le prévenir de se mettre en mesure de la remplir.

Tant que cette connaissance ne lui a pas été donnée *personnellement* et *officiellement*, il n'est tenu à rien envers les employés; il n'a aucune précaution à prendre, aucun ordre à donner *pour le faire représenter en cas d'absence*; il n'est point tenu de laisser ni *les expéditions* qu'il peut avoir, ni *ses clefs* à qui que ce soit; enfin il n'entre dans la cathégorie des débitans, quant aux devoirs relatifs à l'exercice, que

BULLETINS.

lorsqu'il a été instruit de la décision qui l'y soumet.

Si des·absences fréquentes de ce voisin mettent obstacle à ce que les employés puissent la lui exhiber à lui-même, rien n'empêche la régie de lui faire notifier à son domicile, l'arrêté du préfet, soit par huissier, soit par les employés eux-mêmes qui doivent en rédiger acte et le faire enregistrer.

L'exhibition de cet arrêté, faite à la femme du prévenu serait insuffisante et irrégulière, pour autoriser immédiatement les visites et exercices. Cette femme ne peut représenter son mari dans des obligations qui lui sont encore étrangères à lui-même. Elle n'est donc censée avoir reçu de lui ni *pouvoir*, ni *instruction*, ni même *les clefs de ses caves et magasins*, d'où il suit que bien loin que son refus de souffrir l'exercice des employés puisse soumettre le mari à une peine quelconques il n'y a pas même de contravention de la part de sa femme.

BULLETIN N°. 35. Décharge des acquits-à-cautions délivrés par la régie des Contributions indirectes, à destination de l'étranger, dans les lieux où le concours des préposés des Douanes est nécessaire.

Depuis l'ordonnance du 20 mai 1818, qui restreint et désigne les divers points de la frontière par lesquels doivent sortir les boissons expédiées à l'étranger, la régie des Contributions indirectes a placé sur tous ces points de sortie des employés qui opèrent la décharge des acquits-à-caution.

Mais la régie n'ayant qu'un seul employé ou receveur, dans certains de ces lieux de sortie, il a été convenu avec l'administration des Douanes, qui a des bureaux établis sur ces divers points, que son *receveur seulement* signera, avec l'employé de la régie, le certificat de décharge des acquits-à-caution.

L'administration des Douanes, en prévenant ses employés de cette mesure, recommande à ses receveurs de n'apposer leur signature sur les acquits, qu'autant que

BULLETINS.

les boissons seront réellement présentées au bureau des Douanes, et que toutes les formalités relatives à la sortie du royaume, auront été remplies.

Elle fait observer à ses directeurs, que hors des lieux dont il vient d'être parlé et dont nous allons présenter le tableau, les préposés des Douanes n'ont plus à s'occuper de la décharge des acquits-à-caution concernant la régie de Contributions indirectes. (*Circ. de l'administration des Douanes, du 5 septembre 1818, n°. 426, Colonies et entrepôt.*)

TABLEAU des Lieux de sortie à l'étranger, dans lesquels le Receveur du Bureau des Douanes doit concourir, avec le Préposé de la Régie des Contributions indirectes, à la décharge des acquits-à-caution.

DIRECTIONS.	BUREAUX.	DIRECTIONS.	BUREAUX.
Dunkerque	Zuydcotte.*	*Bezançon*	Villiers sous Blanchon.
	Oostcapel.		Verrières de Joux.
	Halluin.		Le bois d'Amont.
	Baisieux.		Les Rousses.
Charleville.	Gué d'Hossus.		Villiers, canton de Morteau.
Thionville.	Valosne.	*Bellay...*	Seissel.
	Tellancourt.		Cordon.
	Mont - Saint-Martin.		Pont de Beauvoisin.
	Roussy.	*Grenoble.*	Pont Charras.
	Sierck.		Chapareillan.
	Tromborn.		Mont-Genevre.
	Forbach.	*Digne...*	s-Laurent du Var.
	Lembach.	*Perpignan*	St.-Laurent de Cerda.
Strasbourg	Rheinau.		Pratz de Mollo.
	Marckolsheim		Bourg Madame.
	Artzenheim.	*Bayonne .*	Arneguy.
	Ile de paille.		
	Saint-Louis		
	Delle.		

* Ce lieu a été substitué par décision du Ministre des Finances, en date du 8 août 1818, à ceux de Bronckstracle et de Hondschoote, désignés dans l'ordonnance précitée.

Nous avons pensé que la mention que nous venons

<table>
<tr><td>

BULLETINS.

</td><td>

</td></tr>
<tr><td>

de faire des formalités concertées entre les deux administrations surveillantes , pourrait être utile , pour la vérification des certificats de décharge , dans les lieux d'expédition des acquits-à-caution.

BULLETIN N°. 36. Il doit y avoir concordance parfaite entre l'état réel de la marchandise soumise aux droits, et la désignation qui en est faite sur le congé ou autre expédition qui l'accompagne. Ainsi un passavant délivré pour du *sel blanc*, ne peut servir à la circulation de *sel gris*. (*Arrét de rejet*, *du* 9 *juin* 1817, en matière de Douanes.)

Cet arrêt est entièrement applicable aux expéditions de la régie, et nul doute que du *vin blanc* qui circulerait avec un congé énonçant du *vin rouge*, ne fût passible de la saisie ; les préposés aux déclarations ne sauraient en conséquence exiger trop scrupuleusement, ni remplir avec trop d'exactitude, les énonciations prescrites par la loi, et préparées dans les formules d'expéditions qu'ils ont à remplir d'après la déclaration des devables ; les préposés-surveillans doivent, à leur tour , vérifier avec beaucoup de soin ces diverses énonciations, et en faire le rapprochement avec les chargemens qu'ils rencontrent ou qui leur sont représentés.

BULLETIN N°. 37. Les fabricans de cartes munis de licence pour la fabrication, peuvent en vertu de cette licence , vendre des cartes dans le local qu'ils ont déclaré comme étant le siège de leur établissement ; mais cette licence ne

</td><td>

CONGÉS.

PASSAVANS.

ACQUITS-A-CAUTION.

DÉSIGNATION DES OBJETS SOUMIS AUX DROITS.

Traité du contentieux. *tom.* 1. *p.* 145, *n.* 159 ; *et page* 148, *n.* 160, § V.

CARTES A JOUER.

VENTES PAR LES FABRICANS.

</td></tr>
</table>

BULLETINS.

peut les autoriser à établir un débit de cartes séparé du lieu de leur fabrication, quoique dans la même commune, et encore moins à faire le colportage. (*Arrêt de la cour royale de Rouen, du 3 août* 1819.)

Nous avions émis dans notre Traité du contentieux, une opinion conforme, mais nous n'avions pu l'étayer d'aucun arrêt. Cette question s'étant présentée depuis, la cour royale de Rouen a cru devoir accueillir les moyens que nous avions indiqués : c'est ce qui résulte de l'arrêt précité, que nous allons rapporter et qui fait suffisamment connaître les faits de la cause.

« La cour : vu l'arrêté du 3 pluviose an 6, articles 9 et 13; celui du 19 floréal même année, article 12; le décret du 19 février 1810, article 9; et l'article 166 de la loi du 28 avril 1816, portant, etc.

» Attendu qu'il résulte de ces lois, notamment de l'article 9 de l'arrêté du 3 pluviose an 6, que le droit de vendre des cartes dérive, pour le fabricant, du droit qu'il a de fabriquer ; que dans ce cas *le droit de vendre est subordonné à celui de fabriquer et doit être circonscrit dans les mêmes limites ;* et, par une conséquence naturelle, que le fabricant ne peut vendre que dans les lieux où il peut fabriquer, sauf l'autorisation de la régie ; que, relativement à la fabrication, l'article 9 dudit arrêté du 9 pluviose an 6, veut que nul ne puisse fabriquer des cartes qu'après avoir déclaré ses noms, prénoms et domicile à la régie ;

» Que l'article 12 de l'arrêté du 19 floréal an 6, réglémentaire de celui du 3 pluviose même année, porte que le fabricant sera tenu, en faisant sa déclaration de domicile, de déclarer les divers lieux où il entend fabriquer, et qu'il lui est défendu de fabriquer en d'autres lieux que ceux déclarés ;

» Qu'il résulte évidemment de ces dispositions que le fabricant ne peut vendre des cartes que dans les

<table>
<tr><td>

BULLETINS.

</td><td>

OBJETS
des Bulletins et renvois aux Ouvrages dont ils sont le supplément.

</td></tr>
</table>

lieux où il fabrique et dans les lieux indiqués à la régie, mais qu'il n'en peut vendre que là ; autrement la surveillance de la régie serait impuissante, et le défaut de domicile indiqué pour vendre comme pour fabriquer, donnerait lieu à la fraude et aux contraventions que la loi a évidemment voulu empêcher ;

» Attendu que la fille Thoué au lieu de vendre dans le lieu par elle indiqué à la régie et dans lequel elle fabrique, se permettait de vendre des cartes dans les rues et places publiques ; qu'ainsi elle s'est soustraite à la surveillance de la régie ;

» La cour, faisant droit sur l'appel, met l'appellation et ce dont est appel au néant; réformant dit, à bonne cause, le procès-verbal ; et vu ce qui en résulte, déclare les cartes saisies sur la fille Thoué confisquées; la condamne en mille francs d'amende et aux dépens des causes principale et d'appel ; et vu qu'il n'y a point d'appel de la part du ministère public, déclare qu'il n'y a point lieu de prononcer l'emprisonnement porté dans la loi de 1816. »

BULLETIN Nº. 38. Les entrepreneurs de voitures publiques ne peuvent recevoir, dans leurs voitures, un nombre plus grand de voyageurs, qu'il y a de places déclarées à la régie; tout excédent au nombre de places déclarées, est une contravention à leur charge, quand même cet excédent se composerait de l'entrepreneur lui-même, de l'un de ses domestiques, ou de toute autre personne de laquelle il serait prouvé que l'entrepreneur ne retire aucun bénéfice. (*Arrêt de cassation, du* 15 *octobre* 1819.)

Le 29 mai 1819, les employés à la résidence de Douai dressèrent procès-verbal à la charge du sieur Lacoche, entrepreneur de voitures publiques *à service*

BULLETINS.

régulier de ladite ville, pour transport dans sa voiture d'un plus grand nombre de personnes qu'il y avait de places déclarées.

L'excédent était de trois voyageurs ; le sieur Lacoche prétendit, devant le tribunal correctionnel, que cet excédent consistant dans trois personnes qui ne produisaient rien à l'entreprise, savoir, lui Lacoche, son domestique et un enfant, il n'était pas en contravention ; et il demanda, en conséquence, à faire la preuve de ce fait d'excuse.

Il y fut admis, successivement, par le tribunal correctionnel et la cour royale de Douai ; mais ces décisions étaient trop contraires aux lois de la matière pour que la régie ne dût s'empresser de se pourvoir en cassation.

Devant cette cour , le sieur Lacoche proposa deux fins de non recevoir. La 1re. consistait à dire que les décisions dès premiers juges n'étaient que des jugemens préparatoires et d'instruction , contre lesquels on ne pouvait se pourvoir qu'après le jugement définitif.

La 2e. était tirée de ce que le recours en cassation ne lui avait pas été notifié , dans le délai de trois jours fixé par l'article 418 du Code d'inst. crimin.

Nous avons déjà fait connaître dans notre Traité du contentieux , la jurisprudence de la cour suprême sur ces deux exceptions ; cette jurisprudence a été de nouveau consacrée par l'arrêt suivant.

« La cour : ouï le rapport de M. Busschop, conseiller, et les conclusions de M. Freteau de Peny, avocat-général ;

La cour reçoit l'intervention du sieur Lacoche , et y statuant ainsi que sur le pourvoi de l'administration des Impôts indirects :

» Considérant , sur la première fin de non recevoir proposée par l'intervenant, que l'arrêt attaqué n'est point purement préparatoire et d'instruction ; qu'il préjuge une question de droit de laquelle dépend la décision définitive du procès ; et qu'ainsi les dispositions

BULLETINS.

de l'article 416 du Code d'instruction criminelle ne peuvent lui être appliquées ;

» Considérant, sur la seconde fin de non recevoir, prise de ce que l'acte de recours en cassation n'aurait point été notifié à l'intervenant, dans le délai de trois jours fixé par l'article 418 dudit Code, que cet article n'est point prescrit à peine de nullité et qu'il n'attaché d'ailleurs aucune peine de déchéance à l'inobservation dudit délai ;

» La cour rejette lesdites fins de non recevoir ;

« *Et au fonds* : vu l'article 6 du décret du 28 avril 1808, relatif aux voitures publiques à service régulier portant : « il est défendu d'admettre dans les voi-
» tures un plus grand nombre de voyageurs que celui
» énoncé dans la déclaration, et d'en laisser monter
» sur l'impériale ; »

» Vu aussi les articles 121 et 122 de la loi du 25 mars 1817, qui sont ainsi conçus :

« Article 121, les lois et réglemens actuellement
» en vigueur, relatifs aux droits sur les voitures publi-
» ques, continueront d'être exécutés en ce qui n'est pas
» contraire aux dispositions de la présente ;

» Article 122, toute contravention aux dispositions
» du présent paragraphe, ou à celles des réglemens et
» lois confirmés par l'article précédent, sera punie de
» la confiscation des objets saisis, et d'une amende
» de cent à mille francs ; »

» Considérant qu'il a été reconnu comme constant au procès, que le sieur Lacoche est entrepreneur d'une voiture publique de diligence, faisant un service régulier de Douay à Lille, et que d'après le *laissez-passer* qui lui a été délivré conformément à sa déclaration, ladite voiture ne devait avoir en tout que six places à l'intérieur ;

» Qu'il a été également reconnu au procès, et que d'ailleurs il a été constaté par un procès-verbal régulier et non argué de faux, que le 29 mai 1819, au moment où, de retour Lille, ladite voiture entrait dans la ville de Douay, il a été trouvé sept personnes à l'in-

BULLETINS.

térieur et deux personnes placées à l'extérieur de la même voiture ;

» Que de ces faits ainsi reconnus et légalement constatés, résultait de la part dudit sieur Lacoste, une contravention formelle à l'article 6 précité du 28 août 1808, qui donnait lieu à sa condamnation aux peines établies par l'article 122 également précité de la loi du 25 mars 1817 ;

» Que peu importe que le sieur Lacoche ait prétendu que la septième place à l'intérieur de sa voiture était occupée par un enfant qui, selon lui, ne payait rien pour son voyage, et que les deux places à l'extérieur de la même voiture étaient occupées, l'une par le sieur Lacoche lui-même, et l'autre par son domestique ;

» Que ces faits étaient totalement indifférens pour la cause, et ne pouvaient écarter l'application dudit art. 6 du décret du 28 août 1808, dont les dispositions générales et absolues n'admettent aucune exception ;

» Qu'en soumettant l'application dudit article 6 au résultat de la preuve desdits faits d'excuse allégués par le sieur Lacoche, la cour royale a violé le même article, ainsi que les articles 121 et 122 de la loi précitée du 25 mars 1817 :

» D'après ces motifs, la cour, faisant droit au pourvoi de l'administration des Impôts indirects, casse et annulle etc. »

BULLETIN N°. 39. Les cours et tribunaux ne peuvent induire, des circonstances d'une saisie ou des moyens de justification employés par le prévenu, des faits contraires à ceux énoncés d'une manière claire et précise dans un procès-verbal, toutes les fois qu'il n'y a pas inscription de faux contre cet acte, ou que l'inscription qui aurait eu lieu, n'a pas été admise. (*Voyez ci-dessus l'arrêt rapporté, Bulletin N°. 29.*)

BULLETINS.	OBJETS des Bulletins et renvois aux Ouvrages dont ils sont le supplément.

BULLETIN N°. 40. La peine d'emprisonnement ne peut être prononcée, par les tribunaux, contre les contrevenans aux lois sur les Contributions indirectes, dans le cas où il y a lieu d'en faire l'application, que sur les conclusions du ministère public. (*Voyez l'arrêt rapporté Bulletin N°. 37, à la fin*).

EMPRISONNEMENT

PEINES CORPORELLES.

MINISTÈRE PUBLIC.

Les motifs de cet arrêt sont puisés dans la disposition de l'article 1er. du Code d'instruction criminelle, qui porte, que l'action publique pour l'application des peines ne peut être exercée que par le ministère public. Si la régie est autorisée à requérir la condamnation à l'amende, qui est aussi une peine, c'est que, dans ces matières, et relativement aux poursuites, l'amende est considérée comme réparation civile du dommage causé à l'état, par l'effet de la fraude ou de la contravention.

Traité du contentieux, *tom.* 2, *pages 2 et 3, nombre* 423.

BULLETIN N°. 41. Les jugemens qui, sur l'action de la régie résultant d'un procès-verbal qui fait foi jusqu'à inscription de faux, admettent le prévenu à prouver un fait justificatif, dont l'existence reconnue peut influer sur la décision définitive du procès, sont des jugemens interlocutoires, contre lesquels la régie a le droit de se pourvoir avant le jugement définitif. (*Voyez l'arrêt rapporté ci-dessus, Bulletin N°. 38*).

JUGEMENT INTERLOCUTOIRE.

Traité du contentieux, *tome* 2, *p.* 82, *n.* 496; *et p.* 39, *n.* 451.

BULLETIN N°. 42. La notification, dans le délai de trois jours, du pourvoi en cassation, à

POURVOI EN CASSATION.

BULLETINS.

la partie contre laquelle on se pourvoit, exigée par l'article 418 du Code d'instruction
criminelle, n'est point prescrite à peine de
nullité. (*Voyez l'arrêt rapporté ci-dessus,
Bulletin N°. 38.*)

BULLETIN N°. 43. Les employés doivent
observer, dans leurs procès-verbaux, toutes
les formalités prescrites par le décret du 1er.
germinal an 13, à moins qu'ils n'en soient
empêchés par un obstacle dont ils doivent
faire mention; mais aussitôt que cet obstacle
cesse, rien ne peut les dispenser de remplir
les formalités prescrites;

En conséquence, un procès-verbal dans
lequel les employés ont omis de sommer le
prévenu de se rendre à leur bureau, pour
y assister à sa rédaction, quoique l'obstacle
qu'on leur avait d'abord opposé eût cessé
avant leur départ, est frappé de nullité. (*Arrêt
de rejet, du* 17 *février* 1820.)

La cour : ouï le rapport de M. Chasle, conseiller,
et les conclusions de M. Freteau, avocat-général ;

» Attendu qu'il a été établi par le procès-verbal du
5 décembre 1818, que les employés-rédacteurs, *après
s'être débarrassés,* disent-ils, du mari Brosseau, tant
par leurs propres efforts qu'à l'aide des prières de la
femme dudit Brosseau, faites à son mari, ils déclarèrent
à cette femme, *en abandonnant la continuation de leurs
exercices,* procès-verbal de contravention à divers
articles de la loi du 28 avril 1816, et qu'ils se retiraient
à leur bureau pour y rédiger leur procès-verbal ;

» Que, *dans le moment,* rien n'empêchait lesdits employés de se conformer au décret du 1er. germinal

<table>
<tr><td>

BULLETINS.

</td><td>

</td></tr>
</table>

an 13, et qu'ils devaient *sommer* ladite femme Brosseau de se rendre à leur bureau *pour être présente à la rédaction du procès-verbal*, en entendre lecture, le signer et en recevoir copie ; que lesdits employés n'ayant point rempli cette formalité qui est prescrite par ledit décret, *sous peine de nullité*, la cour royale de Poitiers s'est conformée à ses dispositions en confirmant le jugement de première instance, qui avait annullé ledit procès-verbal, à défaut par les employés d'avoir observé les formalités ci-dessus rappelées :

» Par ces motifs, la cour rejette le pourvoi de l'administration générale des Contributions indirectes. »

BULLETIN N°. 44. L'article 32 du décret du 1er. germinal an 13, forme le code spécial de la régie relativement à l'appel des jugemens correctionnels, rendus en matière de Contributions indirectes. En conséquence la partie condamnée conserve la faculté d'appeler du jugement, tant que celui-ci ne lui a pas été signifié ; elle peut d'ailleurs exercer cette faculté par une simple notification d'appel, dans la huitaine de la signification du jugement, sans qu'il soit nécessaire que la déclaration d'appel soit faite au greffe, aux termes des art. 202 et 203. du Code d'instruction criminelle, lesquels ne sont pas applicables en cette matière. *(Arrêt de cassation, du 31 décembre 1819.)*

APPEL.

DÉLAI POUR LA NOTIFICATION D'APPEL.

« La cour : ouï le rapport de M. le chevalier Bailly, conseiller, et les conclusions de M. le baron Freteau de Peny, avocat-général ;

» Vu l'article 32 du décret du 1er. germinal an 13 (22 mars 1805), les articles 202 et 203 du Code d'instruction criminelle de 1808 ;

» Considérant qu'il suit dudit article 32 que, dans

Traité du contentieux, *tom.* 2, p. 104, *n.* 513 ; *et* p. 106, § II.

BULLETINS.

les matières de Contributions indirectes , non-seulement
la voie de l'appel est ouverte contre un jugement en
premier ressort émané d'un tribunal de police correctionnelle , tant que ce jugement n'a pas été signifié ; mais
encore , qu'il suffit pour la recevabilité de l'appel , qu'il
ait été notifié dans la huitaine de la signification de
ce jugement , n'importe qu'il ait été ou n'ait pas été
déclaré au greffe dudit tribunal ;

» Considérant , en fait , qu'il s'agissait d'un jugement
du tribunal correctionnel , rendu en matière de Contributions indirectes ; que rien n'indique qu'il ait été
signifié ; que l'appel , qui en a été interjeté , a été notifié
le 18 mai 1816 , conformément à ce qui est prescrit
par ledit article 32 du décret du 1er. germinal an 13 ,
et qu'ainsi cet appel a été notifié régulièrement et en
temps utile ; d'où la conséquence qu'il devait être jugé
recevable , sauf à statuer ensuite ce qu'il appartiendrait
sur la question d'incompétence des tribunaux correctionnels proposée par l'administration des Contributions
indirectes ;

» Considérant que , néanmoins , le tribunal de police
correctionnelle de Laon , chef-lieu judiciaire du
département de l'Ain , a , par son jugement en
dernier ressort du 27 juin 1818 , dont la cassation est
requise par ladite administration , déclaré ledit appel
non recevable , faute d'avoir été déclaré au greffe dans
les dix jours de la prononciation du jugement , dont appel :

» Que pour juger de la sorte , le tribunal de Laon
a posé en principe que les dispositions desdits articles
202 et 203 du Code d'instruction criminelle de 1808 ,
étant générales , faisaient nécessairement règle pour tous
les appels à interjeter en matière de police correctionnelle , notamment par les parties civiles ; et que par conséquent elles avaient tacitement abrogé tous les dispositions contraires des lois antérieures , telles que celles
du décret législatif du 1er. germinal an 13 ;

» Mais qu'une législation spéciale ne peut être abrogée
ni modifiée , que par des dispositions législatives contraires , également spéciales ;

<table>
<tr><td>

BULLETINS.

</td><td>

OBJETS
des Bulletins et renvois
aux Ouvrages dont ils
sont le supplément.

</td></tr>
</table>

» Et que d'ailleurs l'article 484 du Code pénal de 1810, dit que : «Dans toutes les matières qui n'ont pas été réglées par le présent Code, (celle des Contributions indirectes est de ce nombre), et qui sont réglées par des lois et des réglemens particuliers, les cours et tribunaux continueront de les observer:

» De tout quoi, il résulte qu'en déclarant ledit article non recevable, le tribunal correctionnel de Laon a violé ledit article 32 du décret du 1er. germinal an 13, en même temps qu'il a fait une fausse application desdits articles 202 et 203 du Code d'instruction criminelle :

» Par ces motifs, la cour casse, etc.

BULLETIN N°. 45. Les gardes-champêtres ne sont tenus d'observer, dans la rédaction de leurs procès-verbaux, d'autres formalités que celles expressément ordonnées par la loi. En conséquence :

Un procès-verbal dans lequel le garde-champêtre aurait omis de faire mention de la date de la réception de cet acte, par le juge de paix ou le maire, ne serait point frappé de nullité;

Il n'est pas indispensable non plus que le procès-verbal énonce que le garde était revêtu de son costume;

L'obligation où est le garde, d'indiquer au procès-verbal le lieu du délit, n'exige pas qu'il désigne l'abornement du terrein où le délit a été commis, et il suffit que les énonciations insérées au procès-verbal fassent suffisamment connaître le lieu où la contravention a été commise. (*Arrêt du 18 février 1820.*)

	BULLETINS.

**VENTES
PUBLIQUES.**

ADJUDICATIONS.

AFFICHES.

DROIT DE TIMBRE

BULLETIN N°. 46. Les affiches, apposées par les administrations publiques, annonçant des ventes ou des adjudications au nom de l'état, doivent continuer à jouir de l'affranchissement du timbre prononcé par l'article 56 de la loi du 9 vendémiaire an 6, laquelle n'a pas été abrogée par la loi du 28 avril 1816. (*Décision du Ministre des Finances, du* 17 *novembre* 1817.)

Traité du contentieux, *tom.* 2, *p.* 301, *n.* 633, § I.

Cette décision nous était inconnue lorsque nous avons rédigé le § 1 du nombre 633 de notre Traité du contentieux; on doit donc regarder ce nombre comme non avenu, et tenir que les affiches de ces sortes de ventes opérées par les receveurs, en vertu de l'art. 33 du décret du 1er. germinal an 13, de même que les avis d'adjudication de toute nature, peuvent être faits sur papier libre.

**RÉBELLION
ARMÉE.**

CANNES et BATONS

BULLETIN N°. 47. La résistance opposée aux employés de la régie, dans l'exercice de leurs fonctions, par des indivus armés de *gros bâtons*, caractérise le crime de rébellion *à main armée*, prévu par le Code pénal; un gros bâton étant un instrument *contondant*, doit être réputé *arme* d'après l'article 101 du Code pénal. (*Arrêt de rejet du* 3 *octobre* 1817, en matière de Douanes.)

Traité du contentieux, *tom.* 1, *p.* 26 *et* 27.

Les préposés de la régie, qui seraient dans le cas de dresser procès-verbal de rébellion, doivent, afin que le délit puisse être facilement qualifié, entrer dans le détail le plus circonstancié des moyens de résistance ou d'attaque employés par les contrevenans. Par

BULLETINS.

exemple, de simples *cannes*, *bâtons* ou *badines* pourraient ne pas être réputées *armes*, si l'on ne désignait aussi leur forme et leur grosseur.

BULLETIN N°. 48. Un comptable ne perd point cette qualité à l'instant même où il cesse ses fonctions, mais seulement après que sa gestion est apurée : d'où il suit que les lois relatives au privilège et à l'hypothèque du trésor, *survenues depuis la cessation des fonctions* d'un comptable, mais *avant que sa gestion soit apurée*, lui sont applicables. (*Décision du Ministre des Finances*, du 19 *mai* 1817.)

COMPTABLES.

PRIVILÈGE DE L'ETAT SUR LEUR BIEN.

Traité du contentieux, *tom.* 1, *p.* 117.

BULLETIN N°. 49. Les certificats particuliers, de fonctionnaires ou employés, énonçant d'anciens services publics, ne peuvent être admis pour la liquidation des pensions de retraite, que dans le cas où les greffes, dépôts ou archives publics, dans lesquels on aurait pu trouver la preuve des services allégués et attestés, n'existeraient plus ; ce dont il doit être justifié par des certificats authentiques et en bonne forme attestant que toutes preuves, autres que celles contenues dans les certificats particuliers des fonctionnaires ou employés dont il s'agit, sont aujourd'hui impossibles. (*Ordonnance du Roi*, du 13 *novembre* 1816, non insérée au Bulletin des lois.)

PENSIONS DE RETRAITE.

CERTIFICATS ADMISSIBLES.

Traité du contentieux, *tom.* 1, *p.* 71, *n.* 75, § 11.

<table>
<tr><td>

SIGNIFICATION
AUX
ADMINISTRATIONS
PUBLIQUES.

VISA DU PRÉPOSÉ.

NULLITÉS.

Traité du contentieux, *tom*. 2, *p*. 369, § II.

</td><td>

BULLETINS.

BULLETIN Nº. 50. L'exploit de signification donné à une administration, en la personne de son préposé, n'est pas nul, à défaut de visa de la part de ce préposé. (*Arrêt de cassation*, *du* 20 *août* 1816, en matière d'enregistrement.)

Les termes de cet arrêt en font suffisamment connaître l'espèce.

» La cour, section civile ; M. Carnot, rapporteur, et M. Cahier, avocat-général ;

» Attendu qu'il est justifié par la représentation de l'original de l'exploit de signification du jugement rendu le 7 mai 1813, que ce jugement a été notifié à l'administration, en la personne de son receveur, le 17 juillet suivant, et que l'administration n'a déclaré son pourvoi que le 14 octobre 1814, longtemps conséquemment après les trois mois, à partir du jour de la signification du jugement dénoncé ; qu'à la vérité l'original de l'exploit de signification n'a pas été revêtu du *visa* du receveur, à qui la copie a été laissée, au desir de l'article 1039 du Code de procédure civile ; mais que le défaut de *visa* des exploits de *signification* de jugement et *autres actes de procédure*, n'emporte pas nullité, d'après l'article 1030 ; que la nullité, pour défaut de *visa*, n'est en effet prononcée par les articles 69 et 70 du même Code, qu'à l'égard des exploits d'ajournement ; que si le défaut du visa n'emporte pas nullité, il suit que la signification du jugement existe, et cette signification fait courir le délai du pourvoi en cassation ; que dans l'espèce de la cause, la date de la signification du jugement et de la remise de la copie au préposé de l'administration, sont moralement assurés par l'enregistrement de l'exploit de la main même du receveur, auquel il est dit, audit exploit, que la copie a été laissée ; qu'abstraction faite de cette circonstance, l'exploit emporte la preuve jusqu'à inscription de faux de tous les faits qu'il cons-

</td></tr>
</table>

BULLETINS.

tate, déclare l'administration de l'Enregistrement non recevable dans son pourvoi.

BULLETIN N°. 51. Le délai de trois mois, pour la signification de l'arrêt d'admission d'un pourvoi en cassation, en matière civile, cesse de courir *dans le cas de force majeure*. En conséquence, ce délai n'a pas couru pendant le temps que les communications ont été interceptées entre la capitale et le lieu où la signification devait être faite. (*Arrêt de cassation, section civile, du 24 janvier 1815*.)

Mais il ne faut pas conclure de là qu'il n'y a plus de délai de rigueur, lorsque dans les trois premiers mois la signification n'a pu être faite pour cause de force majeure; dans ce cas, il y a bien une exception à la règle générale, mais on n'est pas dispensé de s'y conformer aussitôt que la force majeure a cessé; ensorte que, par exemple, s'il s'était écoulé deux mois, depuis l'arrêt d'admission jusqu'à l'époque où la force majeure a commencé, la signification devrait être faite, à peine de déchéance, dans le mois, à partir du jour où cette force majeure a cessé. En un mot, le délai de trois mois doit être prolongé de tout le temps pendant lequel la force majeure a existé. (*Arrêt de cassation, du 28 août 1815*.)

BULLETIN N°. 52. Lorsque la loi fixe des délais, *à compter de tel jour*, le jour de départ doit être compté dans le délai. Ainsi l'art. 2154 du Code civil, portant que les inscriptions hypothécaires conservent l'hypo-

BULLETINS.

DÉLAIS FIXÉS PAR LA LOI A COMPTER DE TEL JOUR.

thèque et le privilège pendant dix années, *à compter du jour de leur date*, ce jour compte pour former ce laps de dix années, ensorte qu'une inscription prise *le 24 mai 1799*, a dû être renouvellée *le 23 mai 1809*; celle prise le 24 mai 1809, l'aurait été le premier jour de la onzième année. (*Arrêt de la cour de Colmar, du 30 juillet 1813.*)

Traité du contentieux. tom. 2, p. 313, § III.

INSCRIPTIONS HYPOTHÉCAIRES.

RADIATIONS.

BULLETIN N°. 53. L'ordre donné, par une administration publique à son directeur, de consentir la radiation d'une inscription hypotécaire prise à sa requête, n'est pas suffisant pour que le conservateur soit autorisé à radier cette inscription; il faut que ce consentement de l'administration soit consigné dans *un acte notarié*, indépendamment de la délibération que l'administration a du prendre sur cet objet, laquelle n'a point l'authenticité légale exigée par la garantie du conservateur. (*Décisions des Ministres de la Justice et des Finances, des 30 nivose et 11 ventose an 11, 28 octobre 1808 et 24 février 1809.*)

Traité du contentieux, tom. 2, p. 313, § IV.

Il résulte de ces décisions, que les directeurs de la régie ne peuvent consentir une radiation d'inscription, qu'au moyen du dépôt, au bureau du conservateur des hypothèques, d'une expédition de l'acte notarié contenant le consentement de la régie. *Délibération de l'administration de l'enregistrement, des 28 juillet et 1er. septembre 1815.*

OBJETS MOBILIERS

BULLETIN N°. 54. Les préposés des administrations publiques, autorisées, par des lois

BULLETINS.

<table>
<tr><td>

spéciales à procéder, à la vente du mobilier de l'état, continuent, comme par le passé, à être chargés exclusivement de ces ventes, nonobstant l'établissement des commissaires-priseurs, lequel n'a pas dérogé aux lois et réglemens spéciaux relatifs à ces ventes. (*Décision du Ministre des Finances, du 22 mars 1820, en matière d'Enregistrement.*)

Cette décision, rendue dans une contestation entre la régie de l'Enregistrement et les commissaires-priseurs, qui prétendaient, en vertu de la loi qui les a institués, faire exclusivement la vente du mobilier de l'état, est applicable aux préposés de la régie des Contributions indirectes, autorisés spécialement par l'article 33 du décret du 1ᵉʳ. germinal an 13, à vendre à l'enchère les objets saisis et confisqués au profit de l'état. Ainsi se trouve confirmée, l'opinion que nous avions émise à cet égard, dans l'ouvrage rappellé ci-contre.

BULLETIN Nº. 55. Il arrive souvent que les tribunaux, au lieu de prononcer immédiatement et sommairement sur les causes de la régie, renvoyent l'affaire à une autre audience, par un motif quelconque; dans ce cas, le droit d'enregistrement n'est dû sur ces jugemens que d'après les régles établies par décision suivante :

Les arrêts ou jugemens de remise de cause et de continuation d'audience, qui interviennent *avant que les qualités aient été posées*, sont exempts de l'enregistrement; attendu que, dans ce cas, le point de la contestation n'est pas encore présenté au tribunal, et qu'il ne s'agit que d'un réglement de rôle d'audience et d'un simple acte de police intérieure ;

</td><td>

OBJETS des Bulletins et renvois aux Ouvrages dont ils sont le supplément.

VENTES.

COMMISSAIRES-PRISEURS.

Traité du contentieux, *tom.* 2, *p.* 302, *n.* 633, § III.

DROIT D'ENREGISTREM.

JUGEMENS DE REMISE DE CAUSE.

</td></tr>
</table>

BULLETINS.

Si les qualités ont été posées, les jugemens et arrêts de remise de cause, ne sont pas non plus soumis à la formalité de l'enregistrement, lorsqu'ils ne sont rendus que par l'effet de circonstances indépendantes de la volonté ou de l'intérêt des parties ou de leur avoué: telles que seraient *l'empêchement* d'un juge, d'un rapporteur, du ministère public à qui l'affaire aurait été communiquée, ou *la fin de l'audience* sans que la cause ait pu être appelée ou terminée; il faut, pour qu'il y ait lieu à l'exemption du droit, *que la feuille d'audience énonce les motifs de la remise de la cause,* et constate ainsi que cette remise n'est le fait ni des parties, ni de leur avoué. À défaut d'énonciation de ces motifs sur la feuille d'audience, les jugemens ou arrêts *sont censés avoir été rendus, par le fait et du consentement des avoués ou des parties, et dès-lors, ils sont sujets aux droits d'enregistrement sur la minute, dans les vingt jours de leur date.* (*Décision du Ministre des Finances, du 5 octobre 1816.*)

Nous avons rapporté cette décision, parce qu'il s'est élevé des débats entre les directeurs des Contributions indirectes et les receveurs de l'Enregistrement, relativement au droit à percevoir sur les jugemens qui renvoyent les causes de la régie à une autre audience; et que l'administration a toujours rejeté ces sortes de dépenses, quand elles avaient été faites contrairement à cette décision, transmise par l'administration de l'Enregistrement à ses receveurs, par l'instruction du 23 décembre 1816, n° 758.

OBJETS des Bulletins et des avis des ouvrages dont il sera quelquefois rendu compte.

VENTE.

COMMISSAIRES-PRISEURS.

Traité du contentieux, t. 3, p. 305, n. 653, III.

DROIT D'ENREGISTREM.

[illegible]

Traité du contentieux, t. 2, p. 400, n. 777

BULLETINS.

BULLETIN N°. 56. Les procès-verbaux et rapports des employés et des gardes, sont passibles du droit fixe de deux francs, créé par la loi du 28 avril 1816, art. 43, quel que soit l'objet de ces actes. (*Décision du Ministre des Finances, du 31 octobre 1817.*)

Procès-verbaux

Droit d'enregistrem.

L'administration de l'Enregistrement avait d'abord pensé que l'augmentation du droit n'était applicable qu'aux procès-verbaux et rapports dressés par les agens forestiers et préposés de toutes les administrations, pour *faits autres que des contraventions aux lois et réglemens généraux, d'imposition* ; mais que les procès-verbaux de contravention, relatifs aux Contributions directes et indirectes, devaient continuer à n'être assujétis qu'au droit fixe *d'un franc* ; mais S. Ex. le Ministre des Finances n'a pas adopté cette opinion, ainsi qu'on vient de le voir au par la décision précitée.

Contrainte

Traité du contentieux, tome 2, p. 360, n. 762, § IV.

Inscription hypothécaire

p. 118, n. 135, article 5

BULLETIN N°. 57. Les exploits, relatifs au recouvrement *de toute espèce de contribution* dont le principal n'excède pas 25 francs, doivent, sous l'empire de la loi du 28 avril 1816, continuer à être enregistrés *gratis*, conformément à l'art. 70, §. 2, n°. 2 de la loi du 22 frimaire an 7.

Exploits.

Privilège de la Régie.

Droit d'enregistrem.

Traité du contentieux, tome 2, p. 399, n. 776.

Les actes de poursuites, en matière de *contribution*, lorsque l'objet est au-dessus de vingt-cinq francs, sont passibles du droit fixe *d'un franc*, d'après l'art. 68, §. 1er., n°. 30 de la même loi.

Traité du contentieux, tom. 2, p. 389, n. 765, §III.

Les significations faites pour la rentrée de toutes autres sommes dues au trésor, quelle

Ibid. tome 2, p. 301, n. 762, §III.

<table>
<tr><th></th><th>BULLETINS.</th></tr>
<tr><td></td><td>

qu'en soit la quotité, sont sujettes au droit de deux francs, établi par l'art. 43, n°. 13 de la loi du 28 avril 1816. (*Décision du Ministre des Finances, du 23 mars 1818*)

</td></tr>
<tr><td>

COMPTABLES.

PRIVILÈGE DU TRÉSOR SUR LEURS BIENS.

INSCRIPTION HYPOTHÉCAIRE.

Traité du contentieux, *tom. 1*, *p.* 118, *n.* 139, *article* 5.

</td><td>

BULLETIN N°. 58. Le privilége du trésor sur les biens acquis par les comptables, ne peut être conservé que par une inscription régulière, faite *dans les deux mois* de l'enregistrement des actes d'acquisition. Mais, lorsque cette formalité n'a été remplie qu'après ce délai, le privilége dégénère en simple hypothèque, qui ne prend rang que du jour de l'inscription. (*Décision du Ministre des Finances, du 19 mai 1817.*)

</td></tr>
<tr><td>

PRIVILÈGE DE LA RÉGIE SUR LES MEUBLES DE SES DÉBITEURS.

Traité du contentieux, *tom. 2*, *p.* 304 *et* 305, *n.* 635 *et* 636.

</td><td>

BULLETIN N°. 59. Le privilége accordé à la régie des Contributions indirectes, par l'art. 47 du décret du 1er. germinal an 13, sur les biens-meubles des comptables et des redevables des droits, est maintenu par l'art. 2098 du Code civil. (*Arrêt de cassation, du 17 octobre 1814, en matière de Douanes.*)

Avant de rapporter l'espèce et les motifs de cet arrêt, nous devons faire observer qu'il est entièrement applicable aux affaires de la régie, l'article 22 du titre 13 de la loi du 22 août 1791, dont la cour a fait l'application dans la cause, étant littéralement reproduit par l'art. 47 du décret du 1er. germinal an 13, concernant les affaires de la régie.

</td></tr>
</table>

<table>
<tr><td>

BULLETINS.

</td><td>

OBJETS
des Bulletins et renvois
aux Ouvrages dont ils
sont le supplément.

</td></tr>
</table>

Dans une instance pendante entre l'administration des Douanes et un sieur Boisson, celui-ci avait fait la preuve qu'un echarrette saisie sur le débiteur commun, était la même que celle qu'il lui avait livrée, et il prétendait, par ce motif, être recevable à reclamer son paiement par préférence à l'administration des Douanes, sur le prix provenu de cette vente.

Le jugement attaqué avait ordonné ce paiement, par préférence à cette administration.

Celle-ci a prétendu que les lois de la matière avaient été violées par ce jugement. Une loi du 22 août 1791, a-t-elle dit, veut que les créances qu'elle a à exercer contre ceux qui lui doivent des droits, soient acquittées par préférence à toute autre ; elle n'a introduit d'exception à cette règle qu'en faveur du propriétaire de la maison habitée par ses débiteurs, de ceux qui ont avancé des frais de justice, ou d'autres privilégiés ; elle permet encore à ceux qui ont fourni des marchandises qui sont encore sous balle et sous corde, d'en faire la revendication.

Cette loi a été maintenue par l'art. 2098 du Code civil, qui veut que les priviléges à raison des droits du trésor public, et l'ordre dans lequel ils s'exercent, continuent à être réglés par les lois qui les concernent ; et, dans le systême de l'administration, c'était avoir violé ces deux lois, que d'avoir ordonné, à son préjudice, le paiement, par privilége, du prix de la charrette livrée par Boisson, lorsqu'il ne se trouvait dans aucun des cas d'exception prévus par l'art. 22 du titre 13 de la loi du 22 août 1791, et maintenus par le Code civil.

Ces moyens de l'administration des Douanes, restés sans répense de la part de Boisson, ayant paru concluans à la cour, elle a rendu, le 17 octobre 1814, l'arrêt dont la teneur suit :

« La cour : vu l'art. 22 du titre 13 de la loi du 22 août 1791, l'art. 4 du titre 6 de la loi du 4 germinal an 2, et l'art. 2098 du Code civil ;

» Considérant que la loi du 22 août 1791 (et, dans les causes de la régie, l'art. 47 du décret du 1er. germinal an 13,) n'accorde de privilége au préjudice de la régie,

BULLETINS.

qu'au propriétaire, pour six mois de loyer seulement, et à ceux qui ont avancé des frais de justice, et autres privilégiés, et qu'elle n'autorise la revendication des marchandises en nature, qu'autant qu'elles sont encore sous corde et sous balle :

» Considérant que la préférence accordée en faveur des régies qui agissent dans l'intérêt du trésor public a été maintenue par la loi du 4 germinal an 2, (le décret du 1er. germinal an 13.)

» Considérant que ces lois sont spéciales pour la matière, que leur exécution a été ordonnée par l'art. 2098 du Code civil ; d'où il suit que le privilège réclamé par la régie des Douanes devait nécessairement lui être accordé par le jugement attaqué, puisque Boisson, son adversaire, ne se trouvait dans aucun des cas d'exception prévus par la loi du 22 août 1791 ;

» Considérant que ledit Boisson n'a jamais revendiqué la charrette qui faisait l'objet du procès ; qu'il l'avait laissé vendre à l'encan à la requête de la régie, et qu'il se bornait à en demander la valeur par privilège et préférence à tous autres sur le prix provenu de la vente ; que cette action ne tendait conséquemment qu'au recouvrement d'une créance pour raison de laquelle on ne pouvait lui accorder un privilège, au préjudice de la régie, sans contrevenir aux lois ci-dessus citées :

» Par ces motifs, la cour casse. »

BULLETIN N.° 60. Ordonnance du Roi, concernant le service de la garantie sur la marque d'or et d'argent. (5 mai 1820.)

LOUIS, par la grâce de Dieu, roi de France et de Navarre ;

Sur le compte qui nous a été rendu des difficultés qui se sont élevées relativement à la part que doivent prendre les administrations des Contributions indirectes et

BULLETINS.

des Monnaies, dans la surveillance et la perception du droit de garantie sur la marque d'or et d'argent;

Considérant qu'il est nécessaire de régler définitive-ment leur intervention respective dans cette matière;

Vu les lois des 19 brumaire et 13 germinal an 6, 5 ventôse an 12 et 1er. germinal an 13 (9 novembre 1797 et 2 avril 1798, 25 février 1804 et 22 mars 1805);

Les arrêtés du gouvernement, des 13 prairial an 7, 11 prairial an 11 et 5 germinal an 12 (1er. juin 1799, 30 mai 1803 et 26 mars 1804);

Et le décret du 28 floréal an 13 (17 juin 1805);

Sur le rapport de notre Ministre Secrétaire-d'Etat des Finances;

Notre Conseil d'Etat entendu;

Nous avons ordonné et ordonnons ce qui suit:

Art. 1er. L'essayeur de chaque bureau de garantie sera nommé par le préfet du département où ce bureau est placé; mais il ne pourra en exercer les fonctions qu'après avoir obtenu de l'administration des Monnaies un certificat de capacité, conformément à l'article 89 de la loi du 19 brumaire an 6 (9 novembre 1797), et à l'article 2 de la loi du 13 germinal suivant (2 avril 1798).

2. L'administration des Contributions indirectes con-tinuera de nommer le receveur de chaque bureau de garantie.

3. Les contrôleurs et autres employés des bureaux de garantie, seront nommés par notre Ministre Secré-taire d'Etat des Finances, sur une présentation concertée entre le directeur-général des Contributions indirectes et l'administration des Monnaies.

4. Les receveurs, les contrôleurs et les employés des bureaux de garantie, autres que les essayeurs, font partie des employés des Contributions indirectes. Ils pourront être chargés d'autres parties du service de cette admi-nistration, lorsqu'il sera reconnu par celle des Monnaies que cette cumulation ne sera pas nuisible au service de la garantie. Dans tous les cas, les réglemens de l'ad-ministration des Contributions indirectes, en ce qui tou-

BULLETINS.

che la retenue sur les appointemens et les droits à la pension sur la caisse des retraites, sont applicables à ces employés.

Les contrôleurs, les sous-contrôleurs, les employés aux exercices, actuellement en fonctions, seront traités, pour la liquidation de leur pension, comme les employés de la régie des Contributions indirectes; mais les services qu'ils auront rendus dans la garantie, antérieurement à la date de la présente ordonnance, ne leur seront comptés comme services rendus à ladite régie, qu'autant qu'ils auront versé à sa caisse, dans un délai qui sera déterminé par notre Ministre des Finances, une somme égale au montant de la retenue qui aurait été opérée sur leurs appointemens depuis qu'ils sont payés sur les fonds de cette même régie.

5. Les essayeurs sont révocables par le préfet, sauf l'approbation de notre Ministre Secrétaire-d'Etat des Finances; les receveurs, par l'administration des Contributions indirectes; les contrôleurs et autres employés de la garantie, par notre Ministre Secrétaire-d'Etat des Finances, sur la proposition de celle des deux administrations qui aurait reconnu que cette mesure serait utile au bien du service.

L'autre administration sera consultée.

6. Les essayeurs et contrôleurs des bureaux de garantie continueront à être sous les ordres de l'administration des Monnaies, et à correspondre directement avec elle pour les objets qui la concernent.

Cette administration demeure chargée de donner toutes les instructions relatives à l'exactitude des essais, et de diriger la confection, l'envoi, l'application et la vérification des poinçons.

7. Des inspecteurs nommés par notre Ministre-Secrétaire d'Etat des Finances, sur la présentation de l'administration des Monnaies, seront chargés de surveiller l'exécution des lois et réglemens sur le titre des matières d'or et d'argent.

Leur traitement sera alloué sur le budjet de l'administration des Monnaies.

BULLETINS.

Il en sera de même pour le traitement accordé aux chefs et commis employés à la correspondance de la garantie, qui avaient été payés jusqu'à présent par l'administration des Contributions indirectes, sur les produits de la garantie.

8. Ces inspecteurs devront, dans leurs tournées, se faire représenter les registres des divers employés des bureaux et les poinçons de chaque bureau. Ils constateront toutes les infractions aux lois et aux réglemens qui viendraient à leur connaissance.

Ils pourront, au besoin, requérir auprès du directeur des Contributions indirectes de l'arrondissement la suspension des agens de la garantie.

Leurs rapports seront transmis à notre Ministre Secrétaire-d'État des Finances par l'administration des Monnaies, qui les accompagnera de ses observations.

9. Tout ce qui concerne le régime administratif, la proposition et le réglement des dépenses, la perception du droit, l'ordre des bureaux, la surveillance des redevables, est dans les attributions de l'administration des Contributions indirectes, sauf ce qui a rapport au service spécialement réservé à l'administration des Monnaies.

Traité du contentieux, tom. 1, p. 224, 346 et 347 ; tome 2, p. 287, chapitre III.

10. Les changemens apportés à l'ordre actuel du service de la garantie par la présente ordonnance, auront leur exécution à compter du 1er. juillet prochain.

Notre Ministre des Finances réglera la somme qui devra être prélevée sur le budget de la régie des Contributions indirectes pour 1820, et transportée au budjet de l'administration des Monnaies, pour être employée, à partir de cette même époque du 1er. juillet, au paiement des traitemens des inspecteurs et employés attachés à l'administration des Monnaies, en exécution de l'article 7 de la présente ordonnance, ainsi que des frais de tournée, de bureau, et autres dépenses qui restent à la charge de ladite administration.

NOTA. Le mode d'exécution de cette ordonnance a été réglé par la circulaire de la régie du 17 juin 1820, timbrée Secrétariat-général, n°. 28.

BULLETINS.

BULLETIN N°. 16. Les directeurs de la régie des Contributions indirectes doivent poursuivre les contraventions au droit de garantie, comme celles commises en toute autre matière soumise à leur surveillance. (*Circulaire de la régie du 17 juin 1820. Secrétariat-général, n°. 28.*)

Nous avons tracé, dans notre dernier ouvrage, la conduite à tenir par les directeurs dans les poursuites en matière de garantie, d'après la décision du Ministre des Finances du 10 février 1807, et celle du Ministre de la Justice du 8 août 1817, qui avaient cru devoir suspendre provisoirement l'exercice du droit accordé à la régie par le décret du 28 floréal an 13, de poursuivre les contraventions au droit de garantie, *seule ou concurremment avec le ministère public.*

Nous avons également fait remarquer que cette suspension provisoire d'un droit légal, pouvait bien lier les préposés envers l'administration supérieure, mais non entraîner la nullité des poursuites qu'ils auraient pu permettre, ou contravention à l'ordre de leurs chefs.

Les motifs qui avaient fait suspendre, à l'égard de l'exécution du décret du 28 floréal an 13, ayant cessé par l'effet de la concentration, dans les attributions de la régie, de la surveillance du droit de garantie, partagée alors entre elle et l'administration des Monnaies, il n'y a plus de motifs pour que les directeurs restent étrangers à la poursuite des contraventions en matière de garantie. La circulaire n°. 28, qui trace aux directeurs la conduite qu'ils ont à tenir désormais à cet égard, est ainsi conçue :

« Une décision ministérielle, en date du 10 février 1807, avait défendu à la régie d'intervenir, même civilement, dans les poursuites judiciaires en matière de garantie ; l'esprit de la nouvelle ordonnance s'opposait à ce que cette interdiction fût maintenue, et l'on devait rentrer dans l'exécution du décret du 28 floréal an 13,

<table>
<tr><td>

BULLETINS.

</td><td>

</td></tr>
<tr><td>

portant que les préposés de la régie peuvent constater les délits et poursuivre les condamnations des peines encourues. C'est ce qui vient d'être reconnu par Son Exc. le Ministre des Finances, qui a rapporté la décision ministérielle du 10 février 1807. Désormais donc les directeurs se feront remettre tous les procès-verbaux qui auront été rapportés en matière de garantie. Ils les adresseront au procureur du Roi, ainsi que le prescrit l'article 102 de la loi de brumaire an 6, et interviendront dans les poursuites comme parties civiles. Ils pourront même à défaut du ministère public, soit par son refus, soit par toute autre cause, et d'après la jurisprudence établie par la cour de cassation, exercer les poursuites sans ce concours.

» Mais, dans aucun cas, il ne peut y avoir lieu à transaction sur les délits ou contraventions de ce genre. »

Nous ajouterons que rien n'est changé en ce qui concerne les procès-verbaux, lesquels doivent toujours être rédigés dans les formes prescrites par la loi du 19 brumaire an 6.

Bulletin N°. 62 Les procès-verbaux des employés, en matière de garantie, doivent être affirmés dans les trois jours, comme ceux dressés en d'autres matières. (*Circulaire de la régie du 17 juin 1820. Secrétariat-général N°. 82.*)

C'est ici le cas de faire l'application de l'arrêt du 8 février 1820, rapporté ci-dessus, Bulletin n°. 10, qui décide que l'omission des formalités prescrites par des circulaires ou des instructions n'emporte pas la nullité du procès-verbal, mais expose seulement ses rédacteurs au blâme et à la censure de leurs chefs.

L'administration a eu des motifs particuliers pour prescrire à ses employés de remplir la formalité de l'affirmation; ils doivent se conformer scrupuleusement à ses ordres; mais dans le cas où, par suite de quelqu'empêchement

</td><td>

Traité du contentieux, tom. 2, p. 289, § II.

Ibid p 292, n. 628 et 629

—

Droit de garantie.

Affirmation des procès-verbaux.

</td></tr>
</table>

BULLETINS.

un procès-verbal en matière de garantie n'aurait pas été affirmé, ou même dans celui où l'affirmation serait frappée de nullité, les directeurs ne devront pas perdre de vue:

Traité du contentieux, tom. 2, p. 290, n. 629.

1°. Qu'il a été décidé *par un décret*, celui du 28 floréal an 13, lequel doit être observé comme loi (Voyez ci-dessus le Bulletin, n°. 13.), que les formes établies par le décret du 1er. germinal an 13 ne sont pas applicables aux procès-verbaux en matière de garantie, et que l'on doit se borner à exécuter à cet égard la loi du 19 brumaire an 6 ;

*Ibid., p. 293,
§ X.*

2° Que la cour de cassation a, par six arrêts rendus à diverses époques, décidé que la loi du 19 brumaire an 6, précitée, ne prescrivant nulle part que les procès-verbaux en matière de garantie seront affirmés, le *défaut d'affirmation* de ces procès-verbaux n'en entraîne pas la nullité. Ces arrêts sont d'ailleurs fondés sur ce que les contraventions au droit de garantie sont des délits publics qui doivent être constatés comme les délits de cette nature. La présence nécessaire de l'officier de police donne, d'ailleurs, à l'acte des employés, le caractère donné par la loi aux procès-verbaux des officiers de police judiciaire, lesquels ne sont pas soumis à l'affirmation.

Voici au surplus les termes de la circulaire n°. 28 :

« Jusqu'ici les employés spéciaux de la garantie étaient dispensés d'affirmer leurs procès-verbaux, et n'étaient tenus, par l'article 102 de la loi de brumaire de l'an 6, qu'à les remettre dans un délai de dix jours au procureur du Roi. Cette forme de procéder serait encore valide dans le nouvel ordre de choses, puisque les lois restent les mêmes : mais il est préférable, pour l'unité du service, et aussi afin de prévenir des abus de plus d'un genre, de soumettre les procès-verbaux en matière de garantie à la formalité de l'affirmation, dans le délai et d'après les règles prescrites par le décret du 1er. germinal an 13. Cette obligation qui est dans l'intérêt même des redevables, parce qu'elle donne une garantie de plus à la sincérité des actes des préposés, est entièrement légale. »

BULLETINS.

BULLETIN N°. 63. Les héritiers d'un pension-naire, décédé avant que la liquidation de sa pension ait été approuvée par le gouvernement, ont droit aux arrérages de ladite pension, de-puis le jour où les droits de l'employé ont été acquis, jusqu'à celui de son décès. (*Avis du Comité des Finances du Conseil d'Etat, du* 13 *février* 1815.)

PENSIONS DE RETRAITE.

DROIT DES HÉRITIERS.

Traité du con-tentieux, *tom.* 1, *p.* 75, *n.* 81.

BULLETIN N°. 64. Les pensions de retraite sur fonds de retenue, sont incessibles et insai-sissables., comme celles sur le trésor public. (*Arrêt de cassation, du* 28 *août* 1815.)

PENSIONS DE RETRAITE NE SONT PAS SAISISSABLES.

Nous avons rapporté dans notre traité, rappelé ci-contre, une ordonnanc du Roi qui consacre ce principe. Mais nous croyons devoir faire connaître cet arrêt de la cour de cassation, parce qu'il renferme les motifs sur lesquels sont fondés les dispositions de cette ordonnance. Cet arrêt est ainsi conçu :

« La cour, vu l'art. 580 du Code de procédure civile, portant : « Les traitemens et *pensions*, dus par l'Etat, » ne pourront être saisis que pour la portion déterminée » par les lois, ou par *arrêté du gouvernement* ;»

» L'article 12 de la déclaration du Roi du 7 janvier 1779, qui est ainsi conçu : « Nous avons déclaré et déclarons » *toutes pensions* et grâces *viagères* non saisissables » ni cessibles, pour quelque cause que ce soit, sauf aux » créanciers des pensionnaires à exercer, *après leur* » *décès*, sur les décomptes de leurs pensions, toutes » les poursuites et diligences nécessaires pour la con-» servation de leurs droits ; »

» L'art. 7 de la loi du 21 floréal an 7, conçu en ces termes : « Deux mois après la publication de la pré-» sente, il ne sera plus reçu d'opposition au paiement » des arrérages de la dette viagère ou des pensions ; »

» Vu enfin l'art. 3 de l'arrêté du gouvernement, du » 7 thermidor an 10, portant : «Les créanciers d'un pen-

Traité du con-tentieux, *tom.* 1, *p.* 75, *n.* 82.

BULLETINS

» sionnaire ne pourront exercer qu'après son décès, et
» sur le décompte de sa pension, les poursuites et dili-
» gences pour la conservation de leurs droits.

» Considérant que, d'après l'art. 580 du Code de
procédure civile, il ne peut être procédé à la saisie des
traitemens et pensions dus par l'Etat, que jusqu'à concurrence de la portion déterminée par les lois et les arrêtés du gouvernement ;

» Qu'à l'égard des traitemens, la règle est tracée par
la loi du 21 ventôse an 9, qui a fixé la portion saisissable ;

» Qu'il n'en est pas de même à l'égard des pensions
dues par l'Etat, puisque non seulement aucune loi n'a
permis d'en saisir aucune portion ; mais qu'au contraire
elles ont été constamment déclarées insaisissables, tant
dans l'ancienne que dans la nouvelle législation ;

» Considérant que les pensions de retraite sont dues
par l'Etat aux employés qui ont exercé pendant le temps
prescrit par les lois, tandis que les employés qui se re-
tirent avant d'avoir accompli ce temps d'exercice, n'y
ont aucun droit, quoique les retenues ordonnées par la
loi leur aient été faites ;

» Qu'il est indifférent que les pensions de retraite
soient acquittées par les caisses des administrations, ou
par la caisse du trésor public, puisque les deniers et
revenus de l'Etat sont versés dans ces diverses caisses ;

» Considérant qu'il est notoire, qu'en cas d'insuffisance des retenues sur les traitemens pour faire face aux
pensions de retraite, l'Etat supplée à cette insuffisance
par des fonds spéciaux ;

» Qu'on ne doit pas, par conséquent, considérer les
retenues faites aux employés comme des réserves par eux
faites volontairement pour leurs besoins futurs, mais bien
comme des réserves forcées, imposées par l'Etat pour
faire les fonds des pensions éventuelles ;

» Que la distinction faite par la cour royale de Paris
entre les pensions de faveur, établies par brevet, et les
pensions de retraite, est en opposition avec lesdites lois
qui comprennent indistinctement, dans leurs dispositions
prohibitives, toutes les pensions dues par l'Etat ;

BULLETINS.

BULLETIN N°. 65. Les boissons connues sous le nom de *demi-vins*, *travins*, *petits vins* et *piquettes*, ne sont exemptes de *l'inventaire* prescrit par l'art. 40 de la loi du 28 avril 1816, que lorsqu'elles proviennent d'eau jetée sur de la vendange réduite à l'état de *simple marc*. En conséquence, les boissons provenant d'eau jetée sur de la vendange *qui n'a pas encore subi l'action du pressoir*, ne sont pas comprises dans l'exception prononcée par l'article 42 de la même loi. (*Arrêt de cassation*, du 4 juillet 1820. *Section civile.*)

PIQUETTES.

DEMI-VINS, etc.

Le 27 octobre 1818, les employés de la régie, à la résidence d'Issoudun, procédant à l'inventaire des boissons dans ladite ville, en vertu de l'article 40 de la loi du 28 avril 1816, se présentèrent chez le sieur Tourrangin, à l'effet d'inventorier les boissons par lui fabriquées.

Traité du contentieux, *tom.* I, *p.* 186.

Vérification et dégustation faites desdites boissons, les employés reconnurent que le sieur Tourrangin avait en sa possession quinze pièces de *vin*, quatre pièces qu'ils qualifièrent de *demi-vin*, et enfin deux poinçons contenant de la grappe destinée à recevoir de l'eau pour faire de la boisson dite *piquette*.

Le sieur Tourrangin s'étant formellement opposé à ce que les employés inventoriassent les quatre pièces de *demi-vin*, ceux-ci se trouvèrent dans la nécessité de lui déclarer procès-verbal de refus d'exercice.

En vertu de ce procès-verbal, la régie fit citer ledit sieur Tourrangin devant le tribunal correctionnel, pour se voir condamner aux peines prononcées par l'article 46 de la loi du 28 avril 1816, à raison de sa contravention aux articles 20, 40 et 41 de cette même loi.

Devant ce tribunal, le sieur Tourrangin demanda qu'il fût sursis au jugement sur le procès-verbal, jusqu'à ce qu'il eût été prononcé par le tribunal civil, sur la ques-

BULLETINS.

tion de savoir : Si les boissons de l'espèce sur lui saisies, sont, ou ne sont pas comprises dans l'exemption prononcée par l'article 42 de la loi du 28 avril 1816.

Cette demande fut accueillie, et, par jugement du 3 mars, le tribunal correctionnel décida qu'avant de statuer sur les fins du procès-verbal de refus d'exercice, les parties seraient tenues de se présenter devant le tribunal civil pour y faire juger la question préjudicielle élevée par le sieur Tourrangin.

Devant ce tribunal, la régie invoqua 1°. l'article 40 de la loi du 28 avril 1816, qui autorise la régie à faire chaque année, après la récolte, dans les villes ouvertes, l'inventaire des vins fabriqués chez les propriétaires récoltans.

2°. L'article 42 de la même loi, ainsi conçu : « Les » boissons, dites *piquettes*, faites par les propriétaires » récoltans, avec de l'eau jetée sur de *simples marcs*, » *sans pression*, ne seront pas inventoriées chez eux, » et seront conséquemment exemptes du droit, à moins » qu'elles ne soient déplacées pour être vendues en » gros ou en détail. »

Elle soutint qu'aux termes de l'article 40 précité, il suffisait que les préposés eussent trouvé dans la cave du sieur Tourrangin, une boisson de l'espèce désignée par la loi, c'est-à-dire du *vin*, pour que cette boisson pût être comprise dans l'inventaire.

Que, pour qu'ils eussent été autorisés à ne pas comprendre cette boisson dans l'inventaire, il eût fallu *qu'on leur eût justifié* qu'elle réunissait les conditions voulues par l'art. 42 : car c'est à celui qui prétend jouir d'une exemption, à faire la preuve qu'il est dans le cas prévu par la loi.

Qu'aux termes dudit article 42, il faut, pour opérer l'affranchissement de l'inventaire, la réunion des deux conditions suivantes :

1°. Que la boisson provienne d'eau jetée sur de *simples marcs* ;

2°. Que cette boisson repose encore sur le marc, dont elle ne doit être séparée par aucune *pression*, soit naturelle, soit artificielle.

BULLETINS.

Que ces deux conditions ne se rencontraient pas dans l'espèce :

1°. Parceque la boisson étant tirée à clair, *rien ne prouvait* qu'elle fût le produit d'eau jetée sur de *simples marcs* ;

2°. Parce que la boisson avait été séparée du marc, et que, par conséquent, il y avait eu une *pression* quelconque.

A ces moyens puisés dans le texte de la loi, la régie ajoutait des considérations puissantes qui ont été présentées, avec une certaine étendue, dans les divers ouvrages que nous avons publiés, et auxquels nous invitons nos lecteurs à recourir.

Le sieur Tourrangin se fondait principalement, pour justifier ses prétentions, sur la qualité de la boisson qu'il s'était refusé à laisser inventorier ; et il soutenait que cette boisson se trouvait, par le procédé employé à sa fabrication, comprise dans l'exemption prononcée par l'article 42 précité.

« Le *vin* est le produit de la vendange en fermentation, disait-il dans le mémoire qu'il a fait signifier à la régie ; or le sieur Tourrangin n'a pas empêché qu'on inventoriât chez lui cette espèce de boisson.

» On fabrique à Issoudun deux sortes de piquette, la première est le produit d'une certaine quantité de *vendange*, sur laquelle on jette une plus ou moins grande quantité d'eau, et qu'on met ensuite sous le pressoir ; ce n'est pas cette espèce de boisson que le sieur Tourrangin n'a pas voulu qu'on inventoriât chez lui.

» La seconde espèce se fait ainsi : Quand le bon vin a été retiré de la vendange, *que la grappe est égouttée*, on jette une certaine quantité d'eau *sur cette grappe* et *on la tire à clair*.

» C'est une boisson de cette dernière espèce, que le sieur Tourrangin n'a pas voulu que l'on inventoriât chez lui. Ce n'est véritablement que de l'eau rougie, à l'usage des domestiques. »

On verra par l'arrêt de la cour de cassation, ci-après rapporté, que cet aveu de la part du sieur Tourrangin,

Traité du contentieux, tom. I, p. 186, n. 190; et p. 140, § II.

Manuel alphabétique, *au mot* Piquette.

BULLETINS.

que la boisson qu'il avait voulu soustraire à l'inventaire, était de *l'eau versée sur la grappe seulement égoutée,* et que l'on avait *tirée à clair,* a motivé la décision qui a rejeté sa prétention.

En effet, de la vendange ou de la grappe simplement *égoutée* n'est pas le *simple marc* dont parle la loi : on appelle marc, d'après le Dictionnaire régulateur de notre langue » *ce qui reste de plus grossier d'une chose qu'on A PRESSÉE ou fait bouillir;* » or, du propre aveu du sieur Tourrangin, la chose n'a pas été *pressée,* mais simplement *égoutée,* ce qui est bien différent.

Mais retranchons, pour un moment, de la cause, l'aveu du sieur Tourrangin ; voyons si sa prétention serait mieux fondée.

D'après lui, on fabrique à Issoudun deux espèces de piquette qu'il a définies. La première, il le déclare, est frappée de l'inventaire, et il n'aurait pas voulu l'y soustraire ; la seconde est exempte de ce même inventaire. Nous lui accordons ces deux propositions.

Mais où est la preuve, pour la régie, que la boisson trouvée chez lui, *tirée à clair* et renfermée dans des tonneaux, provient de la première ou de la deuxième fabrication ? Faudra-t-il, en matière d'impositions, s'en rapporter uniquement à la déclaration du contribuable, nécessairement intéressé à diminuer la quotité des taxes qui pèsent sur lui ? Mais il n'y a dans la loi aucune disposition semblable.

L'article 40 porte que la régie est autorisée *à faire faire,* après la récolte, un inventaire des *vins,* cidres et poirés *fabriqués.*

L'article 42 dit, que la boisson qu'elle désigne *ne sera pas inventoriée.*

On ne voit nulle part que la régie doive s'en rapporter à la déclaration du contribuable ; c'est elle qui *fait l'inventaire,* qui reconnaît les vins fabriqués *qui doivent être inventoriés,* et ceux *qui sont exempts de l'inventaire.*

Mais, dira-t-on, vous rejetez la déclaration du contribuable comme provenant d'une *partie intéressée,* et

BULLETINS.

vous prétendez admettre comme valide l'opération de la régie, qui est également *partie intéressée* ; c'est une injustice, une partialité révoltante, c'est une prétention illégale, car le législateur n'a certainement pas entendu livrer l'opération de l'inventaire à l'arbitraire des préposés de la régie.

Non sans doute, telle n'a pas été l'intention du législateur ; aussi a-t-il *défini* la boisson qui doit jouir de l'exemption, de telle sorte que sa nature et sa qualité ressortent d'un *point de fait*, ce qui éloigne toute possibilité d'arbitraire.

L'article 42 exempte en effet la boisson faite avec de l'eau jetée sur de *simples marcs, sans pression.*

Si l'article n'avait parlé que de *simples marcs*, il y aurait toujours eu la difficulté de reconnaître si la boisson présentée comme devant jouir de l'exemption, provenait d'eau jetée sur de *simples marcs*, ou sur de la *grappe encore imprégnée d'une partie de son suc*, car une fois la boisson *tirée à clair*, il n'est plus possible de découvrir le procédé de sa fabrication.

Mais la loi a ajouté les mots *sans pression*, c'est-à-dire sans *séparation* du marc avec l'eau jetée sur ce marc ; ainsi il est impossible de s'y méprendre.

Toute boisson provenant de la vendange, *tirée à clair*, doit être soumise à l'inventaire, parce qu'elle est de l'espèce connue sous le nom générique *vin*, employé dans la disposition de l'article 40 *qui assujétit* cette boisson à l'inventaire ;

Toute boisson *reposant encore sur le marc*, est exempte de l'inventaire, parce que l'article 42 contient une exception en sa faveur.

Ainsi tout repose sur ce point de fait : La boisson que l'on prétend soustraire à l'inventaire, repose encore sur le simple marc, ou bien elle est tirée à clair : dans le premier cas elle est *exempte* ; dans le second cas elle *est assujettie* ; on n'a donc pas à craindre l'arbitraire de la part des préposés de la régie.

Tous ceux qui voudront être de bonne foi, partageront cette manière de voir, qui est à-la-fois en harmo-

BULLETINS.

nie avec le texte de la loi, et avec ce qui se pratique généralement à l'époque des vendanges.

Il est notoire, en effet, que dans tous les pays vignobles, les propriétaires abreuvent leurs domestiques avec de la piquette, composée d'eau jetée sur les marcs, dans des tonneaux ouverts, que l'on remplace à fur et à mesure de la consommation et jusques à ce qu'elle ait perdu toute qualité vineuse.

C'est bien là cette piquette affranchie par l'article 42 de la loi.

Mais la boisson provenant d'eau mêlée avec la vendange, et qui est ensuite tirée à clair, est un véritable *vin*, plus ou moins fort en qualité et en couleur, mais qui a encore une certaine valeur dans le commerce; aussi ne doit-elle pas participer à l'exemption.

Le tribunal civil d'Issoudun ayant refusé de se rendre à ces observations de la régie, et ayant au contraire accueilli les moyens de défense du sieur Tourrangin, la cour de cassation a cassé son jugement par l'arrêt suivant.

« La cour : ouï le rapport de M. le conseiller Legonidec, ainsi que les conclusions de M. l'avocat-général Jourde, et après qu'il en a été délibéré en la chambre du conseil, le tout aux audiences d'hier et de cejourd'hui ;

» Vu l'article 42 du chapitre 2, titre 1er. de la loi du 28 avril 1816;

» Attendu que cet article est aujourd'hui le seul qui soit applicable à la matière, et que dès-lors il faut écarter tout ce qui ne s'y trouve pas rappelé des anciens édits et réglemens;

» Attendu qu'il est conçu en termes bien plus précis que la disposition correspondante de la loi du 8 décembre 1814, et que l'on ne peut s'empêcher de reconnaître que l'intention du législateur, dans cette nouvelle rédaction, a été que la vendange fût réduite à *l'état de simples marcs*, avant qu'on pût s'en servir pour la fabrication de la boisson, en faveur de laquelle il a prononcé l'exemption de l'inventaire et du droit d'entrée.

BULLETINS.

» Que telle n'est pas l'espèce de la boisson qui a fait l'objet de la contestation, puisque le jugement attaqué constate lui-même que l'eau a été jetée dans la cuve sur le résidu de la vendange, après en avoir tiré seulement le vin de pure goute ; que ce résidu de vendange encore dans la cuve et qui n'a pas subi l'action du pressoir, n'est pas le simple marc dont l'art. 42 a entendu parler, et que la décision qui a décidé autrement, a formellement violé ledit article.

» Par ces motifs, la cour casse, etc. »

Nota. Au moment de procéder à l'inventaire de la récolte de 1820, nous ne saurions trop engager MM. les directeurs à lire avec attention ce que nous avons dit, à cet égard, dans notre Traité du contentieux, tome 1er., page 168 et suivantes, où l'on trouvera des instructions sur le mode de procéder à l'inventaire des boissons tirées à clair, et qui seraient improprement qualifiées *piquettes* par les propriétaires récoltans.

BULLETIN N°. 66. Les débitans de boissons ne peuvent, hors la présence des commis, réduire le degré des eaux-de-vie prises en charge à leur compte, sans contrevenir à l'article 59 de la loi du 28 avril 1816 ; en conséquence, l'acte inscrit au portatif des commis, qui contient l'énonciation du degré de l'eau-de-vie, lors de la prise en charge, faisant foi jusques à inscription de faux, la contravention est suffisamment établie par le procès-verbal qui énonce que le *degré actuel* de l'eau-de-vie est différent de celui reconnu par l'acte de prise en charge. (*Arrêt de cassation, du 17 avril 1818.*)

Débitans de Boissons.

Coupage des Eaux-de-vie.

Foi due aux portatifs des employés.

Le 13 mai 1817, à une heure après midi, deux employés des Contributions indirectes s'étant rendus au domicile du sieur *Bouchereau*, débitant de boissons de

Traité du contentieux, tom. 1, p. 322, n. 326.

BULLETINS.

Saint-Aï, y ont procédé, en présence de sa femme, à une visite dont voici le résultat.

Vérification et comparaison faites de l'*eau-de-vie* contenue dans la bouteille *en débit*, et de l'*eau-de-vie* renfermée *dans le baril* existant dans la cave et *inscrit à leur portatif*, ils ont reconnu qu'il y avait *identité*.

S'agissant ensuite de vérifier le *degré* de cette eau-de-vie, ils l'ont *pesée* avec leur *ARÉOMÈTRE combiné avec le THERMOMÈTRE*, et il en est résulté qu'elle était seulement de *quinze* degrés, tandis que celle du baril *inscrit au portatif* était de DIX-SEPT degrés *lors de sa prise en charge ;* ce qui provenait, ont dit les employés, de ce que le sieur Bouchereau avait *réduit* l'eau-de vie de ce baril, en y *introduisant de l'eau HORS de leur présence*, ou de ce qu'il avait *substitué* à l'eau-de-vie prise en charge, de l'eau-de-vie *inférieure* de *deux* degrés.

Alors ils lui ont déclaré saisie de l'eau-de-vie, qui a été reconnue s'élever à une quantité totale de 17 litres, pour contravention aux articles 1, 63 et 59 de la loi du 28 avril 1816. Le procès-verbal ayant été porté devant le tribunal correctionnel d'Orléans, celui-ci, par jugement du 28 dudit mois de mai, sur le fondement qu'il s'était écoulé plus de huit jours entre le procès-verbal de saisie et la citation, a déclaré l'administration purement et simplement non recevable dans sa demande, et donné main-levée de la saisie, avec dépens.

Appel, par l'administration, à la cour royale d'*Orléans ;* où, après avoir rétabli la validité de sa citation, elle a requis la réformation de ce dont appel, et l'adjudication de ses conclusions de première instance.

Sur cela, premier arrêt, le 2 août 1817, par lequel la cour royale, chambre des appels de police correctionnelle, a rejeté la fin de non-recevoir que les premiers juges avaient admise :

Et le 16 du même mois, arrêt sur le fond en ces termes :

« Considérant que la régie des Impôts indirects

<table>
<tr><td>

BULLETINS.

</td><td>

</td></tr>
</table>

ne justifie pas régulièrement que l'eau-de-vie, à son *arrivée* chez Bouchereau, ait été pesée *contradictoirement* avec lui ;

» La cour *renvoie* Bouchereau du procès-verbal contre lui......, et condamne la régie aux dépens envers ledit Bouchereau. »

L'administration a proposé pour moyens de cassation, à l'appui de son pourvoi contre cet arrêt, la *violation* des articles 53, 59 et 242 de la loi du 28 avril 1816, en ce que, n'y ayant pas eu inscription de faux contre le *portatif* des employés, il faisait *foi* que le baril, lors de sa prise en charge, contenait de l'eau-de-vie à *dix-sept* degrés, et par conséquent qu'il y avait eu remplissage hors la présence des employés.

Sur son pourvoi est intervenu, le 3 avril 1818, l'arrêt dont la teneur suit :

« Ouï le rapport de M. le chevalier Bailly, conseiller, et les conclusions de M. Henri Larivière, avocat-général ;

» Vu les articles 53, 59 et 242 de la loi du 28 avril 1816, sur les Contributions indirectes, qui portent :

Article 53. « Les boissons déclarées par les dénommés » en l'article 50 (qui dénomme spécialement les débitans » d'eau-de-vie), seront comptées et prises en charge aux » registres portatifs des commis ; à cet effet, les futailles » seront jaugées et marquées par les employés, les boissons » dégustées et le degré des eaux-de-vie et esprits vérifié. »

Article 59. « Il est défendu aux débitans de faire » aucun remplissage sur les tonneaux, soit marqués, » soit démarqués, si ce n'est en présence des commis ; » d'enlever de leurs caves les pièces vides, sans qu'elles » aient été préalablement démarquées ; et de substituer de » l'eau ou tout autre liquide aux boissons qui auront été » reconnues dans les futailles lors de la prise en charge.

Article 242. « Les actes inscrits par les employés, » dans le cours de leurs exercices, sur leurs registres » portatifs, auront foi en justice jusqu'à inscription de » faux. »

» Considérant qu'il était constaté par le procès-verbal

BULLETINS.

du 13 mai 1817, régulier en la forme et non inscrit de faux, 1°. que l'eau-de-vie de la bouteille en débit chez Bouchereau était de la même nature et au même dégré que celle actuelle du baril existant dans la cave et inscrit au portatif des employés de l'administration des Contributions indirectes ; 2°. que cette eau-de-vie n'était qu'à 15 degrés, tandis que celle du même baril était à 17 degrés lors de sa prise en charge et de son inscription audit portatif ;

Considérant que cette minorité de deux degrés ne pouvait provenir que du fait, que postérieurement à la prise en charge, Bouchereau avait, ou introduit de l'eau dans le baril, sans avoir appelé les commis pour le constater et pour modifier, en conséquence, les charges de ce débitant, ou substitué à l'eau-de-vie prise en charge, de l'eau-de-vie inférieure de deux degrés ; ce qui le constituait en contravention, soit à l'article 53, soit à la première ou à la seconde partie de l'article 59 de ladite loi du 28 avril 1816 ; d'où la conséquence qu'il était du devoir des juges de prononcer la confiscation des dix-sept litres d'eau-de-vie à 15 degrés, contenus dans le baril et saisis par ledit procès-verbal du 13 mai 1817, et de condamner Bouchereau à l'amende dont ladite loi veut que cette contravention soit punie, et aux dépens ;

Considérant que, néanmoins, au lieu d'accueillir à cet égard la demande de l'administration des Contributions indirectes, la cour royale d'Orléans, chambre des appels de police correctionnelle, a, par son arrêt du 16 août 1817, renvoyé Bouchereau du procès-verbal dressé contre lui, et condamné l'administration aux dépens ;

Considérant que, pour juger de la sorte, cette cour s'est fondée sur ce que (selon elle) l'administration ne justifiait pas régulièrement que l'eau-de-vie, à son arrivée chez Bouchereau, ait été pesée contradictoirement avec lui ;

Mais que ce motif est illusoire en même temps qu'arbitraire, 1°. en ce qu'il ne détruit pas le fait décisif,

BULLETINS.

que le degré de cette eau-de-vie a été vérifié par les employés avant l'inscription qu'ils en ont faite à leur portatif; 2°. en ce que l'article 53 de la loi du 28 avril 1816 n'a point subordonné la validité de cette vérification à la présence personnelle du débitant qui a reçu l'eau-de-vie ; 3°. en ce que, d'après le texte formel de l'article 242 de la même loi, le portatif sur lequel ledit article 53 veut que les employés prennent en charge, et par conséquent inscrivent le degré de l'eau-de-vie par eux vérifié, doit faire foi, jusqu'à inscription de faux ; 4°. en ce que, dans l'espèce, Bouchereau ne s'est pas inscrit en faux, contre l'acte du portatif qui constate que l'eau-de-vie arrivée chez lui y a été inscrite à dix-sept degrés ;

De tout quoi il résulte que la cour royale d'Orléans a expressément violé ledit article 242, en même temps qu'elle est contrevenue aux articles 53 et 59 de ladite loi du 28 avril 1816 :

Par tous ces motifs, la cour, faisant droit sur le pourvoi émis par l'administration des Contributions indirectes, casse etc. Renvoie etc. Ordonne etc.

BULLETIN N°. 67. L'introduction au domicile d'un débitant d'une partie de boissons, *quelque petite qu'en soit la quantité*, doit être justifiée par la représentation, de la part du débitant, d'expéditions de la régie; à défaut de cette représentation, le débitant est en contravention à l'article 53 de la loi du 28 avril 1816, quels que soient les motifs d'excuse allégués par ce dernier. (*Arrét de cassation, du 3 décembre 1818.*)

Le 31 janvier dernier, les employés de l'administration, après avoir terminé leurs exercices dans la cave de la veuve Dagant, débitante de boissons, trouvèrent

BULLETINS.

sur une table, dans la cuisine, une bouteille de verre contenant environ trois décilitres d'eau-de-vie, que ladite veuve leur dit avoir achetée chez un épicier pour son usage particulier, et par l'ordre de son médecin; et qu'elle ne croyait pas avoir besoin d'expédition pour cet objet.

Les employés saisirent cette eau-de-vie, pour contravention aux articles 50 et 53 de la loi du 28 août 1816.

Le tribunal correctionnel d'Orléans, saisi de la connaissance de l'affaire, déclara l'administration mal fondée dans ses demandes, et la condamna aux frais, par jugement du 11 mars.

Les motifs de cette décision furent 1°. que la veuve Dagant ne pourrait être en contravention à la loi, qu'autant qu'il serait constaté que l'eau-de-vie saisie aurait été employée, ou tout au moins destinée, à l'usage de son débit, ce qui ne résultait nullement du procès-verbal; 2°. que la loi, voulant atteindre la fraude, n'a eu en vue que celle qui était évidemment démontrée; qu'on ne peut considérer comme provenant d'une introduction frauduleuse, une si faible quantité d'eau-de-vie que le débitant aurait chez lui; ce que la loi ne lui interdit pas, lorsque d'ailleurs on ne voit en aucune manière que cette eau-de-vie fût destinée à la consommation du débit.

Ce jugement a été confirmé par les mêmes motifs que la cour royale d'Orléans a adoptés par son arrêt du 6 juin dernier, qui a été cassé en ces termes :

« Ouï le rapport de M. Chasles, conseiller, et les conclusions de M. Freteau, avocat-général ;

» Vu les articles 50, 53 et 61 de la loi du 28 avril 1816, qui sont ainsi conçus : etc.;

» Attendu qu'il était constaté par le procès-verbal des employés, qu'ils avaient trouvé dans le domicile de la veuve Dagant, débitante de boissons, de l'eau-de-vie dans une bouteille, dont elle n'avait pas fait la déclaration aux employés, et pour laquelle elle ne put pas représenter d'expédition justificative de l'introduction ;

» Que, quelque faible que fût la quantité d'eau-de-vie

BULLETINS.

trouvée chez cette veuve, l'existence seule de cette boisson dans son domicile, sans déclaration et sans expéditions, constituait un recelé, une introduction frauduleuse et une contravention aux dispositions ci-dessus rappelées;

» Que néanmoins, au lieu d'appliquer à ladite veuve Dagant les peines portées par la loi, la cour royale d'Orléans, en adoptant les distinctions et considérations des premiers juges, s'est permis de les consacrer en principes, et d'éluder ainsi la loi applicable à l'espèce :

» Pour ces motifs, la cour casse et annulle l'arrêt, etc., etc.

BULLETIN N°. 68. Les débitans de boissons ou ceux qui les représentent, en leur absence, doivent *déclarer* aux commis les boissons qu'ils ont reçues depuis leur dernier exercice, placer celles-ci *en évidence* et dans les lieux accoutumés, et *représenter immédiatement les expéditions* qui ont dû accompagner les boissons.

La représentation de ces expéditions pos-térieurement au procès-verbal, est tardive et intempestive, et ne justifie, dans aucun cas, le débitant de n'avoir pas déclaré l'arrivée des boissons et d'avoir placé celles-ci hors de la vue des préposés et dans un lieu inac-coutumé. (*Arrêt de cassation, du 6 décembre 1818.*)

« La cour : ouï le rapport de M. Chasles, conseiller, et les conclusions de M. Hua, avocat-général;

» Vu les articles 50, 53 et 61 de la loi du 28 avril 1816, qui sont ainsi conçus, etc.;

DÉBITANS DE BOISSONS.

RECEL.

REPRÉSENTATION D'EXPÉDITIONS.

Traité du con-tentieux, *tom.* 1, *p.* 313, *n.* 293 *bis; et p.* 324, *n.* 297.

BULLETINS.

» Attendu qu'après avoir terminé leurs visite et exercice dans la cave du cabaretier Vaudran, et avoir pris en charge une pièce de vin de nouvelle venue, dont le congé leur fut à l'instant remis par le nommé Dubreuil, qui représentait Vaudran absent, les employés demandèrent à Dubreuil s'il n'était pas arrivé d'autre vin dans le cabaret, qu'il répondit que non, et que Vaudran ne lui avait remis que le congé qu'il venait de leur présenter ;

» Que, sur l'observation faite par les employés qu'ils avaient connaissance qu'il était arrivé, la veille, du vin dans ledit cabaret, et qu'ils étaient surpris de ne l'avoir pas trouvé dans la cave, Dubreuil répondit de nouveau qu'il l'ignorait ;

» Que, d'après de nouvelles recherches, les employés étant entrés dans une cour du domicile de Vaudran dont la porte, qui était fermée à clef, leur fut ouverte par ledit Dubreuil, ils trouvèrent trois pièces de vin cachées sous des planches qui étaient adossées contre un mur ; qu'ayant demandé à Dubreuil les expéditions qui avaient dû accompagner lesdites trois pièces de vin, il répondit n'en point avoir, pour quoi la saisie fut établie pour contravention aux articles 53 et 61 de la loi du 28 avril 1816 ;

» Attendu que ces faits constituaient un recelé de boissons bien caractérisé, et en même temps une contravention formelle aux dispositions de articles 50 et 53 de la loi ci-dessus, en ce qu'au lieu d'avoir placé les trois pièces de vin dont il s'agit en évidence dans la cave ou dans le lieu ordinaire des visites et exercices des commis, ou au moins de leur en avoir fait la déclaration, ainsi que la représentation du congé, afin qu'ils pussent les exercer et les prendre en charge sur leurs registres portatifs, on avait d'abord nié l'arrivée d'aucun vin dans le cabaret, excepté la pièce trouvée dans la cave, et les trois autres pièces avaient été cachées sous des planches dans une cour fermée à clef, et Dubreuil avait déclaré n'avoir pas d'expéditions ;

» Attendu que la représentation du congé, qui, aux

<table>
<tr><td>

BULLETINS.

</td><td>

</td></tr>
</table>

termes de la loi, aurait dû être faite à l'instant même de la déclaration et lors de la visite et de l'exercice, pour être, ledit congé, relaté dans l'acte de charge des trois pièces, n'a eu lieu qu'après la clôture de l'exercice, la constatation du recelé, l'établissement de la saisie, et même après la sortie des employés du domicile de Vaudran; qu'ainsi cette représentation de congé a été faite tardivement et intempestivement; que d'ailleurs, pût-elle être considérée comme régulière, elle ne pourrait ni couvrir ni atténuer la contravention du recelé qui résultait du défaut de déclaration ou au moins du défaut de la mise en évidence des trois pièces de vin, et de ce qu'elles avaient été cachées dans un lieu fermé à clef;

» Que les motifs qui ont déterminé les décisions des juges de première instance et d'appel, et le rejet qu'ils ont prononcé de l'action de la régie, qu'ils ont fait consister en ce que Vaudran était locataire de la maison où les vins ont été trouvés, qu'ils y ont été introduits en vertu d'un congé, et que rien n'indiquait que Vaudran ait eu l'intention de frauder, ne pouvaient nullement justifier ledit Vaudran sur les contraventions qui lui étaient imputées, parce que, d'abord, il importait fort peu qu'il fût ou non locataire de la maison où les trois pièces de vin ont été trouvées, puisqu'on peut receler des effets chez soi comme chez autrui; en second lieu, parce que le congé n'avait pas été représenté au moment prescrit par la loi, c'est-à-dire, lors de la visite et l'exercice des commis; et, en troisième lieu, parce qu'en matière de contravention aux lois sur la perception des Contributions indirectes, les tribunaux ne sont juges que des faits matériels qui caractérisent les contraventions, et non de l'intention des prévenus;

» Attendu qu'il résulte de ce que dessus, que la cour royale de Paris a violé les articles 50, 53 et 61 de la loi du 28 avril 1816 :

» Par ces motifs, la cour casse et annulle l'arrêt, etc. »

<table>
<tr><td>

BULLETIN N°. 69. L'estampille apposée *sur*

</td><td>

</td></tr>
</table>

<table>
<tr><td></td><td>BULLETINS.</td></tr>
</table>

Estampille.

Laissez-passer.

une voiture publique, ne suffit pas pour légitimer la circulation de cette voiture ; il faut encore que le conducteur soit porteur d'un *laissez-passer*, et qu'il le présente à toute réquisition des préposés. (*Arrêt de cassation du 24 juillet 1818.*)

Traité du contentieux, *tom. 1*, *p.* 173, *n.* 182 *et* 183.

Le 1er. mai 1817, les employés de l'administration des Impôts indirects, saisirent, sur la route de Saint-Flour à Clermont, une voiture publique appartenant au sieur Vidal.

Le motif de la saisie était que le conducteur de la voiture n'avait point de *laissez-passer*.

Malgré l'évidence de cette contravention à l'article 117 de la loi du 25 mars 1817, la cour royale de Riom, par arrêt du 29 janvier 1818, renvoya le sieur Vidal des poursuites, par la considération que *l'estampille* de la régie qui était appliquée sur la voiture, au moment de la saisie, était une preuve du paiement des droits; et qu'ainsi le sieur Vidal n'avait point commis de fraude.

Mais cette considération, qui d'ailleurs était inexacte, puisque c'est au contraire le *laissez-passer* qui atteste le paiement du droit, ne pouvant justifier la contravention, l'arrêt de la cour royale de Riom a été annullé d'après les motifs exprimés dans l'arrêt de cassation dont la teneur suit :

« Ouï le rapport de M. Busschop, conseiller en la cour, et les conclusions de M. Henri-Larivière, avocat-général;

»Vu les articles 117, 120 et 122 de la loi du 25 mars 1817, sur les finances, portant :

Art. 117. « Avant que les voitures déclarées puissent
» être mises en circulation, il sera apposé sur chacune
» d'elles, par les préposés de la régie et après vérifica-
» tion, une estampille dont le coût, fixé à 2 francs, sera rem-
» boursé par les entrepreneurs. Il sera également délivré,
» pour chaque voiture , un *laissez-passer* conforme à la
» déclaration dont les conducteurs devront toujours être
» porteurs. Les voitures déclarées ne pourront être chan-

BULLETINS.

» gées, ni les estampilles placées sur de nouvelles voitures,
» sans une déclaration préalable, auquel cas il ne sera
» point dû de nouvelle licence. »

Art. 120. « Toute voiture publique, qui circulerait sans
» estampille ou sans *laissez-passer*, ou avec un *laissez-*
» *passer* qui ne serait pas applicable, sera saisie, ainsi
» que les chevaux et harnais. »

Art. 122. « Toute contravention aux dispositions du
» présent paragraphe......., sera punie de la confisca-
» tion des objets saisis et d'une amende de 100 à 1000
» francs ; en cas de récidive, l'amende sera toujours de
» 500 francs au moins. »

» Considérant que l'article 117 précité ayant voulu, d'une
manière absolue, que les conducteurs de voitures publiques *fussent toujours* porteurs du *laissez-passer* délivré
par la régie, il s'ensuit nécessairement qu'il y a contravention audit article, toutes les fois qu'un conducteur de
voiture publique n'est pas porteur du *laissez-passer*;

» Que l'article 120 veut également que toute voiture
publique qui circulerait sans *laissez-passer*, soit saisie
ainsi que les chevaux et harnais;

» Qu'enfin l'article 122 punit toute contravention aux
articles du § IV (dont ledit article 117 fait partie, de
la confiscation des objets saisis, et d'une amende de 100
à 1000 francs ;

» Considérant qu'il a été reconnu au procès, et constaté
par procès-verbal, que Pierre Niocelle, conducteur
d'une voiture publique, exploitée par le sieur Vidal,
n'était point porteur d'un *laissez-passer* au moment où
cette voiture était en circulation; que l'absence du *laissez-*
passer était donc une contravention formelle audit
article 117 qui, conséquemment, soumettait le sieur
Vidal aux peines de confiscation et d'amende prononcées
par ledit article 122; d'où il suit qu'en le renvoyant des
poursuites, la cour royale de Riom a expressément violé
les articles précités de la loi du 25 mars 1817 ;

» Que le renvoi du prévenu ne peut d'ailleurs être justifié par la considération que la voiture portait l'estampille de la régie, et que cette estampille étant la preuve

BULLETINS.

du paiement des droits, il n'y avait de la part du prévenu aucune fraude ;

» Qu'en matière de Contributions indirectes, la preuve du paiement des droits ne dispense point de l'observation des formalités que la loi a jugées nécessaires, ou même seulement utiles, pour prévenir la fraude ;

» Que l'article 117 ayant voulu, non-seulement que toute voiture en circulation portât l'estampille, mais aussi que le conducteur fût en même temps porteur du *laissez-passer*, l'omission de l'une ou de l'autre de ces deux formalités forme nécessairement une contravention audit article ;

» Que l'observation simultanée des deux formalités de l'estampille et du *laissez-passer* est d'autant plus nécessaire que leur séparation pourrait prêter à la fraude, en appliquant l'estampille à des voitures non-déclarées, contre la défense expresse dudit article 117, fraude qui, à l'instant où elle se commet, ne peut être découverte que par le *laissez-passer*, qui sert de contrôle à l'estampille et en empêche le double emploi :

» D'après ces motifs, la cour casse, etc. »

BULLETIN Nº. 70. Le *laissez-passer*, dont tout conducteur de voitures publiques doit être porteur, et qu'il doit représenter aux employés, à toute réquisition, doit être entièrement applicable par les indications qu'il renferme, à la voiture qu'il accompagne ; faute de quoi celle-ci est saisissable. (*Arrêt de cassation, du 13 août 1818.*)

Le 17 février 1818, les employés de l'administration des Contributions indirectes saisirent une voiture publique appartenant à Pierre Delavault, et conduite par Henri Charpentier, son domestique, par le motif, entre autres, que son laissez-passer, étant pour une voiture suspendue, ne s'appliquait point à la sienne, qui ne l'était pas.

BULLETINS.

Le procès-verbal des employés, qui était régulier dans la forme et non argué de faux, faisait donc la preuve complète et indestructible que l'entrepreneur de la voiture saisie était en contravention aux articles 117 et 120 de la loi du 25 mars 1817; et néanmoins la cour royale d'Orléans, ayant admis à son audience la preuve que le laissez-passer était applicable, renvoya le prévenu des poursuites, par arrêt du 6 juin 1818.

Cet arrêt, qui violait ainsi la loi, a été cassé et annullé par l'arrêt de la cour, conçu dans les termes suivans :

« Ouï le rapport de M. Busschop, conseiller en la cour, et les conclusions de M. Giraud, avocat-général;

» Vu les articles 117, 120 et 122 de la loi du 25 mars 1817, sur les finances, portant etc. ;

» Vu également l'article 26 du décret du 1er. germinal an 13, portant : « Les procès-verbaux, ainsi rédigés » et affirmés, seront crus jusqu'à inscription de faux... »

» Considérant que, d'après les articles 117 et 120 précités de la loi du 25 mars 1817, tout conducteur d'une voiture publique doit être porteur du *laissez-passer* qui a été délivré par la régie, pour la circulation de la même voiture, et que toute voiture publique qui sortirait sans *laissez-passer*, ou avec un *laissez-passer* qui n'y serait pas applicable, doit être saisie ainsi que les chevaux et harnais;

» Que l'article 122 de la même loi punit les contraventions auxdits articles, de la confiscation des objets saisis, et d'une amende de cent à mille francs;

» Considérant que, dans l'espèce, il a été constaté, par un procès-verbal des employés de l'administration des Contributions indirectes, régulier dans sa forme et non argué de faux, que, le 17 février 1818, Henri Charpentier, domestique de Pierre Delavault, entrepreneur de voiture publique à Nogent-sur-Vernisson, a conduit une voiture publique, *non suspendue*, appartenant à sondit maître; et qu'interpellé par les employés de représenter le *laissez-passer* qui devait avoir été délivré par la régie pour la circulation de cette voiture, il n'a représenté qu'un *laissez-passer* pour une voiture *suspendue*, conséquemment un *laissez-passer* qui n'était point applicable à sa voiture.

BULLETINS.

» Que ce fait, ainsi constaté, était donc une contravention manifeste auxdits articles 117 et 120, qui obligeait la cour royale d'Orléans de condamner Pierre Delavault aux peines de confiscation et d'amende prononcées par ledit article 122 ;

» Que néanmoins elle a renvoyé le contrevenant des poursuites, par le motif qu'il était prouvé, par l'instruction faite à l'audience, que le *laissez-passer* représenté par le conducteur Charpentier était applicable à sa voiture ; mais que l'admission de cette preuve étant prohibée par l'article 26 du décret du 1er. germinal an 13, il s'ensuit que la cour royale d'Orléans a tout-à-la-fois violé cet article et les articles 117, 120 et 122 de la loi du 25 mars 1817 :

» D'après ces motifs, la cour, faisant droit au pourvoi de l'administration des Contributions indirectes, casse et annulle l'arrêt de la cour royale d'Orléans, du 6 juin 1818. »

DÉBITANS
DE BOISSONS.

DÉCLARATIONS
DE CESSER.

Traité du contentieux, *tom.* I, *p.* 338, § I.

BULLETIN N°. 71. Le débitant de boissons qui a déclaré cesser son débit, demeure néanmoins soumis, pendant les trois mois qui suivent sa déclaration de cesser, non-seulement aux visites et exercices des employés, mais encore à toutes les obligations prescrites aux débitans, et notamment à celle de représenter des expéditions pour toutes les boissons qui arrivent chez lui pendant les trois mois. (*Arrêt de cassation, du 28 octobre 1819. Affaire Dequoi d'Orléans*)

BACS ET
PASSAGES D'EAU.

BULLETIN N°. 72. Avis du Comité des Finances au Conseil-d'Etat, sur la propriété des bacs et passages d'eau, établis sur les fleuves, rivières et canaux.

B.U.L.L.E.T.I.N.S.

« Séance du 3 octobre 1819. M. Fumeron, rapporteur.

» Le Comité des Finances du Conseil-d'État, sur le renvoi qui lui a été fait par S. Ex. le Ministre-Secrétaire-d'État au même département, d'une lettre de M. le Sous-Secrétaire-d'État au département de l'Intérieur, en date du 2 mai 1817, et de deux rapports de M. le Conseiller-d'État, directeur-général des Contributions indirectes, en date des 19 mai et 26 juillet derniers, desquels lettres et rapports il résulte que depuis 1814, que la loi du 6 frimaire an 7, concernant les bacs et passages d'eau, a été diversement interprétée et exécutée par plusieurs préfets, et même par quelques décisions ministérielles ; que de nouvelles demandes en restitution ou concession de droits de bac et de passage, se reproduisent journellement, et qu'il importe de prendre à cet égard une prompte décision, qui, en rappelant et fixant définitivement la jurisprudence en cette matière, annulle toutes les restitutions et concessions qui auraient pu être accordées contrairement aux dispositions des lois, et prescrive à l'administration une marche légale et constante pour tous les cas particuliers qui pourraient se présenter :

» Vu lesdits rapports et toutes les pièces à l'appui, une décision de S. Ex. le Ministre des Finances, du 8 juillet 1814 ;

» Un arrêté de la commission chargée de la remise des biens des émigrés, du 17 décembre 1816, et un avis du Comité des Finances, approuvé par S. Ex., le 10 janvier 1817, qui, déclarent inadmissibles les demandes faites par S. A. S. Mgr. le prince de Condé, Mme. de Cheffontaines et la commune d'Hauteville, en restitution et remise de divers bacs et passages d'eau;

» Vu la décision de S. Ex. le Ministre des Finances, des 30 septembre 1816, qui, sur le rapport de M. le directeur-général des Ponts et Chaussées, ordonne la remise à M. le marquis de Ludres, du bac de Méréville, situé sur la Moselle, département de la Meurthe, attendu que la Moselle n'est pas navigable dans cet endroit;

A annoter au Traité du contentieux, *tom. 1,* p. 181, § VIII; *et t. 2, p.* 295, *chap.* IV.

BULLETINS.

» Une autre décision de S. Ex., du 15 octobre 1816, qui, sur le rapport du même directeur-général, et par la même considération, a rendu à la commune de Breuil, département de l'Allier, le bac établi dans cette commune, sur la Sioule ;

» Divers rapports à S. Ex. le Ministre des Finances, desquels il résulte qu'il a été concédé et abandonné à un grand nombre de communes, des bacs et passages d'eau, et que divers préfets proposent encore de semblables mesures en faveur de plusieurs communes, sous prétexte que la gestion de ces passages, loin d'être profitable, est onéreuse au gouvernement ;

» Vu les observations faites à ce sujet, par le directeur-général des Ponts et Chaussées, en date du 8 novembre 1816 et 21 juillet 1817, et celles faites par le conseil d'administration et M. le directeur-général de l'Enregistrement et des Domaines, en dates des 14 et 28 mars dernier, qui tendent à établir le principe que la loi du 6 frimaire an 7, n'a attribué à l'Etat que la propriété des bacs et passages d'eau établis sur des rivières navigables ; et que, comme on ne peut appeler navigables que les rivières qui portent bateaux dans la longueur de leur cours, il s'ensuit que la propriété des bacs et passages d'eau sur les rivières qui ne sont pas navigables de cette manière, peut appartenir à des départemens, à des communes et même à des particuliers ;

» Vu les divers rapports de M. le directeur-général des Contributions indirectes, qui combat cette opinion et soutient que, d'après les lois des 25 août 1792, 6 frimaire an 7 et 14 floréal an 10, la propriété des bacs et passages d'eau établis, à lieu et heures fixes, sur toutes les rivières, soit qu'elles soient ou non navigables dans la longueur de leur cours, est exclusivement dévolue à l'État, et ne peut plus appartenir à des communes, ni à des particuliers ;

» Vu toutes les lois sur la matière, savoir :

» La loi du 28 mars 1790, qui porte, titre 2, art. 12, que tous les droits de péage, de long et de travers, passage, hallage, pontonnage, etc., sont supprimés sans

BULLETINS.	OBJETS des Bulletins et renvois aux Ouvrages dont ils sont le supplément.

indemnité ; exceptant provisoirement, article 15, les droits de bacs et de voitures d'eau, sur lesquels elle réserve de statuer définitivement ;

» La loi du 25 août 1792, qui supprime les droits exclusifs de bacs et voitures d'eau, provisoirement conservés par la loi précédente ;

» La loi du 6 frimaire an 7, qui attribue à l'Etat le droit exclusif de propriété des bacs et bateaux établis sur les fleuves, rivières et canaux navigables, sous la simple obligation de rembourser aux détenteurs à titre légal la valeur des bacs, bateaux et agrès ; n'exceptant de la prise de possession par le Domaine, que les bacs et bateaux qui ne servent point à un usage commun, mais à un seul particulier, et les barques et bachots servant à l'usage de la pêche et de la marine marchande, mais sous la condition expresse qu'ils ne pourront établir de passage à lieu ni heures fixes ;

Une décision ministérielle du 17 prairial an 7, en forme d'instruction explicative de la loi du 6 frimaire, et portant que, par le mot *navigables*, la loi a voulu designer tous les fleuves, rivières et canaux qu'on ne peut traverser qu'à l'aide de moyens de navigation, soit qu'ils soient ou non navigables dans la longueur de leur cours, et a parconséquent investi le Domaine public de la propriété exclusive de tous les passages d'eau établis pour le service commun ;

» La loi du 14 floréal an 10, qui range les droits de passage dans les Contributions indirectes, et prescrit, art. 9, plusieurs mesures d'administration pour les bacs ou bateaux de passage établis sur les fleuves, rivières ou canaux, sans y ajouter la dénomination de navigables ;

» Une instruction de M. le directeur-général des Ponts et Chaussées, du 18 prairial an 12, approuvé le lendemain par S. Ex. le Ministre des Finances qui, posant en principe que le Domaine est propriétaire de tous les passages d'eau publics, sans exception, permet aux préfets d'abandonner aux communes, sous l'approbation préalable du Ministre des Finances, les passages d'eau qui, ne tenant pas à des communications reconnues

BULLETINS.

utiles , seraient d'un produit presque nul ou même plus onéreux que profitables à l'Etat, à la charge par lesdites communes de les entretenir en bon état, et de se conformer aux tarifs fixés par le gouvernement ;

» L'art. 538 du Code civil , qui porte que les fleuves et rivières navigables ou flottables sont considérées comme dépendances du Domaine public ;.

» Enfin la loi du 28 avril 1816, dont l'art. 231 , titre des Contributions indirectes , maintient formellement toutes les dispositions des lois , décrets et réglemens qui autorisent et régissent les droits sur la navigation , les bacs , les bateaux , les péages, les passages de ponts et écluses, etc. ;

» Considérant 1°. qu'il est évident que les dispositions formelles des lois ci-dessus visées, ont attribué à l'Etat le droit exclusif de propriété de tous les passages d'eau établis pour le service public , et à l'aide de bacs et bateaux sur tous les fleuves, rivières et canaux quelconques, soit qu'ils soient ou non navigables dans la longueur de leur cours ; que cette interprétation résulte d'ailleurs évidemment des préambules et de l'esprit de ces lois et des décisions ministérielles ci-dessus citées ; enfin, qu'elles ont été constamment exécutées dans ce sens jusqu'en 1815 , sans aucune opposition ;

» Que, dans les cas où un passage d'eau exigerait annuellement plus de dépense qu'il ne produit de revenu et que la gestion en serait reconnue onéreuse à l'administration , il importe de déterminer les moyens convenables pour dégréver l'Etat de cette charge, sans contrevenir au principe invariable qui vient d'être posé ;

» Enfin qu'il est indispensable de faire rentrer le domaine dans la possession des divers bacs et passages d'eau dont il a été privé par quelques décisions illégalement rendues :

» Est d'avis que, d'après les lois actuellement en vigueur, le droit de propriété de tout passage d'eau établi pour le service public à l'aide de bacs et bateaux sur les fleuves , rivières et canaux quelconques, appartient exclusivement à l'Etat , et ne peut être restitué , aliéné , ni concédé ,

BULLETINS.

sous aucun prétexte , à aucune commune, ni à aucun particulier ;

» Qu'il y a lieu, par S. Ex. le Ministre des Finances , de rapporter la décision du 30 septembre 1816 , par laquelle il a été fait remise , à M. le marquis de Ludre , du bac de Méréville , situé sur la Moselle , département de la Meurthe , ainsi que du droit de passage , en lui vendant, en même temps , la maison du passager, acquise antérieurement par le Domaine , à titre onéreux ; de rapporter également la décision du 15 octobre 1816 , qui a rendu à la commune d'Ebreuil , département de l'Allier , le bac établi sur la Sioule , ainsi que tous abandons, remises ou cessions semblables qui auraient pu être prononcés en faveur de particuliers ou de communes ;

» Qu'il serait à propos que S. Ex. adoptât une marche régulière et légale pour pouvoir, sans contrevenir au principe invariable de l'inaliénabilité des passages d'eau , dégréver l'État de la charge qui résulte pour lui de la gestion de ceux de ces bacs ou passages dont les recettes ne couvrent pas les dépenses annuelles ; et que les mesures qu'il serait le plus convenable de prendre à ce sujet seraient les suivantes :

» 1°. Dans le cas où il ne se présenterait pour la ferme d'un passage d'eau aucun adjudicataire sur la mise à prix fixée conformément à l'instruction du 18 prairial an 12 , il sera procédé à une nouvelle adjudication en diminuant successivement la mise à prix ; et, à défaut d'offres plus avantageuses, le passage d'eau pourra même être adjugé à la simple charge de l'entretenir en bon état , outre les autres obligations imposées aux fermiers par le cahier des charges ;

» 2°. Les baux dont il s'agit ne seront arrêtés par les préfets qu'après avoir reçu les rapports respectifs de l'ingénieur en chef et du directeur des Contributions indirectes, qui donneront chacun leur avis sur les avantages ou les inconvéniens de la mesure proposée, sur l'estimation des produits du bac et sur les dépenses d'entretien. Les arrêtés des préfets sur cet objet , avant d'être soumis à

OBJETS des bulletins et renvois aux Ouvrages dont ils sont le supplément.

BULLETINS.

l'approbation du Ministre , seront communiqués , avec les pièces à l'appui , au directeur-général des Contributions indirectes , qui donnera son avis en ce qui concerne les droits de l'Etat et les intérêts de la perception ;

» 3°. Les communes pourront , lorsqu'elles y auront été dûment autorisées , se présenter comme enchérisseurs et devenir adjudicataires, concurremment avec les particuliers ;

» 4°. Aucun abandon de passages d'eau ne pourra plus être fait aux communes, ainsi que le permettait l'instruction du 18 prairial an 12 ; tous les abandons de ce genre qui auraient été ainsi consentis par des décisions particulières seront révoqués , et il sera procédé pour ces passages d'eau conformément aux dispositions ci-dessus ;

» 5°. Enfin qu'il serait à propos que S. Ex. adressât, à ce sujet , aux préfets, une instruction nouvelle, pour leur rappeler les véritables principes posés ci-dessus et résultant des lois et réglemens sur la matière , ainsi que pour leur prescrire l'exécution des mesures qui viennent d'être proposées.»

Par suite de cet avis du Conseil d'Etat, approuvé par décision du Ministre des Finances, du 2 septembre 1819, MM. les directeurs-généraux des Ponts et Chaussées et des Contributions indirectes se sont concertés pour l'exécution des mesures recommandées ; et le résultat de ce concert a été communiqué aux directeurs de la régie, par une circulaire du 5 février 1820 , sous le n°. 44 des divisions territoriales.

OCTROIS.

DÉLIBÉRATIONS DES CONSEILS MUNICIPAUX.

A ajouter au ch. 1er., l 5, du Traité du contentieux, tom. 2, p. 266 et suiv.

BULLETIN N°. 73. Le gouvernement est suffisamment autorisé par l'article 147 de la loi du 28 avril 1816 , à statuer , selon les circonstances et les localités , sur les délibérations des conseils municipaux , en matière d'octroi. (*Avis du Conseil-d'État, du 20 août 1818.*) Voyez le Bulletin suivant.

BULLETINS.

BULLETIN N°. 74. L'article 21 de la loi du 28 avril 1816, qui affranchit les dépendances rurales entièrement détachées du lieu principal, n'est applicable qu'aux *droits d'entrée* qui se prélèvent au profit du trésor, et non aux *droits d'octroi*. À la vérité, l'article 26 de l'ordonnance du 9 décembre 1814, affranchit aussi les dépendances rurales, en matière d'octroi; mais ces dispositions ont été modifiées par les articles 149 et 152 de la loi du 28 avril 1816, qui autorisent les conseils municipaux à délibérer sur les limites des octrois, et permettent d'établir des perceptions dans les banlieues autour des grandes villes, afin de restreindre la fraude. (*Ordonnance du Roi, du 1er. septembre 1819.*)

OCTROIS.

DÉPENDANCES RURALES.

A ajouter au ch. 1er., l. 5, du Traité du contentieux, tom. 2, p. 266 et suiv.

Cette ordonnance a été rendue d'après une discussion contradictoire au Comité contentieux du Conseil d'État, entre la ville d'Angoulême et la régie. Elle a, en conséquence, rejeté la réclamation des habitans de cette ville, qui prétendaient que les articles 21 de la loi du 28 avril 1816, et l'article 26 de l'ordonnance du 9 décembre 1814, s'opposaient à l'établissement d'un droit de banlieue autour de leur ville.

BULLETIN N°. 75. Nul ne peut s'affranchir des obligations ou des formalités qui lui sont imposées par la loi, en matière de Contributions indirectes, sous le prétexte que la régie n'a pas de bureaux établis dans le lieu où les obligations ou formalités doivent être remplies.

TABACS.

PAYS SITUÉS HORS LA LIGNE DES DOUANES.

<table>
<tr><td valign="top">

</td><td>

BULLETINS.

</td></tr>
</table>

Les pays placés hors la ligne des Douanes ne cessent pas de faire partie du royaume, et sont, par conséquent, soumis aux lois et réglemens sur toutes matières autres que les Douanes. (*Arrêt de cassation, du 11 décembre 1818.*)

Le 24 octobre 1817, deux gendarmes de la brigade de Saint-Geniez, aperçurent sur une voiture venant sur la route de Genève, trois sacs qui leur parurent contenir du tabac qu'on introduisait en France.

Gauthier, qui était présent, convint que ces sacs lui appartenaient; qu'ils contenaient du tabac de différentes espèces, qu'il avait dessein de vendre dans le pays qui était franc, et où on pouvait faire le commerce du tabac; et que c'était sa profession, qu'il exerçait pour faire subsister sa famille.

Ce tabac, qui fut reconnu être du poids de 55 kilogrammes, fut saisi comme circulant frauduleusement en France.

Le tribunal correctionnel de Gex, chargé de prononcer sur le procès-verbal, donna main-levée de la saisie.

Cette décision fut bâsée sur les motifs: Qu'il n'était point établi au procès-verbal que les tabacs saisis provinssent de fabrique étrangère; qu'il était constant que depuis long-temps l'administration n'avait aucun débit de tabac dans l'arrondissement; qu'elle n'en faisait point vendre; que dès-lors elle n'y était point en exercice quant aux tabacs; que si la circulation du tabac étranger y était prohibée, cet arrondissement se trouverait par le fait privé de l'usage du tabac; que les tabacs étrangers s'y vendaient au contraire partout ouvertement et publiquement.

Ce jugement a été confirmé par le tribunal correctionnel de Bourg.

Les juges ont pensé que, quoique le pays de Gex soit placé hors la ligne des Douanes, il n'en était pas moins soumis aux autres lois du royaume, et particulièrement

BULLETINS.

à celles qui concernent l'administration des Contributions indirectes ; que les contraventions relatives à la vente et à la circulation des tabacs peuvent y être constatées, non-seulement par les employés des Douanes et des Octrois, mais encore par ceux des Contributions indirectes, les gendarmes, les préposés forestiers, les gardes champêtres, et par tous autres individus ; et qu'ainsi les délits relatifs à l'introduction frauduleuse des tabacs étrangers pourraient y être légalement constatés.

Mais ils ont considéré que, dans l'espèce particulière d'après le fait reconnu par le tribunal de Gex, confirmé par la lettre du directeur-général des Contributions indirectes, du 3 février précédent, on était autorisé à penser que depuis long-temps cette administration n'avait établi de dépôt de tabac dans l'arrondissement de Gex, et que, pour cet objet, elle devait être considérée comme n'y étant point en exercice ; que dès-lors les habitans de cet arrondissement, bien qu'assujétis aux lois générales du royaume, ont pu être fondés à ne regarder celles relatives à la vente et à la circulation des tabacs comme obligatoires pour eux, qu'autant que l'administration des Impôts indirects leur aurait donné, comme aux autres habitans du royaume, les moyens de les exécuter, ce qui n'a point eu lieu ; et que conséquemment l'introduction sur le territoire de Gex de 55 kilogrammes de tabac, sans autorisation, de la part de F. M. Gauthier, ne doit point, dans l'état actuel des choses, être considérée comme une contravention ; qu'ainsi la saisie du 24 octobre dernier a mal procédé.

Ce jugement, qui a été attaqué par la régie dans la forme prescrite par la loi, a été cassé, ainsi qu'il suit :

« Ouï le rapport de M. Chasles, conseiller, les observations de M. Roger, avocat de l'administration, et les conclusions de M. Hua, avocat-général ;

» Vu les articles 172, 173 et 222 de la loi du 28 avril 1816, qui sont ainsi conçus : etc. ;

» Attendu que, quoique le pays de Gex soit placé hors de la ligne des Douanes, il n'en est pas moins vrai que ce pays, faisant partie du territoire français, est soumis à

BULLETINS.

toutes les lois du royaume, tant en matière de Contributions indirectes, qu'es autres matières, et conséquemment que les lois qui concernent les tabacs lui sont applicables, comme elles le sont au surplus du territoire de France ;

» Attendu que François-Marie Gauthier, ayant été surpris, le 24 octobre 1817, introduisant frauduleusement en France, par la route venant de Genève, des tabacs de différentes espèces, du poids de cinquante-cinq kilogrammes, était passible des peines portées par l'article 222 ci-dessus rappelé; et qu'au lieu de lui en faire l'application, le tribunal correctionnel de Bourg a confirmé le jugement de celui de Gex, qui avait donné main-levée des tabacs saisis;

» Que les motifs qui ont déterminé la décision du tribunal de Bourg ne pouvaient cependant pas détruire ni même atténuer la contravention, qui était légalement constatée, parce qu'en supposant qu'à l'époque de la saisie, la régie n'eût pas encore établi dans le pays de Gex des dépôts ou bureaux de vente de tabacs, on n'en pouvait pas conclure que les habitans du pays fussent autorisés à se livrer à la contrebande, et enfreindre ainsi la loi qui les gouvernait; que tout ce qu'ils pouvaient et devaient faire dans le cas supposé, c'était d'adresser leurs réclamations, soit au Ministre des Finances, soit à la régie elle-même, ou bien de s'approvisionner eux-mêmes de tabac indigène au dépôt ou au bureau de la régie le plus prochain des lieux :

» Attendu que, par sa décision et par les motifs qui l'ont dictée, le tribunal correctionnel de Bourg a ouvertement violé les dispositions des art. 172, 173 et 222 de la loi du 28 avril 1816,

» La cour casse et annulle le jugement, etc. »

BULLETIN N°. 76. Les employés de la régie doivent être attentifs à changer la formule de leurs actes, aussitôt qu'ils ont connais-

<table>
<tr><td>

BULLETINS.

</td><td>

</td></tr>
</table>

sance, par la voie légale, d'un changement dans le personnel supérieur de la régie. Ainsi lorsque la régie a un *directeur-général*, les actes des préposés doivent être faits à sa requête ; et lorsqu'il y a vacance de l'emploi de directeur-général, tous actes doivent être rédigés à la requête des *administrateurs* ou des *membres du conseil-d'administration :* cependant, dans le cas où il y aurait omissions à cet égard, les actes ainsi rédigés, n'en seraient pas moins valides, toutes les fois que le directeur local de la régie y est désigné comme chargé des poursuites. (*Arrêt de cassation, du* 29 *mai* 1818.)

Deux employés de l'administration des Contributions indirectes avaient dressé, le 9 mai 1817, contre la demoiselle *Euphrosine Quesnel*, débitante de boissons à Kernével, un procès-verbal régulier, pour contravention aux lois et réglemens concernant les Impositions indirectes.

Assignée, en conséquence, devant le tribunal de police correctionnelle de *Lorient*, pour se voir condamner 1°. à 100 francs d'amende, 2°. au paiement d'une somme de 40 francs pour valeur des quatre barriques de cidre qui étaient l'objet du procès-verbal, comme étant débitées sans en avoir acquitté les droits, 3°. aux dépens ; la demoiselle Quesnel a requis son renvoi de l'assignation, sur le fondement qu'il n'était *pas justifié* qu'elle eût *logé* les quatre pièces de cidre ; et le tribunal correctionnel a prononcé le *débouté de l'action*, par jugement du 1er. juillet.

Le 9 août, à la requête des *administrateurs* des Contributions indirectes, *poursuite et diligence du sieur Jean-Julien Esnault, leur directeur à Lorient*, la demoiselle Quesnel a reçu un exploit par lequel il lui était déclaré « que *ledit sieur Esnault, aux susdites qualités,*

BULLETINS.

» se portait *appelant* dudit jugement, pour les torts et
» griefs qu'il portait *à l'administration.* »

, Le même exploit contenait assignation à comparaître
devant « le *tribunal de police correctionnelle* séant *à Van-*
» *nes,* pour voir *casser et annuller* ce jugement, et pour voir
» être adjugée *à ladite administration,* avec dépens...,
» *les fins et conclusions de sa demande originaire* »

A l'audience du tribunal de l'arrondissement de
Vannes, constitué en tribunal d'*appel* de police *correc-*
tionnelle, jugeant au nombre de *cinq* juges, le 27 août,
l'avoué de la demoiselle Quesnel a mis en avant, et
M. Duperron, substitut du procureur du Roi, a appuyé
deux fins de non-recevoir :

La première, tirée de ce que l'*appel* avait été interjeté *à la requête d'administrateurs* qui, ayant été *sup-*
primés par une ordonnance du Roi, du 17 mai précédent,
et *remplacés par un conseil,* n'avaient plus de qualité
pour agir au nom de l'administration ;

La seconde, résultant de ce que c'était devant le tribunal
de police correctionnelle séant à Vannes, *et non* devant
le tribunal *de l'arrondissement* de Vannes, que la demoiselle Quesnel avait été intimée.

Et le même jour, le tribunal de l'arrondissement de
Vannes, *jugeant en appel de police correctionnelle,* a
rendu un jugement dont voici les motifs et le dispositif :

« Considérant 1°. que, d'après le §. 1er. de l'article
200 du Code d'instruction criminelle, les appels des
jugemens rendus en police correctionnelle doivent être
portés au *tribunal du chef-lieu du département;* et
que, d'après l'article 40 de la loi du 20 avril 1810, sur
l'administration de la justice, *les juges* ne peuvent
rendre aucun jugement *sur l'appel,* en matière *correc-*
tionnelle, s'ils ne sont *au nombre de cinq;* que l'article 180 du même Code d'instruction criminelle porte
que les *tribunaux correctionnels* pourront prononcer
au nombre de *trois* juges; d'où il résulte que l'*assigna-*
tion du 9 de ce mois, pour comparaître à l'audience
du tribunal *de police correctionnelle* n'a pu saisir
légalement le tribunal qui doit connaître de l'appel;

BULLETINS.

<table><tr><td>OBJETS
des Bulletins et renvois
aux Ouvrages dont ils
sont le supplément.</td></tr></table>

» Considérant 2°. que *les administrateurs* de la régie des Contributions indirectes ayant été *supprimés* par l'article 3 de l'ordonnance de Sa Majesté, du 17 mai dernier, l'appel interjeté à leur requête ne peut être recevable, sur tout n'y étant fait aucune mention du *directeur-général* en cette partie ;

» Le tribunal, faisant droit sur l'appel interjeté, le déclare, dans l'état, non recevable ; et condamne les appelans aux dépens de l'appel... »

Un pourvoi ayant été émis, dans le délai légal, en cassation de cet arrêt, M. le directeur-général a fourni, à l'appui de ce pourvoi, une requête dans laquelle il a présenté deux moyens.

Il a tiré le premier, d'une violation de l'article 32 du décret du 1er. germinal an 13, et de l'article 200 du Code d'instruction criminelle, au vœu desquels il a soutenu qu'il avait été pleinement satisfait.

Il a fait consister le second dans une fausse application de l'article 4 de l'ordonnance du Roi, du 17 mai 1817,

Et ces deux moyens de cassation ont été accueillis par l'arrêt qui suit :

« Ouï le rapport de M. le chevalier Bailly, et les conclusions de M. Henry Larivière, avocat-général ;

» Vu l'article 32 du décret du 1er. germinal an 13, l'article 200 du Code d'instruction criminelle, et l'art. 40 de la loi du 20 avril 1810, sur l'administration de la justice, qui portent :

Article 32. « L'appel devra être notifié dans la hui-
» taine de la signification du jugement. La déclaration
» d'appel.. contiendra assignation devant le tribunal
» criminel du ressort de celui qui aura rendu le
» jugement. »

Article 200. « Les appels des jugemens rendus en
» police correctionnelle seront portés de tribunaux
» d'arrondissement au tribunal du chef-lieu du dé-
» partement. »

Article 40. « Les juges ne pourront rendre aucun
» jugement s'ils ne sont au nombre de trois au moins :
» sur l'appel en matière correctionnelle, ils seront au
» nombre de cinq. »

BULLETINS.

» Considérant que, de l'ensemble de ces articles, il suit que, s'agissant de l'appel d'un jugement rendu en police correctionnelle, le 1er. juillet 1817, par le tribunal d'arrondissement de Lorient, département du Morbihan, cet appel ne pouvait être légalement déféré qu'au tribunal de l'arrondissement de Vannes, chef-lieu judiciaire de ce tribunal : d'où la conséquence que ce tribunal en a été valablement saisi, sauf à lui à se constituer en tribunal correctionnel d'appel jugeant au nombre de cinq juges.

» En ce qui touche la recevabilité de l'appel, par suite de la validité de l'assignation y contenue, quoique donnée à la requête des *administrateurs* des Contributions indirectes ;

» Considérant que la demoiselle Euphrosine Quesnel, intimée, n'a pu ignorer que c'était l'administration des Contributions indirectes qui, sous la dénomination d'administrateurs, se déclarait appelante du jugement du 1er. juillet, et qui l'intimait pour le voir réformer ;

» Considérant que la demoiselle Quesnel devait d'autant moins être admise à exciper utilement de ce que la suppression de ces administrateurs avait été prononcée par l'ordonnance royale du 17 mai précédent, pour en induire l'inhabilité de ladite administration à se présenter comme appelante, que, d'une part, cette suppression n'avait que modifié, par principe d'économie, le régime intérieur de l'administration des Contributions indirectes, sans altérer au fond, ni son droit d'appeler des jugemens de première instance qu'elle estimerait lui faire grief, ni la faculté de déclarer et de faire juger ses appels à la poursuite et diligence de ses directeurs locaux, qui, quant à ce, la représentent légalement ; et que, d'autre part, on lisait dans ledit acte d'appel, 1b. que l'appel était interjeté et l'assignation donnée à la requête des administrateurs des Contributions indirectes, « poursuite et diligence du sieur Jean-Julien Esnault, » leur directeur à Lorient ; » 2°. que ledit sieur Esnault, aux susdites qualités, se portait appelant dudit jugement pour les torts et griefs qu'il portait à l'administration ;

BULLETINS:

3ᵇ. que la demoiselle Quesnel était assignée sur cet appel
« pour être adjugées à ladite administration les fins et
conclusions de sa demande originaire; »
» Et qu'ainsi c'était réellement et évidemment cette
administration qui était appelante, et qu'il était du devoir
du tribunal de Vannes, constitué en tribunal d'appel de
police correctionnelle, de recevoir ledit appel, et de
procéder par suite à l'examen du fond ;

» Considérant que néanmoins, au lieu de cela, ce
tribunal, jugeant comme tribunal d'appel de police
correctionnelle de Lorient, a, par son jugement en
dernier ressort, du 27 août 1817, déclaré non-recevable,
en l'état, l'appel interjeté ;

» Qu'à la vérité, pour juger de la sorte, il s'est fondé
sur ce que l'intimation du 9 août, à comparaître devant
le tribunal de police correctionnelle séant à Vannes,
n'avait pu saisir légalement le tribunal de l'arrondissement de Vannes, qui devait connaître de l'appel ; et
sur ce que la suppression des administrateurs ayant été
prononcée par l'article 4 de l'ordonnance du Roi, du 17
mai précédent, l'appel ne pouvait plus être interjeté à
leur requête ; lors, surtout, qu'il n'y était fait aucune
mention du directeur-général en cette partie ;

» Mais qu'un peu plus de réflexion aurait fait connaître le vice de ces deux motifs :
» Du premier, — en ce que le tribunal de Vannes
étant le même qui se constitue, tantôt en tribunal correctionnel de première instance jugeant au nombre de
trois juges au moins, tantôt en tribunal correctionnel
d'appel composé de cinq juges, il était incontestable
que c'était en cette seconde qualité qu'il était indiqué
sous la dénomination de tribunal de police correctionnelle, puisqu'il était dit en même temps dans l'intimation,
qu'elle lui déférait à juger l'appel d'une décision de
première instance rendue en matière de police correctionnelle ;
» Et du second, — en ce que l'administration des
Contributions indirectes n'étant que modifiée dans l'une
de ses formes purement réglémentaires par l'ordonnance

<table>
<tr><td>

</td><td>

BULLETINS.

</td></tr>
</table>

citée, il était indifférent que l'acte d'appel eût été notifié à la requête des ci-devant administrateurs de cette régie, au lieu de l'avoir été à celle, soit du conseil que le Roi leur avait substitué, soit du directeur-général qui le préside, dès l'instant que cet acte avait énoncé et atteint son but légal, par la déclaration y insérée du sieur Esnault, spécialement chargé de la poursuite en qualité de directeur local ; que c'était en cette qualité qu'il était appelant pour les torts et griefs que le jugement dont appel portait à l'administration des Contributions indirectes, et pour faire adjuger à ladite administration les conclusions de sa demande originaire ;

» De tout quoi il résulte que le tribunal correctionnel de Vannes, saisi et jugeant comme tribunal d'appel, a violé l'article 32 du décret du 1er. germinal an 13, et l'article 200 du Code d'instruction criminelle ; en même temps que, par suite d'une fausse application de l'ordonnance du Roi, du 17 mai 1817, il a admis et déclaré une fin de non-recevoir non établie par la loi :

» Par tous ces motifs, la cour casse ce jugement, etc.

VALIDITÉ DES JUGEMENS.

BULLETIN N°. 77. La disposition de l'art. 7 de la loi du 20 avril 1810, qui porte que les arrêts rendus par des juges qui n'ont pas assisté *à toutes les audiences de la cause*, seront déclarés nuls, doit s'entendre seulement des audiences tenues pour le *jugement définitif*, et non de celles dans lesquelles il peut avoir été rendu des jugemens *interlocutoires, préparatoires* ou *d'instruction.* (Voyez ci-après le Bulletin n°. 79.)

Traité du contentieux, tome 2, p. 81, titre 2.

PROCÈS-VERBAUX.

BULLETIN N°. 78. Lorsqu'un tribunal prononce la nullité d'un procès-verbal, et que cepen-

BULLETINS.

dant il résulte de l'instruction une preuve suffisante de la contravention ; lorsque d'ailleurs cette preuve ressort des termes mêmes du jugement, le tribunal est autorisé par l'article 34 du décret du 1er. germinal an 13 , à prononcer la *confiscation* des objets saisis , et par suite à condamner le contrevenant aux *dépens*. (Voyez le Bulletin n°. 79.)

NULLITÉS.

CONFISCATION.

DÉPENS.

Traité du contentieux, tom 2, p. 50, n. 465 et suivans.

BULLETIN N°. 79. Lorsqu'un redevable, sommé par les employés d'assister à leurs exercices dans ses magasins , charge un de ses commis ou ouvriers d'accompagner lesdits préposés , toutes les opérations de ces derniers, faites en présence de ce commis ou ouvrier , sont légalement réputées avoir été faites en présence du redevable ; par conséquent la description des objets saisis , faite en présence desdits commis ou ouvrier , dispense les employés d'appeler à cette description le redevable lui-même. (*Arrêt de cassation, du* 9 *décembre* 1819. Affaire Gallois-Duménil.)

PROCÈS-VERBAUX.

DESCRIPTION DES OBJETS SAISIS.

« La cour : Ouï le rapport de M. le chevalier Bailly , conseiller, les observations de Me. Loiseau , avocat du sieur Pierre-Gallois Dumesnil, ex-garde-magasin des liquides , pour les troupes alliées, à Rocroi , intervenant sur le pourvoi de l'administration des Contributions indirectes, et demandeur en cassation du jugement en dernier ressort, rendu entre lui et la dite administration , le 13 février 1819, au tribunal de police correctionnelle de Charleville, chef-lieu judiciaire du département des Ardennes, sur l'appel de deux jugemens du tribunal correctionnel de Rocroi, des 22 et 29 mai précédens. Ouï ensuite les conclusions de M. Hua, avocat-général.

Traité du contentieux, tom. 1, p. 392 et 393 , § I, II et III, et p. 404 , n. 345.

<table>
<tr><td>

</td><td>

BULLETINS.

</td></tr>
</table>

» *En ce qui touche le pourvoi du sieur Gallois*, portant seulement contre la confiscation des 510 litres d'eau-de-vie, saisis chez lui, et sa condamnation aux dépens;

» Attendu, sur son moyen de cassation, pris d'une violation de l'art. 7 de la loi du 20 avril 1810, qu'il ne pourrait y avoir lieu à casser le jugement du 13 février 1818, comme ayant violé cet article, qu'autant que l'un ou l'autre de MM. Gentil et Clairon, qui ont coopéré à ce jugement, et sur lesquels le moyen porte en fait, n'aurait point assisté à l'audience du 30 janvier 1819, où, après avoir entendu les plaidoiries de toutes les parties et les conclusions du ministère public, sur tous les chefs jugés le 13 février, la prononciation du jugement a été remise à un autre jour;

» Mais que MM. Gentil et Clairon ont assisté à l'audience ainsi qu'aux plaidoiries et conclusions dudit jour 30 janvier, de même qu'ils ont été présens, tant à l'audience du 13 février suivant, qu'à la prononciation qui y a eu lieu dudit jugement de ce jour 13 février.

» Et que, à l'égard des jugemens antérieurs, qui sont des 7, 22, 28 août et 14 novembre 1818, ils n'ont ordonné que des préparatoires, ou statué que sur des incidens.

» Sur le second et dernier moyen, que le sieur Gallois fait consister dans une violation des articles 106 et 122 de la loi du 28 avril 1816, sur les Contributions indirectes. — En ce que le procès-verbal de saisie des 510 litres d'eau-de-vie étant annullé, il n'y avait plus ni base légale, ni motif légitime, soit pour ordonner la confiscation de cette liqueur, soit pour condamner le prétendu contrevenant aux dépens.

» Vu l'art. 34 du décret du 1er. germinal an 13, dont la 2me. partie est en ces termes: « La confiscation des objets saisis en contravention sera prononcée, nonobstant la nullité du procès-verbal, si la contravention se trouve d'ailleurs suffisamment constatée par l'instruction. »

» Attendu que, parmi les motifs du jugement du tribunal correctionnel de Rocroi, du 29 mai 1818, adoptés sur l'appel par le jugement dénoncé, on trouve celui par

BULLETINS.

lequel il a été considéré : « Que le sieur Gallois était
» placé dans la cathégorie déterminée par l'art. 97 de
» la loi du 28 avril 1816, puisqu'il délivrait à Rocroi,
» et expédiait des boissons pour les troupes alliées, dans
» une partie de l'arrondissement; et que, non seulement,
» il n'avait pas fait la déclaration prescrite par cet ar-
» ticle 97, relativement à une pièce d'eau-de-vie, de la
» contenance de 510 litres, trouvée cachée chez lui avec
» le plus grand soin ; mais qu'il n'avait pu présenter au-
» cune expédition, aucun acquit-à-caution, qui autori-
» sât chez lui l'existence de cette pipe, ou pièce d'eau-
» de-vie ; d'où il suivait que c'était le cas de lui faire
» l'application de l'article 106 du 28 avril 1816, et de
» l'art. 122 de la loi du 25 mars 1817; »

» Attendu qu'à ce motif le tribunal de Charleville a
ajouté que : « Le sieur Gallois n'opposait rien de fondé
» pour attaquer la validité de la saisie en elle-même, et
» qu'ainsi cette saisie, malgré la nullité du procès-ver-
» bal, n'en était pas moins valable, et que l'objet saisi en
» fraude existait ; »

» Ce qui était fortifié par les déclarations du sieur Gallois, consignées dans son interrogatoire, subi à l'audience
dudit jour 22 août ;

» Attendu qu'en cet état de l'instruction, le tribunal
correctionnel de Charleville s'est conformé audit art. 34
du décret du 1er. germinal an 13, en jugeant que, faute
de la déclaration prescrite par les articles 97, 98 de la
loi du 28 avril ; et, faute de représentation d'expédition,
le sieur Gallois était en contravention; et en confisquant
en conséquence ladite pièce d'eau-de-vie au profit de
l'administration des Contributions indirectes ;

» Attendu que, d'après cette confiscation, la condamnation du sieur Gallois aux dépens a été une juste application des principes de l'ordre judiciaire et des lois ;

» Par ces motifs, la cour rejette le pourvoi du sieur
Gallois, et le condamne en l'amende de 150 fr. envers le
trésor royal.

» *En ce qui touche le pourvoi en cassation du même*
jugement, du 13 février 1819, formé par l'administra-

BULLETINS.

tion des Contributions indirectes, quant aux seules dispositions qui ont annullé le procès-verbal de saisie, et refusé la condamnation du prévenu à l'amende encourue par sa contravention :

» Vu les art. 21 et 35 du décret du 1er. germinal an 13, qui portent :

Article 21. « Les procès-verbaux énonceront la date et la
» cause de la saisie, la déclaration, qui en aura été faite au
» prévenu; les noms, qualités et demeures des saisissans,
» et de celui chargé des poursuites ; l'espèce, poids,
» mesure des objets saisis, la *présence de la partie à leur*
» *description*, ou la sommation qui lui aura été faite
» d'y assister ; le nom et la qualité du gardien s'il y a
» lieu, le lieu de la rédaction du procès-verbal, et
» l'heure de la clôture. »

Article 35 ; « Les propriétaires des marchandises se-
» ront responsables du fait de leurs facteurs, agens ou
» domestiques, en ce qui concerne les droits, confisca-
» tions, amendes et dépens. »

» Vu aussi les art. 97, 98, 100 et 106 de la loi du 28 avril 1806, sur les Contributions indirectes, dont voici le texte :

Article 97 : « Les négocians, les marchands en gros,
» courtiers, facteurs, commissionnaires, commission-
» naires de roulage, dépositaires, distillateurs, bouil-
» leurs de profession et autres, qui voudront faire le
» commerce des boissons en gros (qu'ils soient ou non
» entrepositaires, s'ils habitent un lieu aux entrées),
» seront tenus de déclarer les quantités, espèces et
» qualités des boissons qu'ils possèdent tant dans le lieu
» de leur domicile qu'ailleurs. »

Article 98. « Sera considéré comme marchand en
» gros, tout particulier qui recevra ou expédiera, soit
» pour son compte, soit pour le compte d'autrui, des
» boissons, soit en futailles d'un hectolitre ou moins,
» ou en plusieurs futailles qui, réunies, contiendraient
» plus d'un hectolitre, soit en caisses et paniers de 25
» bouteilles et au-dessus. »

Article 100 : « Les dénommés en l'art. 97 pourront
» transvaser..... Il sera tenu, pour les boissons en leur

BULLETINS.

» possession , un compte d'entrée et de sortie , dont les
» charges seront établies d'après les congés acquits-à-
» caution ou passavans , qu'ils seront tenus de représen-
» ter , sous peine de saisie , et les décharges d'après les
» quittances du droit de circulation. »
Article 106 : « Toute personne qui fera le commerce
» en gros , sans déclaration préalable..... sera punie
» d'une amende de 500 fr. à 2,000 fr. »
» Toute autre contravention aux dispositions du pré-
» sent chapitre (qui commence à l'art. 97), sera puni
» de la confiscation des objets saisis , et d'une amende qui
» ne pourra être moindre de 50 f., ni supérieure à 300 f.»
» Considérant que l'annullation du procès-verbal de
saisie du 26 mars 1818, prononcée par le jugement du
13 février 1819, n'y a été fondée que : « Sur ce que , à
» leur arrivée dans le bureau du sieur Gallois, posté-
» rieurement à la découverte de la pièce d'eau-de-vie ,
» les employés ne l'ont pas sommé d'assister à la consta-
» tation des espèce et mesure de la boisson. »

» Mais qu'on lit dans ce procès-verbal, qu'antérieurement à toute recherche dans les diverses parties de l'habitation du sieur Gallois, celui-ci , sommé immédiatement par les employés de les accompagner dans leurs
recherches , avait refusé de le faire , en disant : « Qu'ils
» pouvaient tout visiter en présence de M. Freinaux,
» son employé et d'un de ses ouvriers , aux opérations
» desquels il s'en rapportait. »

» Qu'on y lit ensuite, que la pièce d'eau-de-vie ayant
été découverte en présence du sieur Freinaux et de l'ouvrier, les employés « ayant fait, en la même présence ,
» une ouverture au tonneau , avaient reconnu par la
» dégustation , et fait reconnaître de même au sieur
» Freinaux et à l'ouvrier , qu'il contenait de l'eau-de-
» vie bonne et marchande; qu'ils avaient, en la présence
» desdits sieurs , pésé cette eau-de-vie , qui avait été re-
» connue par eux et par les employés péser 18 degrés
» faibles ; qu'ils avaient ensuite , toujours accompagnés
» comme dit est, jaugé ledit tonneau , qu'ils avaient re-
» connu contenir cinq hectolitres, dix litres d'eau-de-vie.»

BULLETINS.

» Que ce n'a été qu'après ces opérations, qui avaient incontestablement constaté les espèce et mesure de la boisson renfermée dans le tonneau, que les employés sont revenus trouver le sieur Gallois dans son bureau, où, parlant à lui même, ils lui avaient fait part de la découverte qu'ils venaient de faire, lui ont demandé s'il avait une expédition à leur représenter, et que, sur la réponse négative, ils lui ont déclaré procès-verbal de contravention, et la saisie des cinq hectolitres dix litres d'eau-de-vie.

» Considérant qu'il n'était donc plus besoin de sommer le sieur Gallois d'assister à une constatation d'espèce et de mesure de la boisson, pour compléter les formalités voulues par ledit art. 21 du décret du 1er. germinal an 13, pour la validité des procès-verbaux ;

» Qu'aussi, pour arriver à la nécessité de cette sommation et, par suite, à l'annullation du procès-verbal, le tribunal de Charleville a-t-il prétendu : « Que le mandat, donné
» au sieur Freinaux et à un ouvrier non dénommé, ne
» pouvait avoir d'effet que pour la perquisition, qu'il
» n'avait pu s'étendre à la découverte du tonneau, faite
» à la fin de la perquisition ; — Qu'il n'était point pré-
» sumable que le sieur Gallois eût chargé ces deux in-
» dividus de reconnaître pour lui l'objet trouvé en fraude,
» avant même que la recherche eût été commencée ; —
» Que les employés avaient même tellement reconnu
» l'insuffisance, à cet égard, de la présence des deux
» mandataires, qu'immédiatement après la découverte
» de la fraude et la description des espèce et mesure,
» ils étaient venus trouver le sieur Gallois pour lui en
» faire part. »
Mais que ce faire part, accompagné surtout de la demande de représenter une expédition, ne pouvait rien produire en faveur de la prétendue insuffisance de la présence du sieur Freinaux et de l'ouvrier, si le mandat à eux donné s'étendait à tout ce qu'ils ont fait et reconnu.

» Or, quand on voudrait admettre la restriction alléguée d'un mandat, donné avec déclaration de s'en rapporter indéfiniment aux opérations des mandataires, il suffisait

BULLETINS.

que ces mandataires, dont l'un était l'employé, et l'autre un ouvrier et commis du sieur Gallois, eussent été préposés par lui, à l'effet d'assister, en son lieu et place, à toutes le visites que les employés voudraient faire, pour que, dès ce moment, et par la nature des découvertes éventuelles d'objets de fraude, et des opérations à faire, en conséquence, dans le cours de ces visites, ils fussent constitués indéfiniment ses agens, ses représentans, et que les employés pussent légalement faire et constater avec eux, pendant ces mêmes visites, tout ce qu'ils auraient eu le droit de faire et constater avec lui-même, de manière à n'avoir point à recommencer ensuite, en sa présence personnelle, des opérations précédemment faites, opétrations desquelles, au surplus, l'art. 35 du décret dudit jour 1er germinal an 13 l'avait, de plein-droit, rendu responsable.

» Considérant qu'il résulte de ce que dessus, que le tribunal correctionnel de Charleville, en annullant le procès-verbal dont il s'agit, a fait une fausse application de l'art. 21, et commis une violation de l'art. 35 du susdit décret du 1er. germinal an 13.

Considérant ensuite que, la validité du procès-verbal de saisie étant ainsi établie, il était incontestable qu'il se trouvait régulièrement constaté, indépendamment de l'instruction, que le sieur Gallois avait commis une contravention aux art. 97, 98 et 100 de la loi du 28 avril 1816 ; d'où la conséquence qu'il y avait, pour les juges, obligation de prononcer contre lui, outre la confiscation, l'amende encourue par cette contravention ; et qu'en se dispensant de condamner le contrevenant à cette amende, le tribunal correctionnel de Charleville a, sous ce rapport spécial, violé lesdits articles 97, 98 et 100, en même temps que l'art. 106, ci-dessus transcrit de ladite loi du 28 avril 1816.

Par tous ces motifs, la cour reçoit l'intervention du sieur Gallois, et, statuant sur icelle, annulle sur le pourvoi de l'administration des Contributions indirectes, casse, en ce qui concerne l'annullation du procès-verbal du 26 mars 1818 et le défaut de condamnation à ladite amende, le jugement dudit jour 13 février 1819, etc.

<table>
<tr><td>

MARI.

CONTRAVENTIONS
COMMISES PAR
SA FEMME.

Traité du con-
tentieux, *tom.* 1,
p. 392, § 1 ; *et*
t. 2, *p.* 9, *n.* 427.

</td><td>

BULLETINS.

BULLETIN N°. 80. Le mari exerçant une pro-
fession qui le soumet à l'exercice des employés
de la régie, peut être poursuivi *directement*
et *personnellement* pour une contravention
constatée en son absence, mais en présence
de sa femme, sans qu'il soit nécessaire de faire
d'abord prononcer une condamnation contre
cette dernière, pour le fait qui constitue la
contravention, attendu que le mari est léga-
lement réputé, en cette matière spéciale, agir
lui-même par le ministère de sa femme. (*Arrêt*
de cassation, du 15 *janvier* 1820.)

» La cour : ouï le rapport de M. le chevalier Bailly,
conseiller, et les conclusions de M. le baron Freteau de
Peny, avocat-général ;

» Vu l'article 35 du décret du 1er. germinal an 13
(22 mars 1805), qui porte : « Les propriétaires des
» marchandises seront responsables des faits de leurs
» facteurs, agens ou domestiques, en ce qui concerne
» les droits, confiscations, amendes et dépens ; »

» Considérant que ce décret est un acte législatif qui
fait, en matière de contravention, la règle spéciale de
la procédure à suivre et de la responsabilité acquise à
la régie des Contributions indirectes ; et qu'il suit de
l'esprit et du texte de son article 35, qui vient d'être
transcrit, que si le mari est absent, sa femme qu'il a
laissée dans son domicile, où les employés de la régie
peuvent se présenter à toute heure du jour, pour l'exer-
cice légal de leurs fonctions, y est nécessairement
sa préposée, son agente, et comme telle le représente
pour tout ce qui s'y fait ou est requis par eux, en vertu
de la loi : qu'en ce cas le mari est donc, de plein-droit,
réputé agir lui-même par le ministère de sa femme,
et par conséquent peut et doit être poursuivi directe-
ment, et puni personnellement, pour les contraventions
résultantes d'un fait de cette femme, ou constatées en
sa présence ;

</td></tr>
</table>

BULLETINS.

» Considérant que c'est en l'absence du sieur Sitger, que sa femme, sommée le 9 février 1819. par les employés, de le rouvrir l'endroit où se trouvaient les huiles nouvellement fabriquées, à l'effet d'en prendre inventaire, a bien fait l'ouverture requise, mais quand ils se sont mis en devoir d'apprécier ces huiles, d'après le procédé indiqué par la régie, s'y est fortement opposée, et malgré leurs observations et la liberté qu'ils lui ont donnée de les dépoter elle-même, ou de les faire dépoter en leur présence, pour être plus sûre de l'opération, a persisté dans son opposition ;

» Considérant que cette insistance constatée par un procès-verbal régulier, formant obstacle à toute reconnaissance exacte des quantités entreposées, a constitué un refus d'exercice, par conséquent une contravention formelle à l'article 101 de la loi du 25 mars 1817, sur les finances, combiné avec l'article 101 de la loi du 28 avril 1816 ; contravention réputée commise par le sieur Sitger, et pour raison de laquelle ledit article 35 du décret du 1er. germinal an 13, autorisait la régie à le poursuivre directement, comme elle l'a fait, en condamnation personnelle à l'amende de 100 francs établie par l'article 109 de ladite loi du 25 mars ;

» Qu'il était donc du devoir des juges de prononcer cette condamnation contre le sieur Sitger ;

» Considérant que, néanmoins, le tribunal de police correctionnelle de Perpignan, tout en reconnaissant en principe qu'un entrepositaire d'huiles, qui s'oppose à l'exercice des employés de la régie, est passible de ladite amende, a, par son jugement en dernier ressort, du 19 octobre 1819, déclaré la régie non recevable et mal fondée dans son action contre Sitger ;

» Que, pour juger de la sorte, il a dit que c'était la femme qui s'était opposée à l'exercice des employés, qu'elle était conséquemment seule auteur de la contravention ; que son mari avait été assigné comme civilement responsable d'un fait qui n'était pas le sien, et que la responsabilité civile ne lui était point applicable, ce fait n'étant pas déclaré constant contre sa femme, et

BULLETINS.

la loi du 28 avril 1816 ne portant point cette responsabilité ;

» Mais que les conclusions de la régie contre le sieur Sitger ne tendaient pas à ce qu'il fût condamné comme civilement responsable des faits de sa femme, qu'elles avaient pour objet d'obtenir contre lui condamnation en son nom personnel, comme auteur légalement réputé du fait de sa femme, qui l'avait représenté, et que cette demande, ainsi dirigée, avait pour base une loi spéciale non abrogée, implicitement, ni explicitement, par aucune loi spéciale postérieure ;

» De tout quoi il résulte que le tribunal correctionnel de Perpignan, en déclarant l'action de la régie non recevable et mal fondée contre le sieur Sitger, a violé ledit article 35 du décret du 1er. germinal an 13.

» Par ces motifs, la cour faisant droit sur le pourvoi de la régie, casse ledit jugement du 19 octobre 1817, etc. »

NOTA. On observera que cet arrêt déroge, par rapport au *mari*, à la jurisprudence que nous avons rapportée dans notre Traité du contentieux, tome 2, page 4., nomb. 424, § I.

BULLETIN N°. 81. Les préposés ne doivent jamais omettre, dans la rédaction des procès-verbaux de saisie, de désigner les *noms*, *qualités* et *domicile* du gardien des choses saisies ; l'énonciation qu'ils ont déposé des objets saisis au bureau de la recette particulière, ne suffit pas pour remplir le vœu de la loi à cet égard. (*Arrêt de rejet, du 4 février 1820.*)

» La cour : ouï le rapport de M. Chasle, conseiller, et M. Freteau de Peny, avocat-général, en ses conclusions.

» Vu la requête d'intervention du sieur Frémont fils, jeune, déposée au greffe de la cour, le 28 août dernier.

» Attendu qu'en prescrivant aux employés de l'administration d'établir, dans leurs procès-verbaux de saisie,

BULLETINS.

les noms, qualité et domicile du gardien des choses saisies, l'art. 21 du décret réglementaire du 1er. germinal an 13 a voulu que ce gardien fût connu de la partie saisie, afin qu'elle puisse surveiller la conservation de la marchandise, faire, au domicile de ce gardien, les actes qu'elle croira nécessaires à sa cause, et exercer, contre ce gardien, toutes les voies, poursuites et contraintes, même par corps, que la loi autoriserait, dans le cas où la restitution des objets saisis serait définitivement ordonnée;

» Attendu que, par le procès-verbal du 11 mars 1819, les employés de l'administration, après avoir saisi quatre barils d'eau-de-vie, sur le defendeur, se sont bornés à dire *qu'ils les avaient déposés au bureau de la recette particulière à Troarn*, sans indiquer ni le nom, ni la qualité du gardien, qu'ils auraient dû établir ;

» Attendu que la cour royale de Caen s'est exactement conformée aux art. 21 et 26 du décret précité, en annullant ledit procès-verbal, à défaut, par les employés, de les avoir observés en cette partie:

» Par ces motifs, la cour reçoit le sieur Frémont fils partie intervenante, et, statuant tant sur ladite intervention que sur le pourvoi de la régie contre l'arrêt de la cour royale de Caen, du 4 juin de l'année dernière, rejette ledit pourvoi.

BULETIN N°. 82. Lorsqu'un prévenu de contravention, assigné par la régie devant un tribunal correctionnel, se laisse juger *par défaut*, et qu'il se pourvoit ensuite contre ce jugement par opposition, il ne peut, au jour de l'audience, *s'inscrire en faux* contre le procès-verbal des préposés; le dernier terme du délai pour l'inscription de faux étant, en matière de Contributions indirectes, l'audience indiquée par l'assignation donnée sur le procès-

BULLETINS.

verbal. (*Arrêt de cassation*, du 23 juin 1817, en matière de Douanes.)

Cet arrêt est entièrement applicable aux causes de la régie des Contributions indirectes, l'article 40 du décret du 1er. germinal an 13, qui forme le Code de procédure de cette administration, étant absolument calqué sur l'article 12 de la loi du 7 floréal an 7.

BULLETIN N°. 83. L'article 65 de la loi du 22 frimaire an 7, relatif aux instances civiles de la régie de l'Enregistrement, et qui est déclaré commun aux affaires de la régie des Contributions indirectes, par l'art. 88 de la loi du 5 ventôse an 12, veut que l'instruction se fasse par simples mémoires respectivement signifiés. En conséquence, un jugement qui énonce qu'il a été rendu *sur plaidoiries* est susceptible d'être annullé. (*Arrêt de cassation du 26 février* 1816, en matière d'Enregistrement.)

Mais cette disposition ne s'oppose pas à ce que le tribunal entende les *parties elles-mêmes*, s'il le juge convenable à l'instruction de la cause. (*Arrêt de cassation du 20 mars* 1816, en même matière.)

BULLETIN N°. 84. Dans les instances civiles de la régie, pour le recouvrement des droits, un jugement qui n'a pas été rendu sur *le rapport* d'un juge, est susceptible d'être annullé, pour violation de l'art. 65 de la loi du 22 frimaire an 7. (*Arrêt de cassation du 2 avril* 1817. En matière d'enregistrement.)

BULLETINS.

BULLETIN N°. 85. Les mots « qui *recevra* ou *expédiera* » employés dans l'article 98 de la loi du 28 avril 1816, ne peuvent avoir pour effet de faire considérer comme *marchand en gros* de boissons, le propriétaire récoltant qui *vend* le produit de sa récolte, et qui *achète* du vin pour sa propre consommation ; il faudrait, pour que cet article pût atteindre le propriétaire, qu'il fût reconnu, en fait, que le vin *vendu* est identiquement le même que celui *acheté*. (*Arrêt de cassation, du 14 janvier 1820.*)

PROPRIÉTAIRES RÉCOLTANS.

MARCHANDS EN GROS.

Application de l'art. 98 *de la loi du* 28 *avril* 1816.

L'article 98 de la loi du 28 avril 1816 est ainsi conçu : « Sera considéré comme *marchand en gros*, tout par-
» ticulier qui *recevra* ou *expédiera*, soit pour son
» compte, soit pour le compte d'autrui, des boissons,
» soit en futailles d'un hectolitre au moins, ou en
» plusieurs futailles qui, réunies, contiendraient plus
» d'un hectolitre, soit en caisses et paniers de vingt-
» cinq bouteilles et au-dessus. »

Traité du contentieux, *tom.* 1, *p.* 281, § II.

Il est à remarquer que cet article est la copie littérale de l'article 86 de la loi du 8 décembre 1814, dont la plupart des dispositions sont reproduites dans la loi de 1816 ; la seule différence qui existe entre ces deux articles est celle du mot OU, substitué au mot ET, employé dans la loi de 1814 qui porte : « Tout particulier qui
» *recevra* ET *expédiera* etc. »

Lorsque la loi de 1816 fut publiée, on put croire d'abord que cette substitution du mot OU au mot ET, employé précédemment, était le résultat d'une erreur typographique ; mais il n'en était pas ainsi, et il fut reconnu que cette substitution avait été faite à dessein, dans le projet de loi, dans la vue de réprimer la fraude à laquelle donnait lieu l'abus des termes de l'art. 86 de la loi de 1814.

Cet article exigeant, en effet, conformément au droit commun, la réunion de ces deux circonstances d'*achat*

BULLETINS.

et de *vente*, pour constituer le commerce en gros, soumis à la surveillance de la régie, il en résultait que des entrepôts de boissons se formaient de toutes parts, sans que la régie pût en suivre efficacement la destination ultérieure. Les boissons *reçues* d'une manière légale, n'étant jamais *expédiées* que clandestinement et, pour ainsi dire, par infiltration, dans les cabarets voisins, le concours des deux circonstances d'achat et de vente ne se réunissaient jamais dans le même individu ; en sorte que la régie ne pouvait exercer, à l'égard de ces entrepôts, que sa surveillance générale sur la circulation extérieure, surveillance qui ne peut produire que des résultats peu satisfaisans, vu l'extrême facilité de la fraude connue sous le nom de *barillage*.

C'était donc pour remédier à cet abus que la régie avait proposé, et que les chambres avaient adopté, la rédaction de l'article 98 ; elle avait toutefois recommandé à ses directeurs de ne faire usage de toute la latitude que lui donnait l'article 98, précité, qu'à l'égard des particuliers qui recevraient des quantités de boissons excédant leur consommation présumée, et qui, d'ailleurs, seraient fortement soupçonnés de favoriser la fraude de leurs voisins.

C'est ainsi qu'elle donna ordre d'appliquer l'article 98 au sieur Poirier-Reuilly, propriétaire à Beaugency, dans la cause duquel a été rendu l'arrêt que nous allons rapporter. Ce particulier, propriétaire de vignes, logeait, et avait ses caves dans la même maison que *son gendre*, le sieur Fleuri-Poirier, *aubergiste*, et était fortement prévenu d'alimenter le débit de ce dernier avec les vins de sa récolte. Il était donc bien important que les caves de ce propriétaire fussent surveillées par la régie ; et comme il fut constaté que ce propriétaire avait acheté, et, par conséquent, *reçu* des vins, et que d'un autre côté, il avait vendu et, par conséquent, *expédié* des vins de sa récolte, on crut pouvoir l'assimiler aux marchands en gros soumis, par la loi, aux visites et exercices : ce qui donna lieu au procès-verbal sur lequel sont intervenus les jugemens et arrêts que nous

BULLETINS.	OBJETS des Bulletins et renvois aux Ouvrages dont ils sont le supplément.

allons textuellement rapporter , ces arrêts et ce qui précède faisant suffisamment connaître les faits de la cause.

Le tribunal correctionnel d'Orléans , devant lequel le procès-verbal fut d'abord porté , rendit , le 2 décembre 1817 , le jugement suivant :

« Attendu qu'il résulte de l'instruction que le sieur Poirier-Reuilly est propriétaire de vignes , et qu'il n'est point marchand en gros ; que , comme propriétaire de vignes , il pouvait acheter du vin pour sa consommation , et vendre celui provenant de sa récolte ;

» Attendu que rien ne justifie que la pièce de vin , achetée par le sieur Poirier-Reuilly , fût *identiquement* la même que celle *vendue* ensuite par lui. » Renvoie le sieur Poirier de l'instance , etc., etc.

La régie appela de ce jugement ; mais , par arrêt de la cour royale d'Orléans du 20 juin suivant , la décision des premiers juges fut confirmée par les mêmes motifs.

La régie s'étant pourvue en cassation , son pourvoi a été rejeté par l'arrêt suivant :

« La cour : ouï le rapport de M. Chasle , conseiller ; les observations de Me. Cochin , avocat de l'administration ; celles de Me. Gueny , avocat du sieur Poirier-Reuilly , intervenant ; et les conclusions de M. Freteau de Peny , avocat général :

« Attendu que la raison et la loi , notamment l'article 1er. du Code de commerce , s'accordent pour donner à l'expression de *commerçant* l'interprétation d'homme faisant sa profession habituelle d'exercer des actes de commerce ;

» Que l'article 632 dudit Code répute *actes de commerce* tout achat de denrées et marchandises pour les revendre , soit en nature , soit après les avoir travaillées et mises en ordre ;

» Que c'est d'après ces principes que la loi du 28 avril 1816 et celles antérieures , en matière de Contributions indirectes , ont soigneusement et nominativement exprimé toutes les différentes professions que le législateur a entendu comprendre dans les classes , soit

BULLETINS.

de débitans de boissons , soit de commerçans et de marchands en gros , dans la même partie ;

» Que, loin de trouver dans cette nomenclature le propriétaire entrepositaire des boissons de ses récoltes, on voit, au contraire, que cet entrepôt lui est accordé pour en favoriser la vente , sans lui imprimer la qualité de marchand , et que, nulle part , il ne lui est interdit d'acheter des boissons pour sa consommation personnelle ;

» Qu'il suit des principes établis que, pour constituer le marchand , il faut, de sa part, achat de denrées et marchandises pour les revendre , et que , ces deux faits d'achat et de revente de la marchandise achetée , sont inséparables pour former des actes de commerce ; qu'ainsi on ne peut pas plus donner le titre de marchand à celui qui vend des denrées de son crû , qu'à celui qui n'achète que les denrées pour sa consommation ;

» Que quoique ces deux faits puissent se rencontrer simultanément dans la conduite du même individu , ils ne constituent néanmoins pas un fait de commerce , tant qu'il leur manque la corélation entre l'achat et la vente , qui seule forme le négoce ;

» Qu'ainsi un propriétaire qui vend les denrées de son crû , et qui en achète d'autres pour sa consommation , ne fait point un acte de commerce , tant qu'il n'est pas prouvé qu'il ait revendu les mêmes marchandises qu'il avait achetées ;

» Attendu que tel était l'esprit de la loi du 8 décembre 1814 , qui définissait le marchand en gros , l'homme *qui recevait ET expédiait des boissons* ;

» Que si, dans la loi du 28 avril 1816 , article 98 , la particule ou a été substituée à la conjonction ET , il est impossible d'en conclure qu'elle ait entendu imprimer la qualité de marchand à celui qui ne ferait qu'acheter, ou à celui qui ne ferait que vendre ;

» Qu'une pareille interprétation est inadmissible, tant parce que la raison la repousse, que parce que l'application en serait impossible ;

» Que cette interprétation est plus inadmissible encore, si on se reporte au moment de la promulgation

BULLETINS.

de la loi de 1816, temps où le législateur cherchait bien plus à restreindre qu'à étendre la sévérité des mesures fiscales ; enfin qu'elle est repoussée par les autres dispositions de cette loi ;

» Attendu que l'arrêt attaqué n'a, par suite de ces principes, violé aucune loi, en déclarant que Poitier-Reuilly ne s'était pas rangé dans la classe des marchands de boissons en gros, pour avoir vendu, comme entrepositaire de vins de ses récoltes, un quart de vin de son crû, et en avoir acheté, comme consommateur, une pièce d'un crû étranger, d'autant plus qu'il résulte de la comparaison des dates et des énonciations mêmes du procès-verbal, que la pièce vendue n'était pas et ne pouvait pas être la pièce achetée ;

» Attendu, d'ailleurs, que l'arrêt attaqué est régulier dans sa forme :

» Par ces motifs, la cour rejette, etc. »

Cet arrêt offre la preuve que l'on ne saurait apporter trop de soins dans la rédaction des lois qui dérogent au droit commun. Sans doute la nécessité d'une disposition répressive de la fraude qui s'exerce au moyen des entrepôts de boissons non déclarés, et, par conséquent, non soumis à l'exercice des préposés, était sentie par tous les bons esprits ; mais c'était par une disposition formelle qu'il fallait y pourvoir, et non par la substitution d'un mot à un autre dans un article de la loi ancienne, reproduit en entier dans la loi nouvelle, et que l'on admettait, pour ainsi dire, de confiance, parce que son antécédent avait subi l'épreuve de la discussion. Il aurait fallu surtout éviter de faire porter toute la disposition nouvelle sur la particule ou, « qui doit être prise pour la con-
» jonction et, toutes les fois, qu'entendue littérale-
» ment, cette particule conduirait à une interprétation
» absurde, ou directement contraire à l'intention du
» législateur. Merlin, *Répertoire de Jurisprudence*,
» au mot *conjonctive*. »

BULLETIN N°. 86. Solution de trois questions

<table>
<tr><td>

</td><td>

BULLETINS.

relatives à l'exemption du droit de circulation,
à laquelle ont droit les débiteurs de rentes
en vin, par suite de baux emphytéotiques.
(*Avis du conseil judiciaire de la régie*, *du* 7
juillet 1820.)

L'hospice de Colmar et plusieurs particuliers de la
même ville, propriétaires de rentes en vin, prétendaient
être dans le cas de l'exception prononcée par l'article 3
de la loi du 28 avril 1816, qui exempte du droit de
circulation les boissons qu'un fermier ou preneur à
bail emphytéotique remet au propriétaire, en vertu
de baux authentiques ou d'usages notoires.

Ces rentes en vin avaient pour origine des concessions
de terreins à défricher ou à faire valoir, faites par
des seigneurs allemands, des abbayes, corporations etc.,
en telle sorte qu'elles sont demeurées à l'État qui en a
cédé la propriété, soit *en paiement de dettes*, soit au
comptant.

Dans l'état des choses, trois questions se présentaient;
savoir : 1°., si l'on pouvait considérer les débiteurs de
rentes comme emphytéotes, dans le cas où les con-
cessions originaires auraient été faites *à perpétuité*, et
lorsque d'ailleurs l'on serait sans moyen pour vérifier si,
à défaut de servir ces rentes, les premiers cessionnaires
devaient être dépossédés du domaine direct, condition
qui caractérise principalement l'emphytéose ?

2°. Si ceux des réclamans qui n'ont d'autres titres
que de simples rescriptions du trésor, peuvent invoquer
la notoriété publique, d'après les mots « *ou d'usages
notoires* » employés dans l'article 3 précité ?

3°. Et enfin si, dans le cas où les rentes seraient regardées
comme provenant d'emphytéose, l'exemption du droit
de circulation pourrait être refusée lorsque le vin servi ne
provient pas du crû du débiteur, mais qu'il est acheté
par celui-ci, pour servir la rente ?

Le conseil judiciaire de la régie consulté sur ces trois
questions, y a répondu par l'avis suivant, qui a été
adopté par l'administration.

</td></tr>
</table>

BULLETINS.

» Le conseil soussigné, qui a pris lecture de la lettre de M. le directeur des Contributions indirectes de Colmar, du 17 décembre dernier ; de la copie d'un bail emphytéotique passé le 18 mai 1774, par les religieuses du monastère de Saint-Jean-Batiste de Colmar à divers ; des pièces jointes et de la lettre d'envoi de M. le secrétaire-général de l'administration ; EST D'AVIS :

» Sur la première question : que les rentes constituées par bail du 18 mai 1774, sont de véritables rentes emphytéotiques, non-seulement parce qu'il est formellement stipulé dans ce bail que les immeubles qui s'y trouvent désignés ont été *donnés à titre d'empytéose perpétuelle et irrévocable*, ce qui constate que l'intention des parties fut bien réellement de constituer une *emphytéose*, mais parce que le bail en renferme les caractères essentiels, qui sont la *tradition de fonds*, c'est-à-dire du domaine utile, à la charge de les *convertir à leurs frais en nature de vigne*, et de payer un canon ou *rentes annuelles, irrachetables et perpétuelles* d'une mesure de vin, par journal du propre crû desdites vignes ; quoique la réserve du domaine direct n'ait pas été stipulée d'une manière explicite, elle résulte positivement de la clause portant « qu'en cas de partage ou de » vente des biens donnés en emphytéose, le bailleur en » sera prévenu, et percevra à chaque vente le droit » de *Lodéme* à raison du cinquantième denier, ou de » deux livres pour cent de la somme totale à laquelle » lesdits biens auront été vendus. » Ce droit de *Lodéme* réservé au bailleur, sur chaque vente, atteste que le *domaine direct*, qu'il ne faut pas confondre avec la seigneurie directe, est resté en ses mains ; car les droits de ventes ne sont dus qu'à raison de ce domaine direct, et l'on sait que le bail emphytéotique qui se confond souvent avec le bail à rente foncière, n'en diffère que parce que dans le bail à rente le bailleur aliène la propriété entière, tandis que dans le bail emphytéotique il ne tranfère que la propriété utile et se réserve le domaine direct.

» Cette question se trouve traitée disertement dans

BULLETINS.

le Répertoire au mot *quart*, *tiers ou demi-raisin*, précisément à l'occasion de rentes en vin, établies dans les départemens situés sur la rive gauche du Rhin.

» Nul doute, par conséquent, que les rentes établies par ce bail de 1774, ne soient exemptes du droit de circulation, aux termes de l'article 3 de la loi du 28 avril 1816; cette exemption doit s'étendre à toutes les rentes constituées avec des clauses à peu près semblables, l'article 3 comprenant dans sa disposition, « les » boissons qu'un *colon partiaire*, *fermier*, ou *preneur* » *à bail emphytéotique à rente* remettra au proprié- » taire ou recevra de lui en vertu de baux authentiques » ou d'usages notoires. » Cette généralité d'expressions laisse peu de discussions à élever sur la nature des rentes, que le législateur paraît avoir voulu comprendre dans cette exception.

» Sur la seconde question : si le législateur a prévu le cas où, à défaut de titres authentiques, des rentes seraient réputées emphytéotiques par suite *d'usages notoires*, et il a compris ces rentes dans l'exception. Il s'ensuit que les redevables de rentes qui pourront joindre au titre qui leur en a transmis la propriété, la *notoriété publique* qu'elles ont été constituées à titre d'emphytéose, devront jouir de l'exemption, principalement dans les départemens situés sur la rive gauche du Rhin, où ces sortes de rentes sont très-communes.

» Sur la troisième question : le conseil n'estime pas que l'exemption du droit de circulation puisse profiter aux redevables qui emploient au service de la rente emphytéotique, du vin qui ne provient pas de leur crû : 1°. Parce qu'aux termes de ce bail de 1774, et même suivant le droit commun, celui dont la récolte est insuffisante pour acquitter la rente en nature, doit la payer en *argent*, et n'est pas tenu d'acheter du vin pour la payer en nature ; ensorte que, lorsqu'il prend ce dernier parti, ce n'est pas pour satisfaire à une obligation nécessaire de son bail ; 2°. Parce que l'article 10 de la susdite loi du 28 avril 1816, veut que, dans les

<table>
<tr><td>

BULLETINS.

</td><td>

</td></tr>
</table>

cas d'exceptions posés par l'article 3 , les déclarations contiennent la mention « que l'expéditeur est réellement » propriétaire , fermier ou colon partiaire *récoltant*, et » non marchand en gros , ni débitant, et que les *bois-* » *sons expédiées proviennent de sa récolte.* »

» On voit d'ailleurs par le rapprochement des articles 3 et 10 de la loi , que l'exemption du droit ne peut avoir lieu qu'en faveur de celui qui emploie à l'usage déterminé par l'article 3, du vin provenant de son crû. »

BULLETIN N°. 87. Le propriétaire d'un champ sur lequel on découvre une plantation clandestine de tabac , est réputé légalement l'auteur de la plantation non déclarée ; en conséquence, la régie a le droit de poursuivre contre lui la contravention , sauf le recours personnel du propriétaire contre qui de droit:

Il n'est pas permis aux tribunaux de suspendre l'action directe qu'elle a contre ce propriétaire, en ordonnant la mise en cause d'un tiers, que ce dernier prétend être l'auteur de la plantation ; ils doivent d'abord faire droit au fond et condamner le propriétaire du terrain , envers la régie , sauf à lui conserver son recours et sa garantie contre les auteurs du délit. (*Arrêt de cassation, du* 30 *avril* 1813.)

TABAC.

PLANTATIONS ILLICITES.

RESPONSABILITÉ DES PROPRIÉTAIRES.

Trois préposés des Droits réunis ayant parcouru un bois connu sous le nom de *Bois de Champagne*, situé communes de Rouez et de Tanis, département de la Sarthe, y découvrirent une assez grande quantité de pieds de tabac, plantés dans les places des fourneaux à charbon. Ayant appelé le sieur Nicolas Pezé, garde de ce bois, ils lui firent reconnaître qu'il existait diverses plantations contenant 4327 pieds de tabac.

Traité du contentieux, *tome* 2, p. 10 , *n*. 428 *bis*, § II.

BULLETINS.

Ce garde déclara alors que ni le sieur Vallée , propriétaire du bois, ni lui-même, n'avaient semé de tabac ; qu'il ne connaissait pas même cette plante. Mais , malgré les observations des préposés, il ne désigna alors aucun individu comme ayant fait cette plantation. En conséquence, on déclara la saisie des tabacs frauduleux , et l'on dressa procès-verbal contre le sieur Vallée , comme propriétaire du terrein où la culture était établie.

Cet acte, en date du 8 août 1812, fut présenté au tribunal de police correctionnelle, pour obtenir , contre le sieur Vallée , les condamnations prononcées par la loi. Celui-ci comparut ; et , ne pouvant nier le fait bien constaté de la plantation clandestine de tabac sur sa propriété , il imagina d'accuser de ce délit un nommé Gosselin , homme insolvable, simple journalier, demeurant à quatre lieues de distance : cette accusation, qui n'était appuyée d'aucune preuve , ni même d'aucune présomption grave , parut cependant suffisante au tribunal du Mans , pour se dispenser de prononcer la condamnation encourue par le sieur Vallée. Le 5 septembre 1812, il rendit un jugement , dont voici le dispositif :

« Considérant que le procès-verbal du 8 août 1812, constate une contravention qui résulte de ce que des tabacs ont été trouvés plantés dans des bois appartenant au sieur Vallée, sur des places de fourneaux à charbon ; mais que ledit sieur Vallée soutient qu'il n'est pas l'auteur de cette contravention , et qu'il a reconnu dans la personne du sieur Gosselin le véritable délinquant , offrant à cet égard la preuve testimoniale ;

» Considérant que la preuve ne peut être valablement faite contre ledit Gosselin, qu'autant qu'il sera mis en demeure pour se défendre ;

» Ordonne, avant de faire droit, et sans rien préjuger sur le fond, qu'aux risques de qui il appartiendra, ledit Gosselin sera assigné à la requête de la partie la plus diligente, et même à celle du minis-

BULLETINS.

tère public, pour répondre sur les faits contenus au procès-verbal, et sur ceux articulés par le sieur Vallée, tous dépens réservés. »

Ce jugement était évidemment calculé pour dégager le sieur Vallée de toute espèce d'action directe de la part de la régie. Il était facile de prévoir que, si les principes énoncés par les juges du Mans n'étaient pas contredits, il serait bientôt impossible de s'opposer aux plantations clandestines ; car les riches cultivateurs ne manqueraient jamais de désigner un inconnu, ou un individu de la classe indigente, qu'il serait impossible ou inutile de mettre en cause.

Le directeur de la régie s'empressa donc, avec raison, de déclarer appel de ce jugement ; mais, malgré l'irrégularité de ses dispositions, la cour d'Angers crut pouvoir le confirmer, sur le motif :

« Que ce jugement n'était que purement préparatoire et d'instruction, et ne préjugeait rien sur le fond de la question qui restait entière, et serait jugée en définitif. L'arrêt est du 16 janvier 1813. »

Le pourvoi en cassation était indispensable ; la régie l'a soutenu par les moyens suivans :

En principe général, le propriétaire d'un champ est censé propriétaire des objets qui s'y trouvent renfermés, et spécialement des fruits qui ont crû et ont été plantés sur son terrein ; la présomption légale est que les plantes qui y sont cultivées, le sont par son ordre, ou du moins de son consentement : dans le cas présent, cette présomption devient encore plus forte, puisque le sieur Vallée avait un garde préposé pour surveiller ses bois. Si ce garde lui a laissé ignorer qu'il y existait des plantations de tabacs, il a prévariqué ; mais le sieur Vallée n'en est pas moins responsable, envers la régie, de la négligence de son agent. Quand on admettrait comme vraie l'assertion du sieur Vallée, que le nommé Gosselin est auteur du délit, ce serait encore une circonstance indifférente, puisque, d'après le décret spécial du 1er. germinal an 13, la régie peut toujours attaquer et faire condam-

OBJETS
des Bulletins et renvois
aux Ouvrages dont ils
sont le supplément.

BULLETINS.

ner, à son choix, le simple détenteur ou le propriétaire des objets saisis en fraude. Or le sieur Vallée, étant nécessairement l'un ou l'autre, devait être condamné, sauf son recours contre qui de droit.

Il était donc contraire à toutes les règles, d'éluder l'action directe intentée contre le sieur Vallée et de suspendre sa condamnation d'une manière indéfinie, parce qu'il lui avait plu de désigner vaguement un individu étranger, comme auteur du délit. La régie n'est point tenue de mettre en cause un particulier qui lui est inconnu; mais elle a droit de poursuivre, comme propriétaire des tabacs, le propriétaire du fonds sur lequel ces tabacs sont plantés.

Au reste, il était bien difficile de présumer, dans les circonstances de la cause, que le sieur Vallée et son garde fussent l'un et l'autre aussi étrangers qu'ils le prétendaient à la plantation frauduleuse des tabacs saisis. Comment se persuader, en effet, qu'une quantité aussi considérable de pieds de tabacs plantés dans différentes parties du *bois de Champagne*, cultivés journellement et avec soin, arrivés à un degré de croissance qui prouvait leur existence depuis plusieurs mois, eussent échappé aux regards du propriétaire et d'un agent spécialement chargé de la surveillance de sa propriété ?

Il était connu que le sieur Vallée était allé plusieurs fois visiter sa forêt depuis l'époque où les tabacs y avaient été plantés : il était prouvé que le garde la parcourait habituellement dans tous les sens ; comment pouvait-on supposer que des plantations multipliées eussent échappé à leurs regards ?

Quand il aurait été démontré que c'était véritablement le nommé Gosselin qui avait planté et cultivé les tabacs, tout ce qu'on aurait pu en conclure, c'est que, soit par complaisance, soit par intérêt, le sieur Vallée et son garde avaient toléré, favorisé, dissimulé une plantation frauduleuse faite sur le terrein de l'un et sous les yeux de l'autre. Dans tous les cas, on devait les considérer comme délinquans, et la

BULLETINS.

mise en cause de Gosselin ne pouvait servir qu'à prouver qu'il existait un coupable de plus.

Mais, à l'instant où le procès-verbal a été rédigé, les préposés ne pouvaient connaître que le sieur Vallée ou son garde ; ils ne pouvaient diriger aucune poursuite contre Gosselin que rien ne leur indiquait comme auteur de la plantation. La loi voulait qu'ils s'adressassent exclusivement au propriétaire du terrain présumé possesseur et réellement nanti des tabacs ; c'est ce qu'ils ont fait, et les premiers Tribunaux n'ont pu, sans irrégularité, suspendre la condamnation du sieur Vallée.

La cour suprême a confirmé ces principes par l'arrêt suivant :

« La cour : ouï le rapport de M. le chevalier Bailly, conseiller commis à cet effet, et les conclusions de M le chevalier Thuriot, avocat général ,

» Vu les articles 35 et 36 du décret 1er. germinal an 13 ;

» Vu aussi les articles 546 , 547, 553, 1383 et 1384 du Code civil ;

» Considérant que le sieur Vallée, en sa qualité reconnue de *propriétaire* du bois de Champagne , situé sur les communes de Rouez et Tanis, département de la Sarthe, où la culture du tabac est prohibée, était *présumé* avoir fait la plantation des 4327 pieds de tabacs qui avaient été trouvés en culture dans ce bois, et en conséquence y avaient été saisis, sur lui par les employés des Droits réunis, le 8 août 1812, et que si la plantation n'en avait pas été faite par son ordre, à ses frais et pour son compte, il était à cet égard coupable d'une extrême négligence ;

» Considérant qu'une aussi grande quantité de tabacs n'avait pas pu être semée et croître depuis plusieurs mois sur un aussi grand nombre de places à charbons répandues çà et là dans ce bois, sans y avoir été aperçue par le garde chargé par lui de leur surveillance, payé par lui, et par conséquent son

BULLETINS.

préposé spécial, pour empêcher qu'il ne s'y commît de délits; que si ce garde n'a pas été complice de la plantation frauduleuse de ces tabacs, et n'a pas été de connivence à cet égard avec l'auteur ou les auteurs de cette plantation, il y a eu grave négligence et une sorte de prévarication dans son fait pour ne l'avoir point constatée et dénoncée par des procès-verbaux en bonne forme;

» De tout quoi il résulte que, soit à raison de sa négligence personnelle, soit comme garant du fait de son garde, le sieur Vallée était, aux termes des articles ci-dessus transcrits du Code civil, responsable des suites de cette plantation;

» Considérant qu'il suit de là, et dudit article 35 du décret du 1er. germinal an 13, que la cour d'Angers devait prononcer contre le sieur Vallée la confiscation des 4327 pieds de tabacs saisis, et l'amende de 1000 francs, avec dépens; sauf à lui à exercer personnellement, s'il y avait lieu, son recours contre qui il jugerait à propos;

» Considérant que, néanmoins, cette cour, au lieu de prononcer ainsi, a ordonné, par son arrêt du 16 janvier, avant de faire droit et sans rien préjuger, a-t-elle dit, sur le fond, qu'aux risques de qui il appartiendrait, à la requête de la partie la plus diligente, et même à celle du ministère public, un journalier, nommé Gosselin, indiqué par le sieur Vallée comme ayant semé le tabac en question, serait assigné pour répondre sur les faits contenus au procès-verbal, et sur ceux articulés par le prévenu pour sa défense;

» Considérant que le sieur Vallée, prévenu, n'eût-il été que simple détenteur du terrein de la plantation, l'article 36 du décret du 1er. germinal an 13 autorisait la régie à le poursuivre, et faisait un devoir aux juges de prononcer contre lui, la confiscation des tabacs saisis, sans qu'elle pût être tenue de mettre en cause qui que ce fût autre que lui;

BULLETINS.

» Que l'interlocutoire ordonné, n'eût-il dû avoir que l'effet de retarder de peu de temps, au lieu de reculer, comme il l'a fait indéfiniment, les condamnations requises par la régie, est donc spécialement en contravention audit article 36; mais que la contravention est ici d'autant plus formelle, que le sieur Vallée était le propriétaire même du terrein; qu'en cette qualité il était réputé, par ledit article 547 du Code civil, propriétaire des tabacs qui étaient des fruits crus sur son terrein, et qu'étant responsable, non seulement de leur plantation, ainsi qu'il a été dit plus haut, mais encore des suites de cette plantation, il était contre toute règle de mettre indirectement à la charge de la régie, comme étant la partie intéressée à être la plus diligente, une mise en cause qui n'avait été requise par personne, et qui portait sur un individu dénué de toute espèce de ressources pécuniaires, étranger à la propriété du terrein planté, comme au procès-verbal de saisie, et contre lequel le sieur Vallée n'avait exercé aucune action en garantie:

» Par tous ses motifs, la cour casse. »

Traité du contentieux, tom. 2, p. 71 et 72, n. 479 et 480.

BULLETIN N°. 88. A la régie seule appartient le droit de poursuivre, *quant aux amendes et confiscations*, les fraudes et contraventions aux lois et réglemens *sur les matières placées dans ses attributions spéciales*, telles que les poudres et salpêtres, etc. En conséquence, on ne peut opposer à l'action intentée par la régie devant un tribunal correctionnel, par suite d'un procès-verbal de contravention, une fin de non recevoir fondée sur une ordonnance de la chambre des vacations, portant qu'il n'y a pas lieu à poursuite, provoquée par le ministère public, conformément

<table>
<tr><td>

OBJETS
des Bu letins et renvois
aux Ouvrages dont ils
sont le supplément.

</td><td>

BULLETINS.

</td></tr>
</table>

au Code d'instruction criminelle. (*Arrêt de cassation, du 24 février 1820.*)

Nous avons déjà professé cette doctrine dans notre Traité du contentieux ; l'arrêt que nous allons rapporter est une autorité de plus à ajouter à celles que nous avons citées dans cet ouvrage.

Traité du contentieux, *tome 2, p. 2 et 3.*

Le 31 août 1818, les employés de la régie, à la résidence de Paris, par un procès-verbal régulier et non attaqué par l'inscription de faux, ont constaté au domicile du sieur Soudaix, sa femme présente, une fabrique complète de poudre à feu ; ils ont saisi beaucoup d'ustensiles de fabrication, de la poudre déjà fabriquée, des matières en préparation. Le commissaire de police qui assistait les employés, fit constituer prisonnier le nommé Prin, ouvrier, qui fut surpris occupé à faire de la poudre dans les atteliers du sieur Soudaix.

Le 4 septembre, nouvelle saisie de plusieurs ustensiles et deux kil. 1/2 de poudre, qui avaient échappés lors de la première perquisition.

Il paraît qu'indépendamment des procès-verbaux des employés de la régie, le commissaire de police qui les accompagnait, constata les mêmes faits par deux rapports qu'il remit à M. le préfet de police, devant lequel le sieur Prin avait été conduit.

Il paraît aussi que M. le préfet de police avait, depuis long-temps, sur la fabrication du sieur Soudaix, des renseignemens d'après lesquels il le faisait rechercher ; et lorsqu'il eût connaissance de la saisie, il décerna contre lui un mandat d'amener.

Le sieur Soudaix fit des révélations qui nécessitèrent à Paris, à Sens et à Troyes, des recherches dont le résultat ne pût être connu que vers la fin de septembre ; et ce fut le 20 de ce mois que M. le préfet mit les prévenus à la disposition de M. le procureur du Roi, et lui adressa les rapports du commissaire de police.

C'est le 24 du même mois que les procès-verbaux

BULLETINS.

des employés furent adressés à l'avoué de la régie, afin de poursuivre la confiscation des objets saisis et l'application de l'amende.

Le sieur Soudaix avait encouru l'amende de 3,000 fr. et la confiscation prononcée par l'art. 27 de la loi du 13 fructidor an 5 ; le sieur Prin avait encouru un emprisonnement de trois mois, conformément au même article.

Il n'appartenait qu'au ministère public de requérir l'application de cette dernière peine ; mais, d'après les art. 3, 4 et 5 du décret du 18 mars 1813, et 4 de l'ordonnance royale du 25 mars 1818, rien ne devait paralyser les poursuites de la régie, pour l'application des autres peines.

L'avoué ne donna pas immédiatement assignation à Soudaix ; il pensa qu'il lui suffirait d'intervenir dans la cause, qui devait immanquablement être portée devant le tribunal correctionnel, puisqu'il s'agissait d'un délit prévu par une législation particulière.

Mais, il en fut autrement : le juge d'instruction informa, et, sur son rapport et les conclusions du ministère public, la chambre des vacations rendit une ordonnance qui, attendu le défaut de charges suffisantes, déclara qu'il n'y avait pas lieu à suivre quant à présent. Le sieur Soudaix était déjà élargi ; le sieur Prin fut mis en liberté. La régie n'eut aucune connaissance de cette ordonnance, qui ne lui fut jamais signifiée, et ce n'est qu'à l'audience, et sur l'assignation qu'elle fit donner directement à Soudaix, qu'elle lui fut opposée.

La régie ayant donc voulu exercer contre Soudaix l'action correctionnelle que lui donne l'article 90 de la loi du 5 ventose an 12, relativement aux contraventions commises à ses lois spéciales, sa demande fut rejetée par une fin de non recevoir, tirée de ce qu'il avait déjà été prononcé par l'ordonnance de la chambre de vacations.

Voici les motifs du jugement rendu le 22 janvier, par le tribunal correctionnel de la Seine ; motifs égale-

OBJETS
des Bulletins et renvois
aux Ouvrages dont ils
sont le supplément.

BULLETINS.

ment adoptés par la cour royale, devant laquelle la régie porta l'appel de ce jugement.

« Le tribunal, après en avoir délibéré conformément
» à la loi, faisant droit : attendu qu'il est justifié qu'il
» a été statué sur les faits énoncés au procès-verbal
» dressé le 31 août 1818 par les employés des Contri-
» butions indirectes, par ordonnance de la chambre
» des vacations, en date du 30 octobre dernier, dé-
» clare la régie non-recevable, et la condamne aux
» dépens, liquidés à quinze francs pour ces faits, à
» la requête de Soudaix et Prin. »

La régie s'étant pourvue en cassation de l'arrêt con-firmatif rendu par la cour royale de Paris, voici comment elle s'exprime dans le mémoire qui a été produit à l'appui de son pourvoi :

On a dit que le ministère public a le droit de prendre l'initiative dans les instances relatives aux poudres à feu, et que la chambre des vacations était compétente pour prononcer, et qu'il y a chose jugée sur les faits de la contravention ;

Que la régie ayant eu connaissance des procès-ver-baux du commissaire de police, et devant prévoir la marche qui serait suivie, aurait dû intervenir, se joindre au ministère public, produire ses procès-ver-baux, ou donner assignation dans les huit jours.

La législation sur la matière répond à la première objection. L'art. 4 de l'ordonnance royale du 25 mars 1818, charge exclusivement la direction générale des Contributions indirectes de l'exécution du décret du 16 mars 1813, relativement à la recherche et saisie des poudres.

L'art. 3 de ce décret porte que les formalités éta-blies par le décret du 1er. germinal an 13, seront suivies pour la rédaction des procès-verbaux, et pour les suites à y donner ;

L'art. 4, que les instances relatives aux fraudes et contraventions seront portées devant les tribunaux de police correctionnelle, où elles seront suivies à la requête de l'administration des Contributions indirectes, par

BULLETINS.

les défenseurs ou préposés supérieurs de l'administration.

L'art. 5, que les tribunaux correctionnels prononceront dans tous les cas, à raison des fraudes et contraventions, les peines établies envers les contrevenans par les lois et arrêtés relatifs aux poudres.

L'art. 6, que la régie peut transiger dans les mêmes formes et d'après les règles qui lui sont propres.

Il est bien évident, d'après ces dispositions, que c'est l'administration seule qui a l'initiative des poursuites, quant aux amendes et confiscations, relativement aux poudres, à l'exclusion du ministère public même, puisqu'autrement il paralyscrait le droit de transiger, donné à la régie, dans cette matière comme dans les autres. C'est d'ailleurs ce qui a été expressément établi dans une lettre écrite par S. Ex. M. le Garde des Sceaux à M. le procureur-général de la cour d'Aix, sur une question absolument identique. Nous avons textuellement rapporté cette lettre dans notre Traité du contentieux, tome 2 page 2 et suivantes.

Le second argument n'est pas plus concluant ; la chambre des vacations n'aurait été compétente que dans le cas où il se fût agi d'un délit soumis aux lois générales ; mais il s'agit d'une contravention prévue et réglee par une législation particulière, et dont par conséquent la connaissance est retirée à cette chambre, en vertu de l'art. 484 du Code pénal ; c'est donc par erreur que cette affaire a été portée à sa délibération ; elle n'a donc pu déclarer autre chose, sinon qu'il n'y avait pas lieu à l'application des lois générales ; et elle aurait dû le déclarer ainsi, même dans le cas où la saisie aurait été faite par le commissaire de police seul, parce qu'aux termes de l'art. 5 du décret du 16 mars 1813, c'est encore à la régie qu'il appartient exclusivement de poursuivre ou de transiger dans les cas où les contraventions sont constatées par tous autres agens publics que ses employés.

Sur le troisième argument, on a indiqué plus haut les motifs qui ont retardé les poursuites ; mais ou a fait remarquer encore que lors même que la régie aurait

BULLETINS.

eu connaissance des procès-verbaux du commissaire de police et de la procédure commencée par le juge d'instruction, elle ne pouvait intervenir : sa législation spéciale ne se prête pas à cette forme de procéder ; elle ne peut exercer son action que devant le tribunal correctionnel, qui seul est compétent pour les causes qui l'intéressent.

D'après cet exposé, il est évident que l'ordonnance de la chambre des vacations a été incompétemment rendue, en tant qu'on voudrait la considérer comme libérant entièrement le sieur Soudaix des peines qu'il a encourues en raison de la fabrication illicite de poudre, dont il est prévenu; et que, dans tous les cas, cette ordonnance ne pouvait être opposée à la régie comme fin de non-recevoir, sans anéantir entièrement la foi qui est due aux procès-verbaux de ses employés.

La cour royale de Paris a fait par conséquent une fausse application des lois générales, et elle a violé les articles 3, 4 et 5 précités du décret du 16 mars 1813 et les articles 26, et 39 du décret du 1er. germinal an 13. »

Conformément aux conclusions de la régie, la cour de cassation a rendu, le 24 février 1820, l'arrêt dont la teneur suit :

« La cour : ouï le rapport de M. Busschop, conseiller, et les conclusions de M. Hua, avocat-général;

» Vu les articles 404 et 416 du Code d'instruction criminelle, d'après lesquels la cour de cassation doit annuller les arrêts et jugemens en dernier ressort, qui contiennent violation des règles de compétence établies par la loi ;

» Vu l'article 90 de la loi du 5 ventôse an 12, l'art. 23 du décret du 5 germinal de la même année;

» Les articles formant les chapitres 7 et 8 du décret du 1er. germinal an 13, sur la manière de procéder, sur les contraventions auxdits droits, dont l'article 26, conforme à l'article 84 de ladite loi du 5 ventôse an 12, donne, aux procès-verbaux de contravention réguliè-

BULLETINS.	OBJETS desBulletins et renvois aux Ouvrages dont ils sont le supplément.

rement dressés , la force de preuve , jusqu'à inscription de faux ;.

» Vu aussi l'article 4 de l'ordonnance du Roi du 25 mars 1818 , qui charge la direction générale des Contributions indirectes de l'exécution du décret du 16 mars 1813 , relatif à la recherche et saisie des poudres , soit étrangères , soit fabriquées hors des poudrières du gouvernement , qui pourraient circuler ou être vendues en fraude ;

» Vu les articles 3, 4, 5 et 6 dudit décret du 16 mars;

» Considérant qu'il résulte des dispositions de ce décret , combinées avec celles des lois , décrets et ordonnances précités , qu'à la régie seule appartient le droit de poursuivre , quant aux amendes et confiscations , les fraudes et contraventions aux lois et réglemens sur les poudres et salpêtres ;

» Que l'action de la régie , relative à cette matière , *ainsi qu'à toutes celles qui sont placées dans ses attributions* , ne peut donc , en aucune manière , être arrêtée , suspendue ou modifiée par une procédure instruite d'après les règles générales établies dans le Code d'instruction criminelle ;

» Considérant que, dans l'espèce , par un procès-verbal , dressé par les préposés de l'administration des Contributions indirectes , le 31 août 1818 , non argué d'irrégularités , ni attaqué par la voie de l'inscription de faux , il a été constaté que le sieur Soudaix avait chez lui une fabrication de poudre , et que Prin , son ouvrier , travaillait actuellement à cette fabrication ;

» Qu'à la vérité une instruction a été faite contre lesdits Soudaix et Prin , dans les formes généralement prescrites par le Code d'instruction criminelle , à la suite de laquelle a été rendue , par la chambre de vacations du tribunal de première instance de Paris, une ordonnance , en date du 30 octobre 1818 , portant qu'il n'y avait pas lieu à poursuite ; mais que ladite instruction , ayant été faite *sans la participation*, et même *à l'insu de ladite régie* , ne pouvait , d'après les dispositions des lois et décrets ci-dessus cités , porter aucun préjudice à

BULLETINS.

l'action de ladite régie; d'où il suit que ladite ordonnance n'a pu, à l'égard de la régie, acquérir l'autorité de la chose jugée ;

» Que néanmoins, sur l'action intentée par la régie contre lesdits sieurs Soudaix et Prin, devant le tribunal de première instance de police correctionnelle de Paris, à raison des faits rapportés au procès-verbal du 31 août 1818, ledit tribunal a, par jugement du 12 janvier 1819, déclaré la régie non recevable, par le seul motif qu'il avait déjà été statué sur lesdits faits, par ladite ordonnance de la chambre des vacations ;

» Que ce jugement a été, d'après le même motif, confirmé sur l'appel de la régie, par arrêt de la cour royale de Paris, du 28 décembre 1819 ; que cette cour a ainsi fait une fausse application de la règle *non bis in idem*, et, par suite, violé les règles de compétence des tribunaux de police correctionnelle :

» D'après ces motifs, la cour, faisant droit sur le pourvoi de l'administration des Contributions indirectes, casse et annulle ledit arrêt de la cour royale de Paris, du 28 décembre 1819, etc.

BULLETIN N°. 89. La main-levée des objets saisis, en matière de Contributions indirectes, ne peut, dans le cas où la contravention est accompagnée d'un crime justiciable des cours d'assises, être prononcée par ordonnance du président de ces cours, mais bien par la cour elle-même.

Dans aucuns cas, les objets assujétis à la marque d'or et d'argent, et qui ont été saisis pour défaut de marque ou pour fausses marques, ne peuvent être affranchis par les tribunaux de la confiscation prononcée par la loi. (*Arrêt de cassation, du 1er. juillet 1820.*)

BULLETINS.

Plusieurs couverts d'argent marqués de *faux poin-cons*, avaient été saisis chez le sieur Spréafico, orfè-vre à Paris, et déposés au greffe de la cour d'assises, par suite de la prévention du crime de faux. La cour ayant reconnu que le fait de l'apposition des faux poinçons ne pouvait être imputé à cet orfèvre ; celui-ci étant d'ailleurs décédé en état de faillite, ses créan-ciers sollicitèrent la remise des couverts saisis, ce qui leur fut accordé par ordonnance *du président* de la cour d'assises. La régie ayant eu connaissance de cet excès de pouvoir, s'est adressée à M. le Garde des Sceaux, qui a donné l'ordre à M. le procureur-général près la cour de cassation de se pouvoir con-tre cette ordonnance, *dans l'intérét de la loi.* Sur quoi est intervenu l'arrêt suivant :

« La cour : ouï le rapport de M. Busschop, conseiller, et les conclusions de M. Freteau, avocat-général ;

» Vu le réquisitoire du procureur-général, en date du 20 juin 1820, formé d'après l'ordre formel de Son Excellence le Garde des Sceaux, Ministre de la Justice, contenu dans sa lettre du 14 du même mois, jointe audit réquisitoire, et en exécution de l'article 441 du Code d'instruction criminelle.

» Vu l'article 109 de la loi du 29 brumaire an 6, portant : « Les ouvrages (d'or et d'argent) marqués » de faux poinçons seront confisqués dans tous les » cas ; et ceux qui les garderaient ou les exposeraient » en vente avec connaissance, seront condamnés, la » première fois, à une amende de 200 francs ; la » seconde, à une amende de 400 francs, avec affiche » de la condamnation dans tout le département, aux » frais du délinquant ; et la troisième, à une amende » de 1000 francs avec interdiction de tout commerce » d'or et d'argent. »

» Considérant que la disposition de cet article est générale et absolue ; que la confiscation qui y est ordonnée, s'étend donc à tous les ouvrages d'or et d'argent marqués de faux poinçons qui seraient trouvés chez les marchands et fabricans de ces sortes d'ou-vrages ;

Traité du con-tentieux, *tom.* 1, *p* 234, *n.* 240, § IV; *et tome* 2, *p.* 287.

BULLETINS.

» Que la seconde disposition du même article ayant ajouté à la confiscation de ces ouvrages la peine d'une amende contre ceux qui les garderaient ou les exposeraient en vente, avec connaissance de la fausseté des marques, il s'ensuit nécessairement que la bonne foi ne saurait donner lieu à l'exemption de la confiscation, ce qui confirme la généralité de l'application de la première disposition dudit article ;

» Considérant, dans l'espèce, que plusieurs couverts d'argent, marqués de faux poinçons, saisis chez le sieur Spréafico, orfèvre à Paris, avaient été déposés au greffe de la cour d'assises du département de la Seine, comme pièces pouvant servir à conviction, contre les accusés, d'être les auteurs ou complices des fausses marques; que ces ouvrages étaient donc sujets à confiscation, et ne pouvaient conséquemment être rendus à leurs propriétaires ou leurs ayant-cause, quel que pût être d'ailleurs le résultat du procès criminel poursuivi contre les faussaires et leurs complices.

» Que néanmoins le président de la cour d'assises du département de la Seine a, sur la réclamation des créanciers à la faillite dudit sieur Spréafico, ordonné la remise de la majeure partie desdits couverts d'argent; en quoi il a ouvertement violé l'article 109 de la loi du 19 brumaire an 6;

» Considérant, d'un autre côté, que le président de la cour d'assises n'avait pas qualité pour autoriser, par une simple ordonnance émanée de lui seul, la remise des objets saisis et susceptibles d'être confisqués, puisque dans le cas même où il s'agit de remettre au véritable propriétaire les effets volés et déposés au greffe comme pièces de conviction, cette remise ne peut, aux termes de l'article 306 du Code d'instruction criminelle, être ordonnée que par une décision de la cour d'assises; que l'ordonnance du président de la cour d'assises du 30 octobre 1819, qui fait l'objet dudit réquisitoire, contient donc excès de pouvoir et violation des règles de compétence :

» D'après ces motifs, la cour faisant droit au réqui-

BULLETINS.	OBJETS des Bulletins et renvois aux Ouvrages dont ils sont le supplément.

sitoire, casse et annulle l'ordonnance du président de la cour d'assises du département de la Seine, du 30 octobre 1819, dont il s'agit : renvoye la réclamation des syndics de la faillite du sieur Spréafico sur laquelle a été rendue ladite ordonnance, devant la cour d'assises du département de la Seine, à ce désignée, etc. »

BULLETIN N°. 90. Le privilége accordé à la régie sur les meubles et effets mobiliers des comptables et des redevables en retard, par l'article 47 du décret du 1er. germinal an 13, ne peut s'exercer qu'après celui attribué à l'administration des Contributions directes par la loi du 12 novembre 1808. (*Avis du Comité des Finances au Conseil-d'État, du 28 juillet 1820, approuvé par le Ministre le 17 août suivant.*)

PRIVILÉGE DE LA RÉGIE.

CONCURRENCE AVEC LES CONTRIBUTIONS DIRECTES.

Nous avions rapporté dans notre Traité du contentieux une décision contraire de S. Ex. le Ministre des Finances ; mais la même question s'étant reproduite, et S. Ex. ayant jugé à propos de consulter le Comité des Finances du Conseil-d'État, il en est résulté l'avis suivant, qui a reçu la sanction du Ministre, et qui doit par conséquent servir de règle à l'avenir sur cette matière.

Traité du contentieux, *tom.* 2, *p.* 308, § V.

« Le Comité de Finances qui, sur le renvoi qui lui a été fait par S. Ex. le Ministre Secrétaire-d'Etat au même département, s'est occupé de l'examen d'une contestation qui s'est élevée entre le percepteur des Contributions directes à Corbeil, et les agens des Contributions indirectes, pour le partage de deniers provenant de la vente d'effets mobiliers saisis à la requête du percepteur, sur un des redevables de la régie.

» Vu la lettre du 10 mai 1820, de M. le directeur-

BULLETINS.

général des Contributions indirectes, qui s'appuie sur le décret du 1er. germinal an 13, et sur une décision ministérielle du 27 août 1816, pour demander que le prix du mobilier saisi soit partagé entre les agens de la régie et le percepteur des Contributions directes, proportionnellement aux sommes qui leur sont dues;

» Vu une lettre du 12 mai, de M. le sous-préfet de Corbeil, qui, en rappelant l'article 2098 du Code civil, et les termes de la loi du 12 novembre 1808, soutient qu'il a été fondé à refuser d'admettre les agens de la régie au partage du prix des effets saisis sur un sieur Bardon, pour paiement de ses impositions;

» Vu une lettre du 18 du même mois, dans laquelle M. le préfet de Seine-et-Oise se borne à énoncer l'opinion que la question très-délicate de priorité de privilège, lui paraît susceptible d'être soumise au Conseil-d'Etat;

» Vu le rapport du premier commis des Finances, chargé des Contributions directes, qui, après avoir rapproché les dispositions du Code civil, et celle de la loi du 12 novembre 1808, du décret du 1er. germinal an 13, incline à penser que la régie des Droits indirects ne peut, contre le vœu d'une loi positive, se prévaloir des dispositions d'un décret antérieur, pour revendiquer la part des objets saisis par le percepteur de Corbeil;

» Vu la lettre que M. le Sous-Secrétaire-d'Etat des Finances a écrite, le 27 août 1816, à M. le directeur-général des Contributions indirectes, au sujet du sieur Perdoux, ex-cabaretier à Vendôme, et où il est établi que dans tous les cas où les préposés des Contributions indirectes se trouvent en concurrence avec un percepteur des Contributions directes, leurs droits doivent être les mêmes, le prix des effets saisis, prélèvement fait des frais, doit être partagé entr'eux, proportionnellement aux sommes qu'ils réclament, et ce qui peut rester dû au percepteur, doit être couvert par les fonds de non valeur;

» Vu l'article 298 du Code civil, ainsi conçu :

BULLETINS.

Le privilége, à raison des droits du trésor public
» et l'ordre dans lequel il s'exerce, sont réglés par les
» lois qui les concernent. »

» Vu le décret du 1er. germinal an 13, portant
article 47:

» La régie aura privilége et préférence à tous les
» créanciers, sur les meubles et effets mobiliers des
» comptables, pour leurs débets, sur ceux des rede-
» vables pour les droits ; »

» Vu la loi du 12 novembre 1808, dont l'article
1er. s'exprime ainsi. « Le privilége du trésor public
» pour le recouvrement des contributions directes est
» réglé ainsi qu'il suit, et s'exerce avant tout autre :
» 1°. pour la contribution foncière de l'année échue
» et de l'année courante, sur les récoltes, fruits, loyers et
» revenus des biens immeubles sujets à la contribution ;
» 2°. Pour l'année échue et l'année courante des
» contributions mobilières, des portes et fenêtres, des
» patentes et toute autre contribution directe et per-
» sonnelle, sur tous les meubles et autres effets mobi-
» liers appartenant aux redevables, en quelque lieu
» qu'ils se trouvent. »

» Considérant qu'aux termes de cette loi, qui est
de beaucoup postérieure au décret du 1er. germinal
an 13, il paraît évident que l'intention du législateur
a été que le privilége du trésor public s'exerçât pour
le recouvrement des contributions directes, de préférence à toute autre créance, sans distinction, sur les
objets et dans les limites qui y sont exprimées ;

» Qu'à la vérité ce privilége d'un grand intérêt
pour l'Etat, quand le trésor vient en concurrence
avec des créanciers particuliers, peut être considéré
comme sans objet bien réel, lorsqu'il s'agit de déterminer dans quelle caisse publique le produit d'une
saisie entrera ;

» Que, cependant, des considérations puisées dans
l'intérêt des contribuables, se présentent pour faire tenir
à l'exécution littérale de la loi du 12 novembre ;

» Que le montant total des rôles des contributions

<table>
<tr><td></td><td>

BULLETINS.

directes devant être soldé, soit au moyen des recouvremens opérés sur les contribuables, soit avec le secours des fonds de non valeur, et que l'excédent de ceux-ci devant être affecté à des dégrèvemens, il devient d'une grande importance, pour la masse des contribuables, que ce fonds ne soit employé à sa première destination, que dans le cas où il y a impossibilité réelle de percevoir et où l'on a épuisé tous les moyens de perception mis par la loi à la disposition du fisc; tandis que le produit des contributions indirectes étant éventuel et variant nécessairement suivant les circonstances, le défaut de paiement d'un redevable n'a d'autre résultat que de diminuer d'autant le produit présumé de l'impôt, EST D'AVIS :

» Que les percepteurs des Contributions directes doivent être admis à exercer, avant tout autre agent du fisc, le privilége du trésor sur les objets exprimés et dans les limites tracées par la loi du 12 novembre 1808.

» Fait en comité, le 28 juillet 1820.

» Signé Berenger, président, et Taboureau, rapporteur. Approuvé, ce 17 août 1820, le Ministre Secrétaire-d'Etat des Finances, signé Roy. »

</td></tr>
<tr><td></td><td>

BULLETIN N°. 91. Les procès-verbaux rédigés par les gendarmes, n'ont foi en justice, en matière de Contributions indirectes, qu'autant que la loi spéciale a expressément autorisé ces militaires à verbaliser. Autrement leurs procès-verbaux ne peuvent être considérés que comme des dénonciations officielles, en exécution de l'article 49 du Code d'instruction criminelle. En conséquence, un procès-verbal dressé pas des gendarmes, *en matière de boissons*, ne fait aucune foi de la contravention. (*Arrêt de rejet, du* 11 *février* 1820.) Voyez le Bulletin suivant.

</td></tr>
</table>

BULLETINS.

Nous ferons remarquer que dans l'affaire qui a donné lieu à l'arrêt, les gendarmes, après avoir rédigé leur procès-verbal, l'avaient remis aux employés de l'octroi, qui avaient dressé de leur côté un acte semblable, dans lequel ils s'étaient bornés à relater les faits qui leur avaient été rapportés par les gendarmes.

Ce procès-verbal a été rejeté comme ne constatant aucun fait matériel de fraude commis *en présence des rédacteurs.* Il faut, en semblable circonstance, que les employés, avertis par les gendarmes d'une contravention par eux découverte, se rendent aussitôt sur le lieu de la contravention, et en rédigent procès-verbal. Ainsi, par exemple, des gendarmes rencontrant un chargement de boissons circulant sans expédition, peuvent bien, en vertu de leur mandat général, retenir le conducteur et le chargement, ou les suivre dans leur route, jusqu'à ce que, les employés, prévenus par l'un d'eux ou d'une manière quelconque, aient pu constater *eux-mêmes* le fait matériel de la contravention. Il est inutile de dire que, dans des cas semblables, la part réservée par la loi à l'indicateur, dans le produit des saisies, appartient aux gendarmes.

Traité du contentieux, tom. 1, p. 456, n. 413.

BULLETIN N°. 92. En matière de Contributions indirectes, les fraudes et contraventions qui ne sont pas constatées *par un procès-verbal*, ne peuvent jamais donner lieu à une condamnation à *l'amende*, mais seulement à la *confiscation*, lorsque la contravention est établie par l'instruction. (*Arrêt de rejet, du* 11 *février* 1820.)

Fraudes et contraventions.

Amendes.

Confiscation.

Cet arrêt dont nous allons rapporter l'espèce, confirme l'opinion que nous avons émise dans le § IV du nombre 332 de notre Traité du contentieux, bien qu'il semble modifier les autorités invoquées dans le paragraphe précédent.

Traité du contentieux, tom. 1, p. 384 et suiv.

BULLETINS.

Nous ferons également observer que l'article 34 du décret du 1er. germinal an 13, ne prévoit pas le cas de *l'absence* ou *défaut de procès-verbal*, comme on pourrait l'induire des termes de l'arrêt ; de sorte que les cousidérations que nous avons fait valoir dans notre article 332 subsistent ;

« La cour : ouï le rapport de M. Chasle, conseiller, et les conclusions de M. Freteau de Peny, avocat-général.

» Attendu, sur les différens moyens de la direction-générale, que les simples gendarmes ne sont point des officiers de police judiciaire ; qu'aucune loi ne les a autorisés à constater les contraventions, en matière de Contributions indirectes, sur les boissons, par des procès-verbaux qui dussent avoir foi en justice jusqu'à inscription de faux, ni même jusqu'à preuve contraire, et que ceux qu'ils peuvent dresser en cette partie ne doivent être considérés que comme des dénonciations officielles, en exécution de l'article 49 du Code d'instruction criminelle ;

» Que le procès-verbal du 14 novembre 1818, n'ayant été dressé que par de simples gendarmes, n'était donc autre chose qu'une dénonciation ;

» Que celui rédigé le lendemain par les employés de l'octroi de Caen, n'était qu'une simple relation faite par les gendarmes, des faits qu'ils avaient établis dans leur procès-verbal du 14, lesquels faits n'avaient été ni vus, ni reconnus, ni constatés par lesdits employés ; et qu'ainsi il était impossible d'asseoir aucune condamnation d'amende sur ces deux procès-verbaux ;

» Que si la preuve testimoniale qui a été admise et faite devant les premiers juges, suffisait pour les autoriser, aux termes du paragraphe second de l'article 34 du décret du 1er. germinal an 13, à prononcer la confiscation des choses saisies en contravention, cette preuve était insuffisante pour suppléer au défaut de procès-verbal régulier, et pour autoriser une condamnation d'amende contre le défendeur ;

» Qu'en effet la disposition générale de l'article 154

BULLETINS.

du Code d'instruction criminelle , qui prescrit que les délits et contraventions seront prouvés par témoins , à défaut de procès-verbaux ou à leur appui , ne peut recevoir son application dans les matières spéciales , sur lesquelles des lois qui leur sont propres n'ont prescrit des formes particulières que sous les modifications qui dérivent de ces règles ; et qu'à l'égard des Contributions indirectes , l'article 34 du décret du 1er. germinal an 13 a ordonné qu'en cas d'absence ou de nullité du procès-verbal , la preuve de la contravention qui résulterait de l'instruction, ce qui ne peut s'entendre que d'une information ou enquête ou autres voies de droits, ne pourrait avoir d'autre effet que celui de faire prononcer la confiscation des objets saisis dans la contravention ainsi établie ;

» Que , dans l'espèce, la cour royale de Caen a donc fait une juste application de cet article 34 , en déchargeant Frémont de l'amende qui avait été prononcée contre lui par le tribunal de 1re. instance , quoique la contravention n'eût pas été constatée par un procès-verbal conforme à la loi , et en maintenant la confiscation des objets saisis dans un état de contravention qui avait été prouvée par l'instruction :

» D'après ces motifs, la cour rejette etc.

BULLETIN N°. 93. L'article 53 du Code pénal , qui veut que l'emprisonnement des condamnés cesse au bout de six mois, *lorsque ceux-ci justifient leur insolvabilité dans la forme légale* , établit suffisamment qu'à défaut de cette justification, la détention peut se prolonger *indéfiniment.* Mais cette dernière règle souffre une exception , en matière de tabac.

L'article 225 de la loi du 28 avril 1816 porte, en effet, que tout individu condamné pour

BULLETINS.

fait de contrebande en tabac, sera détenu jusques à ce qu'il ait acquitté le montant des condamnations prononcées contre lui ; mais que cependant le temps de la détention *ne pourra excéder six moix*, sauf le cas de récidive, où le terme pourra être d'un an.

A annoter au Traité du contentieux, *tom.* 2, *p.* 317, § VI.

Il résulte de là que le législateur qui, dans le commencement de l'article, semblait porté vers la sévérité, s'en est relâché tout-à coup dans la seconde partie, qui contient une dérogation au droit commun, *en faveur des Contrebandiers*. On ne voit pas quel a pu être le motif d'une indulgence à laquelle les contrebandiers ne peuvent avoir aucun droit ; mais la disposition existe, et elle doit être respectée.

Nous renouvellerons ici l'observation que nous avons été souvent dans le cas de faire à MM. les directeurs, dans la correspondance de la régie, c'est que l'emprisonnement des fraudeurs, en matière de tabac, n'est pas *une peine* à laquelle ni la régie, ni le ministère public doivent conclure, lors du jugement. Cet emprisonnement est de droit ; il est ordonné, comme moyen de recouvrement des condamnations, soit par l'art. 225 précité, soit par les dispositions générales de l'art. 52 du Code pénal, qui autorise à employer la voie de la contrainte par corps pour le recouvrement des amendes et autres condamnations judiciaires.

BULLETIN N°. 94. Les administrations publiques qui font incarcérer des individus, pour cause de dettes envers l'Etat, sont dispensées de la consignation d'alimens, prescrite par l'art. 791 du Code de procédure civile, attendu que le Gouvernement pourvoit, par des fonds généraux, aux dépenses des prisons et à la

BULLETINS.

subsistance des prisonniers, et qu'il ne peut, par cette raison, être assujéti à des consignations particulières, qui feraient double emploi avec ces mêmes dépenses. (*Décret du 4 mars 1808.*)

Il a été donné connaissance, à MM. les directeurs, de ce décret, par une circulaire, n°. 200 de la division du Contentieux, et on le retrouve également dans le *Manuel alphabétique* au mot *Alimens.* Mais comme la correspondance de la régie nous a fait connaître que ce décret a été généralement perdu de vue, nous avons cru devoir le rappeler dans ce Bulletin.

A ajouter au ch. 6 du l. 6, du Traité du contentieux, *tom.* 2, *p.* 314.

BULLETIN 95. Un entrepreneur qui, par un traité avec une commune, s'oblige à fournir aux troupes une quantité considérable de rations de vin ou eau-de-vie, moyennant un prix convenu, *par ration*, n'opère qu'une vente en gros, et n'est pas soumis à acquitter sur ces fournitures le droit de la vente en détail. (*Ordonnance du Roi, du 14 janvier* 1818.)

FOURNITURES DE BOISSONS.

DROIT DE DÉTAIL.

En 1815, le sieur Ymonet, débitant de boissons à Avignon, se chargea, par suite d'un marché passé avec l'administration municipale de cette ville, de la fourniture des rations de vin et d'eau-de-vie, à distribuer aux troupes étrangères, stationnées alors à Avignon.

Cette fourniture paraissant devoir être considérée comme une vente en détail, puisque le prix en était stipulé *par ration*, le sieur Ymonet dut être, pour raison de ce commerce, assujéti à une taxe supplémentaire, en exécution de l'acte du 8 avril 1815; en conséquence, d'après le travail arrêté par le maire et les syndics des débitans, le sieur

Traité du contentieux, *tom* 2, *p.* 178, *n.* 564.

BULLETINS.

Ymonet fut imposé à la somme de 7,386 fr. 92 centimes. Le conseil de préfecture, près lequel le sieur Ymonet se pourvut, ayant soumis l'affaire au Ministre des Finances, S. Ex. décida, le 29 mai 1816, que la réclamation formée par ce fournisseur, ne pouvait être admise. Cette décision prescrivait en outre de faire opérer le recouvrement des sommes pour lesquelles ce redevable était compris dans les rôles de répartition du 3e. et du 4e. trimestre. Nonobstant cette décision, le conseil de préfecture rendit, le 16 juillet suivant, un arrêté qui, admettant la réclamation d'Ymonet, le déchargea de la totalité de la taxe qui lui avait été imposée. Les moyens sur lesquels est fondé cet arrêté, seront ci-après discutés.

Il fut rendu compte de cet arrêté au Ministre des Finances, qui décida, le 2 septembre, que l'administration ne devait pas y acquiescer. En conséquence, les poursuites furent reprises, mais elles furent arrêtées par la signification que fit faire Ymonet, le 25 dudit mois de septembre, de l'arrêté du conseil de préfecture. Ce corps étant compétent pour statuer sur la réclamation dont il s'agit, conformément à l'article 12 de l'arrêté du 8 avril 1815, la régie dut se pourvoir au Conseil-d'Etat, devant lequel doivent être portés les recours contre les arrêtés des conseils de préfecture, aux termes de l'ordonnance d'organisation, du 29 juin 1814, et des lois, décrets et réglemens antérieurs. Dans sa requête au Conseil-d'Etat la régie s'exprimait ainsi :

Les moyens qu'a fait valoir Ymonet, et que le conseil de préfecture a adoptés, sont : que sa fourniture ne pouvait être considérée que comme une vente en gros, et non comme une vente en détail, en raison du nombre de rations distribuées à-la-fois, du prix qui était inférieur à celui de la vente en détail, ainsi que du paiement qui avait lieu pour de grandes quantités et qui était fait en ordonnances, sur la négociation desquelles il perdait; il ajoutait que son marché passé avec la commune, lui assurait pour ses fournitures l'exemption de tout droit, et que cette condition avait

BULLETINS.

influé sur le prix de son marché. Il prétendait en outre, qu'ayant été taxé comme débitant de boissons, d'après ses ventes présumées, avant qu'il se chargeât de cette fourniture, et s'étant soumis à cette taxe, on ne pouvait rien exiger de lui au-delà, quelle que fût l'augmentation de son commerce; et qu'enfin il devait courir la chance des bénéfices comme celle des pertes.

Mais l'administration a répondu : qu'elle était fondée à soutenir que le prix obtenu par Ymonet pour ses fournitures est bien supérieur à celui de la vente en gros ; et qu'il suffit pour juger de la vérité de cette assertion, de remarquer que ce particulier, qui était déjà fournisseur pour son compte, s'est chargé en outre de la fourniture d'autres munitionnaires, et qu'il a traité avec eux au prix de 28 cent. le litre, tandis que le prix qu'il a obtenu par son marché avec la commune est de 3o, 34 et même 35 cent. le litre. Que la distribution des rations avait lieu par petites quantités inférieures à l'hectolitre, bien que le paiement en fût effectué en bons de deux, trois et quatre mille rations ; et que, pour établir la vente en détail, c'est la distribution et non le paiement qu'il faut considérer. Que si le sieur Ymonet a traité avec la commune à la condition d'être exempt du droit, c'est contre la commune seule qu'il peut réclamer une indemnité, attendu qu'elle n'était pas autorisée à lui faire remise de droits attribués au trésor. Quant à la prétention qu'il élève, comme débitant, de n'être soumis à aucun paiement autre que la taxe à laquelle il avait été imposé, elle est également sans fondement. Une fourniture de laquelle il résulte une distribution de près de deux cent mille rations, ne peut être regardée comme une cause ordinaire d'accroissement de consommation : elle sort évidemment des chances dans lesquelles se trouve communément limité le commerce d'un débitant de boissons. Lorsque les rôles furent établis, on ne pouvait prévoir que le sieur Ymonet se livrerait à une spéculation extraordinaire ; alors il ne fut im-

BULLETINS.

posé qu'en raison d'une vente de 90 hectolitres, et son débit aux troupes étrangères seulement est de 1745 hectolitres. Au surplus, Ymonet ne peut être admis à soutenir aujourd'hui que sa taxe ne peut varier, attendu que, dès le commencement et avant qu'il fût chargé de cette entreprise, il avait réclamé une réduction de taxe, sous le prétexte d'une diminution dans ses ventes. En outre, la somme réclamée d'Ymonet, pour débit extraordinaire, est venue en déduction du contingent assigné à la commune d'Avignon, et le trésor n'en a retiré aucun bénéfice. Si le dégrèvement sollicité par Ymonet lui était accordé, il ne pouvait avoir lieu qu'à charge de réimposition sur les autres redevables, et cette mesure ne pouvant être aujourd'hui mise à exécution, attendu le changement du mode de perception, il ne pourrait être suppléé au dégrèvement et le trésor serait lésé.

D'après ces motifs, l'administration des Contributions indirectes demandait à être reçue appelante de l'arrêté du conseil de préfecture du département de Vaucluse, en date du 16 juillet dernier; et que le sieur Ymonet fût condamné au paiement de la somme de sept mille trois cent quatre-vingt-six fr. quatre-vingt-douze cent., dont il avait été déchargé par l'arrêté susdaté, lequel serait déclaré non avenu, le tout avec dépens.

Mais par décision du Conseil-d'Etat, à la date du 14 janvier 1818, la réclamation de la régie a été rejetée en ces termes :

« Louis, etc., sur le rapport du Comité du Contentieux :

» Vu la requête à nous présentée au nom de l'administration des Contributions indirectes, enregistrée au secrétariat du Comité du Contentieux de notre Conseil-d'Etat, le 23 décembre 1816, et tendant à l'annullation d'un arrêté du conseil de préfecture du département de Vaucluse, en date du 16 juillet 1816, qui décharge le sieur Ymonet, débitant de boissons, du paiement de la somme de 7,386 fr. 92 cent., à

<table>
<tr><td>

BULLETINS.

</td><td>

</td></tr>
</table>

laquelle il a été taxé, comme débitant en détail, pour la fourniture de boissons qu'il a faite aux troupes autrichiennes, pendant les mois d'août et de septembre 1815, en exécution du marché passé entre lui et l'administration municipale de la ville d'Avignon ;

» Vu ledit arrêté du conseil de préfecture ;

» Vu la défense du sieur Ymonet, enregistrée au secrétariat du Comité du Contentieux de notre Conseil-d'Etat, le 4 juin 1817 ;

» Vu deux lettres de notre Ministre Secrétaire-d'Etat des Finances, des 29 mai et 2 septembre 1816 ;

» Ensemble les autres pièces contenues au dossier ;

» Considérant que la fourniture de boissons faite aux troupes autrichiennes, en exécution du marché passé entre l'administration municipale d'Avignon et le sieur Ymonet, constitue une vente en gros, tant à cause du grand nombre de rations livrées à-la-fois, qu'à raison du paiement, qui s'effectuait en mandats de valeurs considérables, et que par conséquent cette fourniture ne peut être assujétie aux droits de la vente en détail ;

» Notre Conseil-d'Etat entendu,

» Nous avons ordonné et ordonnons ce qui suit :

Art. 1er. « L'arrêté du conseil de préfecture du département de Vaucluse, du 16 juillet 1816, est maintenu.

Art. 2. « L'administration des Contributions indirectes est condamnée aux dépens.

Art. 3. « Notre Ministre Secrétaire-d'Etat des Finances est chargé de l'exécution de la présente ordonnance.

» Approuvé le 14 janvier 1818, signé Louis. »

<table>
<tr><td>

Bulletin 96. Le droit additionnel de deux décimes par kilogramme de sel inventorié en exécution du décret du 11 novembre 1813, était acquis au trésor et exigible *au moment de l'inventaire* ; en conséquence, les négocians

</td><td>

</td></tr>
</table>

BULLETINS.

et marchands de sel qui ont obtenu des délais pour acquitter ce droit, et qui ont eu *la libre disposition de leurs sels*, après l'inventaire, ne sont pas fondés à se soustraire au paiement de ce qu'ils restent devoir, sous le prétexte qu'il est survenu, depuis l'inventaire, des événemens de force majeure qui les ont forcés de livrer leur sel à bas prix. *(Arrêt de cassation, du 1er. mars 1820. Section civile.)*

En exécution du décret du 11 novembre 1813, portant qu'il serait perçu deux nouveaux décimes par kilogramme sur les sels en magasin, il fut procédé, le 17 du même mois, à l'inventaire des sels existant dans les magasins des sieurs *Berlier* et *Glass*. Il s'en trouva 120,000 kilogrammes dans les magasins du sieur Berlier, et 9,000 dans ceux du sieur Glass; en telle sorte que le sieur Berlier fut constitué débiteur envers la régie de 25,800 fr., tant pour son propre compte que pour celui du sieur Glass, dont il se porta caution.

Le sieur Berlier ne profita pas de la faculté que lui offrait l'article 62 du décret du 11 juin 1806, comme débiteur d'une somme au-dessus de 3,000 fr., d'acquitter les droits en obligations à terme : néanmoins la direction usa d'indulgence, accepta des à-comptes, et donna des délais pour le surplus.

Ainsi se passèrent les mois de décembre 1813, janvier et février 1814.

Vers la fin du mois de mars, les départemens limitrophes du Rhône furent envahis; le commandant des troupes alliées rendit, le 29 mars 1814, une ordonnance portant abrogation du décret du 11 novembre 1813, et réduction de l'impôt sur les sels au taux originaire de deux décimes.

Le sieur Berlier a prétendu avoir vendu une grande partie de ses sels d'après cette réduction.

Mais l'administration du royaume ayant été rendue au souverain, les lois reprirent leur empire; et,

BULLETINS.

le 24 octobre 1814 , la direction générale des Contributions indirectes fit signifier au sieur Berlier une contrainte en paiement de 12,255 fr., restant dus pour solde des droits auxquels étaient assujétis les sels inventoriés le 17 novembre 1813.

Le sieur Berlier a formé opposition à cette contrainte; ses moyens d'opposition sont rappelés dans le jugement du tribunal civil de Lyon, du 11 septembre 1815, qui les a accueillis, et qui a déchargé le sieur Berlier de la contrainte.

Voici les motifs de ce jugement:

Considérant qu'il résulte des extraits des livres des sieurs Berlier et Glass , rapportés au procès et non contredits par la régie , que , depuis le 29 mars 1814 , jusques et compris le mois d'avril suivant , il ont vendu la quantité de 37,625 kilogrammes de sels qui, s'ils eussent été passibles du droit additionnel porté par le décret du 11 novembre 1813, auraient rapporté au gouvernement 8,520 fr. qui sont l'objet du litige ;

» Considérant qu'une ordonnance, datée du 29 mars 1814, rendue par le commandant des troupes alliées, avait supprimé ce droit additionnel, et défendu sa perception dans le département, envahi dès le 21 du même mois ; qu'ainsi le sieur Berlier a été dans le cas d'opérer ses ventes comme si ce droit n'eût jamais existé, et qu'il n'a pu exiger des consommateurs ;

» Considérant que c'est la force majeure qui a empêché le sieur Berlier de pouvoir exiger du consommateur le droit supplémentaire dont il s'agit, et que cette force majeure le dégage ; quant à ce , des soumissions qu'il avait faites dans l'inventaire du 17 novembre 1813 ;

» Attendu qu'il est vrai de dire, à l'égard d'un gouvernement comme à l'égard d'un individu , que le cédant doit au cessionnaire la garantie de la chose qu'il lui transmet, et que cette chose existera réellement :

» Par ces motifs , le tribunal déclare suffisantes les offres faites par le sieur Berlier de payer à la

BULLETINS.

régie la somme de 3,731 fr. pour solde des droits répétés contre lui, et le renvoie de plus amples demandes. »

La direction générale des Contributions indirectes s'est pourvue en cassation de ce jugement, pour *violation du décret du 11 novembre 1813.*

Pour établir cette violation, a dit la régie, il suffira de réfuter les motifs du jugement attaqué.

Le tribunal de Lyon s'est d'abord fondé sur les livres de commerce du sieur Berlier et du sieur Glass; mais ces livres, étrangers à la régie, ne prouvent qu'une vente de sels, et nullement *l'identité* des sels *vendus* avec les sels *inventoriés* le 17 novembre 1813, dont les sieurs Glass et Berlier ont eu *la libre disposition* pendant les mois de *décembre, janvier, février* et une partie de *mars.* Ainsi, sur ce point de fait, il n'est pas suffisamment prouvé que la quantité de sels pour laquelle le sieur Berlier a réclamé l'exemption du droit additionnel, ait été vendue dans l'intervalle qui s'est écoulé depuis la suppression de ce droit par la force étrangère, jusqu'à son rétablissement.

Toutefois, en supposant que la vente des 37,625 kilogrammes de sels ait été réellement faite dans cet espace de temps, la suppression par force majeure du droit supplémentaire a-t-elle pu constituer au profit du sieur Berlier, comme le tribunal de Lyon l'a pensé, un motif d'exception de ce droit? Non sans-doute. Il est de principe qu'un droit régulièrement dû en conformité d'une loi existante à une époque déterminée, ne peut recevoir aucune atteinte des événemens ultérieurs qui peuvent survenir, à moins d'une disposition expresse dans la loi.

Or, dans, l'espèce le droit additionnel est dû par le sieur Berlier à compter du jour de l'inventaire de ses sels et de la soumission qu'il a faite alors de payer à la régie le montant de l'impôt; aussi a-t-il payé des à-comptes considérables, et un délai lui a été accordé pour le surplus : sa dette était donc irrévocable. Il est vrai que l'ordonnance du commandant des

BULLETINS.

troupes alliées a pu porter préjudice au sieur Berlier, en faisant obstacle à ce qu'il déterminât le prix de ses sels d'après le droit additionnel supprimé. C'est là une considération qu'il pourra faire valoir auprès du Ministre des Finances, pour obtenir une remise de tout ou partie du droit réclamé; mais ce n'est point une cause légale d'exemption du droit.

Quant à l'argument tiré de la garantie que le cédant doit au cessionnaire; il n'a aucun rapport à la cause. Le sieur Berlier avait en son pouvoir des sels qui étaient sa propriété; ces sels avaient été irrévocablement frappés d'un droit déjà acquitté en partie; les variations et les réductions que le prix de ces sels pouvait subir étaient incontestablement aux risques et périls du sieur Berlier.

A l'appui de ces observations, la régie invoquait deux arrêts de la cour de cassation: l'un du 2 juillet 1817, rendu sur le pourvoi de la régie des Douanes contre les frères Bonthoux, dans une espèce qui présentait les mêmes circonstances que la cause actuelle, si ce n'est qu'il y avait eu obligation souscrite par le propriétaire des sels pour le paiement de l'impôt; l'autre du 15 juillet 1818, rendu au profit de la régie des Contributions indirectes, contre un sieur Maillard, dans une cause tout-à-fait semblable à celle du sieur Berlier.

Le sieur Berlier, défendeur à la cassation, contestait le principe avancé par la régie, et duquel il résulterait que le droit est dû dès le jour de l'inventaire; il prétendait que l'art. 62 du décret du 11 juin 1806, n'assujétissant à une perception immédiate que les quantités de sels pour lesquelles le droit n'excédait pas 3,000 f., et autorisant à ne payer les droits pour les quantités excédentes de sels inventoriés dans l'intérieur, qu'au fur et à mesure que les sels seraient tirés des magasins pour la consommation, les droits n'avaient pu, dans l'espèce, être considérés comme dus pour la partie des sels vendue pendant la suppression du droit additionnel, qu'à compter du moment où cette partie de sels avait été extraite des magasins, et qu'ainsi la dette du sieur Berlier, à cet égard, datait d'une

BULLETINS.

époque où le droit supplémentaire réclamé par la régie se trouvait aboli.

Le défendeur à la cassation cherchait ensuite à écarter l'autorité de l'arrêt du 2 juillet 1817, sous le prétexte que, dans l'espèce de cet arrêt, il y avait eu obligation souscrite pour le paiement de l'impôt. et par conséquent un droit irrévocablement acquis à la régie; ce qu'il soutenait ne pas pouvoir résulter d'un simple inventaire.

Il gardait le silence sur celui du 15 juillet 1818, absolument applicable à l'espèce actuelle.

Sur quoi la cour de cassation a rendu l'arrêt suivant :

« La cour, sur les conclusions conformes de M. Jourde, avocat-général :

» Vu les articles 4 et 5 du décret du 11 novembre 1813 ;

» Attendu que le jugement attaqué reconnaît comme constante la soumission faite par le sieur Berlier, par le procès-verbal en forme d'inventaire, du 17 novembre 1813, de payer les droits qui forment l'objet du litige, et qu'il les a même payés en partie par des à-comptes successifs ;

» Que l'art. 62 du décret du 11 juin 1806, en disant que la perception sera faite immédiatement sur les quantités pour lesquelles le droit à percevoir n'excédera pas 3,000 fr. , établit que le droit est dû *à l'inventaire*, et que la facilité accordée pour les droits excédant 3,000 fr. est une faveur qui ne déroge point au principe, puisque l'existence de la dette et son exigibilité sont deux choses très-distinctes ;

» Que, les sels étant restés *à la disposition* du sieur Berlier depuis le 17 novembre 1813, ils ont été aussi *à ses risques et périls*, sans qu'il puisse réclamer aucune garantie contre le gouvernement pour les événemens même de force majeure qui ont pu survenir à sa propriété ;

» Que si les circonstances particulières où s'est trouvé le sieur Berlier, sont de nature à être présentées au gouvernement comme moyens de considération , elles ne peuvent être d'aucune force auprès des tribunaux

BULLETINS.	OBJETS des Bulletins et renvois aux Ouvrages dont ils sont le supplément.

chargés simplement d'appliquer les lois, ni les faire dévier de la ligne qui leur est rigoureusement tracée;

» Qu'il n'était donc pas au pouvoir du tribunal civil de Lyon de dégager le sieur Berlier d'une obligation valablement contractée; et qu'en le faisant, il a tout-à-la-fois commis un excès de pouvoir et violé le décret du 11 novembre 1813 :

» Casse, etc. »

BULLETIN N°. 97. Le directeur qui, non-obstant l'opposition d'un créancier à ce qu'une somme à payer par la régie à son débiteur lui soit payée, ordonne le paiement de cette somme, en est personnellement responsable vis-à-vis l'opposant. (*Décision du Ministre des Finances, du 23 mai 1817, en matière d'Enregistrement.*

SAISIE-ARRÊT.

OPPOSITION.

DIRECTEURS.

Traité du contentieux, *tom.* 1, *p.* 123, *n.* 145.

BULLETIN N°. 98. Dans tous les lieux où il existe un *service de postes*, c'est par cette voie que les directeurs de la régie doivent faire parvenir leur correspondance, ainsi que les papiers de service, impressions, etc., aux divers agens ou préposés de l'administration. Ils ne peuvent, par conséquent, dans lesdits lieux, traiter avec des messagers ou piétons, pour le transport de ces papiers, que lorsque les paquets sont du poids d'un kilogramme et au-dessus. Ils doivent, avec d'autant plus de raison, se servir de la voie de la poste, que, d'après l'ordonnance du Roi, du 6 août 1817, les préposés de la régie jouissent de la faculté de faire affranchir, au prix de *cinq centimes*

POSTE-AUX-LETTRES.

MESSAGERS ET PIÉTONS.

TRANSPORT LÉGAL DE LA CORRESPONDANCE ET DES PAPIERS DE SERVICE DE LA RÉGIE.

BULLETINS.

par feuille d'impression, tous les papiers *imprimés*, *remplis* ou *non remplis*, qui sont relatifs à leur service, en les adressant *sous bande* et *à découvert*.

Mais dans les lieux où il n'y a pas de service de postes organisé, la faculté du transport, par les messagers ou piétons, s'étend à la *correspondance* comme aux paquets et ballots de tout poids, même à ceux au-dessous d'un kilogramme. (*Circulaire du* 13 *septembre* 1820 , *n°.* 53. Comptabilité.)

Cette circulaire, provoquée par une lettre de M. le directeur-général des Postes, du 28 juillet 1820, est fondée sur les lois et arrêtés relatifs au service de la poste aux lettres, rappelés dans notre dernier ouvrage. Elle rend les directeurs responsables des poursuites auxquelles de nouveaux abus pourraient donner ouverture, et elle autorise ces préposés à proposer à l'administration la réduction ou la résiliation des abonnemens actuellement existans, qui pourraient être contraires aux dispositions qu'elle leur a rappelées.

BULLETIN N°. 99. Aux termes de l'article 5 de la loi du 6 prairial an 7, les *lettres de voiture* doivent être écrites sur papier timbré, quel que soit l'expéditeur, et lors même que l'expédition serait faite *par une administration publique*, et ne contiendrait que des registres et papiers relatifs au service public. Il n'y a d'exceptées de cette disposition que les lettres de voiture qui accompagnent les *transports militaires*, effectués pour le compte du

BULLETINS.	OBJETS des Bulletins et renvois aux Ouvrages dont ils sont le supplément.

gouvernement. *(Décision du Ministre des Finances, du 21 février 1820.)*

. Cette décision a été rendue par le Ministre des Finances, sur un procès-verbal qui constatait que le chef du matériel de la régie des Contributions indirectes, faisait usage de papier *non timbré* pour les léttres de voiture qui devaient accompagner les transports des registres imprimés et papiers de service.

Traité du contentieux, tom. 1, p. 375.

BULLETIN N°. 100. Les lettres de voiture écrites sur papier frappé d'un timbre qui n'est plus en usage, font encourir à celui qui les emploie l'amende de 30 francs, prononcée par la loi du 13 brumaire an 7. *(Arrêt de cassation, du 23 juin 1817.)*

LETTRES DE VOITURE.

Traité du contentieux, tom. 1, p. 375.

BULLETIN N°. 101. L'addition des services militaires à ceux qui sont susceptibles d'être comptés pour la pension de retraite, n'a lieu que pour les pensions *liquidées* ou à *liquider* depuis l'ordonnance du 22 novembre 1820, qui admet ces services, et ne peut être réclamée par les ayant-droit des employés décédés ou liquidés antérieurement à cette ordonnance. *(Décision du Ministre des Finances, rendue sur l'avis du Comité des Finances, du 13 février 1817.)*

PENSIONS DE RETRAITE.

SERVICES MILITAIRES.

Traité du contentieux, tom. 1, p. 60.

BULLETIN N°. 102. Un avis du Comité des Finances, à la date du 20 décembre 1816,

PENSIONS DE RETRAITE.

<table>
<tr><td>

**EMPLOYÉS
RÉFORMÉS PAR
SUITE DE LA
RÉDUCTION DU
TERRITOIRE.**

**SERVICES NON
ADMISSIBLES.**

Traité du con-
tentieux, *tom.* 1,
p. 61 *et suiv,*

FRAIS DE JUSTICE.

LA RÉGIE NE DOIT
PAS LES SUPPOR-
TER DANS CER-
TAINS CAS.

Traité du con-
tentieux, *tome* 2,
p. 381.

</td><td>

BULLETINS.

portait qu'on compterait comme services effectifs, pour la liquidation de la pension de retraite des employés que la réduction du territoire français avait forcé de cesser leurs fonctions, tout le temps pendant lequel ils avaient été à la disposition de l'administration, et avaient reçu d'elle un traitement provisoire fixe et régulier. Mais depuis, un autre avis du même Comité, à la date du 25 juillet 1817, approuvé par S. Ex. le Ministre des Finances, a décidé :

1°. Que les employés dont il s'agit, ne doivent pas être admis à faire valoir comme *services effectifs* le temps pendant lequel ils ont reçu des secours temporaires;

2°. Que la pension doit courir du jour de la cessation de leurs fonctions, sauf à leur précompter, sur les arrérages de ladite pension, le traitement qu'ils ont reçu à titre de secours. (*Décision du Ministre des Finances, du* 10 *septembre* 1817.)

BULLETIN N°. 103. Les régies et administrations publiques sont, aux termes de l'art. 158 du décret du 18 juin 1811, considérées comme parties civiles, et, comme telles, obligées au remboursement des frais dans les procès suivis à leur requête, ou même d'office et dans leur intérêt par le ministère public; mais il faut en excepter les affaires qui entraînent des peines afflictives et infamantes, *sans amende* au profit des administrations, aux-

</td></tr>
</table>

BULLETINS.

quels cas les frais qu'elles occasionnent doivent être payés sur les fonds généraux des frais de justice. (*Décision du Ministre de la Justice, du 16 juillet 1814.*)

BULLETIN N°. 104. Les délais que la loi fixe *par mois*, doivent se compter, non à raison du nombre de *trente jours*, dont le mois se compose ordinairement, mais bien de quantième à quantième : ainsi, par exemple, le délai de *trois mois* fixé par la loi, pour se pourvoir en cassation, qui aurait commencé à courir le 1er. juillet, ne sera expiré que le 1er. octobre, bien qu'il se soit écoulé 92 jours ou plus de trois fois trente jours d'intervalle. (*Arrêt de cassation, du 12 mars 1816.*)

DÉLAIS FIXÉS PAR MOIS. COMMENT DOIVENT-ILS ÊTRE COMPTÉS ?

Traité du contentieux, *tome 2*, p. 331, § XIII ; p. 254, *n.* 611, *et p.* 256, § I.

BULLETIN N°. 105. On ne doit entendre par le mot *comptable*, employé dans l'article 2121 du Code civil, que celui qui est dépositaire de deniers publics dont il a la gestion et qui en doit compte *de clerc à maître*. Ainsi les receveurs du trésor ou d'une administration publique, sont des comptables ; mais le fermier d'un octroi ou d'un *droit quelconque*, fait les *fruits siens*, et n'est que *débiteur* du prix stipulé dans son bail.

En conséquence, une commune n'a pas d'*hypothèque légale* sur les biens du fermier

HYPOTHÈQUE LÉGALE.

FERMIERS D'OCTROI.

COMPTABLES.

Traité du contentieux, *tom. 1*, p. 117, *n.* 138 *et* 139.

OBJETS
des Bulletins et renvois
aux Ouvrages dont ils
sont le supplément.

BULLETINS.

de son octroi. (*Arrêt de la cour royale de Pau, du 25 juin 1816.*)

DÉBETS.

INTÉRÊTS DES
DÉBETS.

ERREURS DE
CALCUL.

BULLETIN N°. 106. Les avis du Conseil-d'Etat des 9 juillet 1808 et 10 mars 1809, sur les débets et les intérêts des débets des préposés comptables, doivent continuer à leur exécution ; en conséquence :

La prescription de trente ans est la seule limite de l'action du trésor pour l'exigibilité des intérêts soit antérieurs, soit postérieurs au Code civil ;

Les *erreurs de calcul* de 100 fr. et au-dessus,

A ajouter au
Traité du contentieux, *tom.* 1,
p. 116.

continuent d'être rangés dans la classe des *soustractions de recette*, et comme telles, passibles d'intérêts à partir du jour où le recouvrement aurait dû être fait. (*Décision du Ministre des Finances, du 5 février 1815.*)

POURVOI EN
CASSATION.

PRESCRIPTION.

BULLETIN N°. 107. Le pourvoi en cassation ne peut être considéré, en matière civile, comme un acte de poursuite ou une instance, capable d'interrompre la prescription ou la peremption d'instance, qu'autant que la *section civile* de la cour a été saisie par l'effet d'un arrêt d'admission. Mais lorsque le pourvoi a

Traité du contentieux, *tome* 2,
p. 263.

été rejeté par la *section des requêtes*, le pourvoi n'a pu interrompre la prescription. (*Arrêt de cassation, du 13 novembre 1815.*)

BULLETINS.

BULLETIN N°. 108. Les contestations élevées par un redevable sur la nature des opérations que les employés de là régie, qui se présentent pour l'exercer, prétendent faire dans ses magasins, ne constituent pas par elles-mêmes un refus d'exercice : il faut, pour que le refus soit constant, que par suite des contestations élevées, et *sur la sommation faite par les préposés au redevable*, de leur ouvrir ses magasins, celui-ci s'y soit refusé d'une manière positive, ou qu'il se soit opposé à ce que les préposés continuassent les opérations qu'ils se seraient mis en devoir de commencer. (*Arrêt de rejet, du 22 janvier 1820.*)

REFUS D'EXERCICES.

MARCHANDS EN GROS.

Le 12 février 1818, les employés de la régie, à la résidence de Guingamp, département des Côtes-du-Nord, se rendirent chez le sieur Blanchard, marchand en gros, de cette ville, pour y procéder à leurs exercices ordinaires. Ayant éprouvé, de la part de ce redevable, quelques difficultés sur la nature des opérations qu'ils se proposaient de faire chez lui, voici comment ils rendirent compte des faits dans le procès-verbal qu'ils rédigèrent contre cet assujéti.

Traité du contentieux, *tom.* 1, *p.* 351 *et suiv.*; *p.* 285 *et suiv.*

« Certifions nous être rendus chez le sieur Blanchard, marchand en gros, demeurant audit Guingamp, rue Notre-Dame; où étant et parlant à sa personne, lui avons fait connaître que notre intention était de constater ses restans en magasin par un recensement, afin de pouvoir nous assurer que toutes les quantités de boissons entrées ou sorties, avaient acquitté les droits exigés par la loi; le sieur Blanchard nous a répondu que, conformément au 1er. paragraphe de l'art. 101 de la loi du 28 avril 1816, les employés de la régie ne peuvent faire qu'à la fin de chaque trimestre les vérifications nécessaires à l'effet de constater les quantités de boissons restantes en magasins, et le degré des eaux-de-vie et esprits ; que pour obéir

BULLETINS.

au 2ᵉ. paragraphe du susdit art, il offrait aux employés toutes les preuves nécessaires pour constater que les quantités de boissons par lui reçues ou expédiées depuis le dernier arrêté de trimestre, ont été prises en charge, et ont acquitté les droits de circulation et autres auxquels elles sont assujéties. Ledit Blanchard déclare se refuser à tout arrêté de magasin jusqu'à la fin du trimestre, ainsi que la loi le permet.

» Avons observé au sieur Blanchard, que pour parvenir à l'exécution de l'art. 101 de la loi sus-mentionnée, et obtenir les résultats qui émanent de ce même article, il fallait nécessairement procéder à un recensement et connaître les restans en magasins, pour acquérir la certitude que tous les droits dont les boissons peuvent être passibles, ont été acquittés à la sortie. Ledit sieur Blanchard a déclaré persister dans ses offres et refus qui ne sont pas détruits par les observations ci-dessus. En conséquence de ce refus positif et contraire aux dispositions de la loi du 28 avril 1816, nous avons déclaré au sieur Blanchard, parlant à sa personne, procès-verbal de refus d'exercice, en invoquant contre lui l'application des articles 68 et 106 de la loi du 28 avril 1816.

» De tout quoi avons dressé le procès-verbal, en présence et au domicile et bureau dudit sieur Blanchard, etc. »

Le lendemain de ce procès-verbal, les employés se rendent de nouveau chez le sieur Blanchard, avec un commissaire de police, et, procédant à leurs exercices, constatent un excédent à ses charges, de 87 litres de vin, et un manquant de cinq litres d'eau-de-vie; mais ils négligèrent de réclamer du redevable la représentation des expéditions qui avaient dû accompagner les boissons excédant les charges; et comme l'excédant n'est une contravention, qu'autant qu'il n'est pas justifié par des expéditions de la régie, et que d'un autre côté il a été jugé que le manquant n'est pas une contravention (voyez Bulletin N°. 30), le procès-verbal qu'ils rédigèrent de leurs opérations, ne pouvait influer en rien sur la condamnation du sieur Blanchard, qui fut principalement assigné pour cause du refus d'exercice résultant du premier procès-verbal.

BULLETINS.

Le tribunal de Guingamp considérant en fait, « que le procès-verbal du 12 février ne constate pas, de la part du sieur Blanchard, un refus formel de donner ouverture de ses magasins aux employés ; qu'il n'énonce de la part de ceux-ci, ni réquisition, ni sommation à cet égard ; qu'il présente seulement une question de droit agitée entre le sieur Blanchard et les employés, sur la manière d'interpréter l'art. 101 de la loi du 28 avril 1816 ; qu'il n'y a donc pas lieu à appliquer à ce redevable la peine prononcée par la loi, pour refus d'exercice, relaxe Blanchard de l'action de la régie ».

Ce jugement fut confirmé en appel par le tribunal de Saint-Brieux, qui adopta les motifs des premiers juges ; le directeur crut devoir déclarer le pourvoi en cassation.

La régie, dans la requête supplémentaire qu'elle produisit devant la cour suprême, s'efforça de faire ressortir le refus d'exercice de la circonstance énoncée au procès-verbal, que le sieur Blanchard s'était constamment opposé à ce qu'il fût fait un recensement des boissons existantes dans ses magasins ; tandis que ce recensement était le seul mode à employer pour remplir l'objet du 2e. paragraphe de l'article 101 de la loi du 28 avril 1816.

« L'article 101, a dit la régie dans sa requête, contient deux dispositions qu'il est essentiel de ne point confondre. Cet article est ainsi conçu » :

« Les employés pourront faire, à la fin de chaque
» trimestre, les vérifications nécessaires à l'effet de cons-
» tater les quantités de boissons restant en magasin, et
» le degré des eaux-de-vie et esprits.

» Indépendamment de ces vérifications, ils pourront
» également faire, dans le cours du trimestre, toutes
» celles qui seront nécessaires pour connaître si les bois-
» sons reçues ou expédiées ont été soumises au droit de
» circulation ou autres droits dont elles pourraient être
» susceptibles.

» Ces vérifications n'auront lieu que dans les maga-
» sins, caves et celliers, et seulement depuis le lever
» jusqu'au coucher du soleil. »

OBJETS
des Bulletins et renvois
aux Ouvrages dont ils
ont le supplément.

BULLETINS.

Dans le cours du trimestre, c'est-à-dire le 12 février 1818, les employés se présentent chez le sieur Blanchard, lui font connaître que leur intention est de constater ses restans en magasin, par un recensement, afin de s'assurer que toutes les quantités de boissons entrées ou sorties, ont acquitté les droits exigés par la loi; c'était, de la part des employés, demander seulement l'exécution du 2e. paragraphe.

Le sieur Blanchard répond que pour exécuter le 2e. paragraphe, il offre toutes les preuves nécessaires pour constater que les quantités de boissons par lui reçues ou expédiées depuis le dernier trimestre, ont été prises en charge, ou ont acquitté les droits de circulation et autres auxquels elles sont assujéties; mais il déclare se refuser à tout arrêté de magasin, jusqu'à la fin du trimestre.

On lui fait observer que, pour l'exécution du 2e. paragraphe, il fallait nécessairement procéder à un recensement et connaître les restans en magasin, pour avoir la certitude que tous les droits ont été acquittés. Le sieur Blanchard persiste dans ses offres et refus.

Ces réponses contituent un refus formel d'exercice.

A la vérité, il fait des offres, mais il n'en exprime ni le genre ni l'espèce : il offre d'un côté et il refuse de l'autre.

Il est très-important de remarquer les termes dont se sert le 2e. paragraphe précité. Il porte que les préposés pourront faire toutes les vérifications qui seront nécessaires pour connaître si les boissons reçues et expédiées ont acquitté les droits. Or pour acquérir cette certitude, il est absolument nécessaire de procéder à un recensement, ou, en d'autres termes, de reconnaître les boissons existantes dans les caves, celliers et magasins des marchands : assurément il est évident qu'une vérification qui ne conduirait pas à ce résultat, serait incomplète.

La loi veut en effet que les employés fassent, dans le cours du trimestre, les vérifications nécessaires pour reconnaître si les quantités reçues ou expédiées, ont acquitté

BULLETINS.

les droits de circulation et autres droits , comme ceux d'entrée et d'octroi par exemple , dans les lieux sujets , et le droit de consommation sur l'eau-de-vie.

Or , pour que les employés puissent reconnaître les quantités reçues par le marchand , depuis leur précédente visite; il faut bien de toute nécessité qu'ils comparent les quantités de boissons qui restaient lors de cette visite , avec celles existantes aujourd'hui , et ils ne peuvent connaître celles existantes qu'en les comptant.

Il en est de même relativement aux quantités *expédiées* depuis la dernière visite.

Pour rendre la chose plus sensible par un exemple , on suppose que , lors d'un précédent exercice , il restait dans les magasins d'un marchand 100 hectolitres de vin.

Les employés se présentent au bout de huit jours , et leur mission est , aux termes de l'article 101 de la loi, de reconnaître les quantités reçues ou expédiées ; le seul moyen d'obtenir ce résultat légal est assurément de compter ce qu'il y a en magasin.

Alors si cette opération fait reconnaître qu'il existe 110 hectolitres , par exemple , il sera évident que le marchand aura reçu 10 hectolitres depuis le précédent exercice , et il devra produire pour cette quantité la preuve qu'elle a été déclarée à l'enlèvement par la représentation d'un acquit-à-caution.

Si , au contraire , on ne trouve que 80 hectolitres , il sera également évident que le marchand en aura *expédié* 20 , pour lesquels , aux termes de l'article 100 , il devra produire des quittances du droit de circulation , et dans les lieux sujets à l'entrée des quittances de ce droit ou des certificats de sortie.

Offrir de prouver que les quantités *reçues* ou *expédiées* ont acquité les droits , et s'opposer à l'emploi du seul moyen , de reconnaître ces quantités ; c'est évidemment se refuser à toute épreuve.

La régie invoquait en outre de nombreux arrêts de la cour de cassation, dans lesquels se trouvent ces motifs :
« Que les personnes chez lesquelles la loi autorise les
» exercices, doivent se soumettre aussitôt qu'elles en sont

BULLETINS.

» requises à tout ce que les employés estiment nécessaire
» pour le complément de ces exercices, sauf à eux se
» retirer vers l'administration, dans le cas où les prépo-
» sés se seraient livrés à des opérations abusives ». Les
employés étaient donc seuls juges de la nécessité
du recensement, qui d'ailleurs était indispensable pour
opérer les vérifications autorisées, et ils ont pu ne pas
se contenter de prétendues preuves offertes, comme équi-
valentes à celles qu'ils réclamaient.

Depuis, le sieur Blanchard a expliqué ses offres; il a
dit et il répète à la fin de son mémoire sur le pourvoi :
que les vérifications dans le cours du trimestre, devaient
se borner à l'examen des registres d'entrée et de sortie,
à celui des acquits-à-caution et à leur comparaison avec
les portatifs.

Si la régie était obligée de se contenter de l'exhibition
des registres d'entrée et de sortie, on conçoit combien il serait facile à un redevable de faire concorder ses écritures avec les portatifs, et l'état réel de ses
magasins au moment de la visite, et combien par conséquent les vérifications seraient incomplètes et fautives; la
preuve en résulte du procès-verbal rédigé le lendemain en
présence du commissaire de police. Ce procès-verbal,
d'après vérification des magasins, constate en effet des
excédans et des manquans, quoique les registres d'entrée
et de sortie parussent en parfait rapport avec les portatifs.

Il est donc évident que le sieur Blanchard s'est constitué en contravention, en refusant de se soumettre à
toutes vérifications nécessaires, et en voulant les restreindre au point de mettre la régie dans l'impossibilité de
reconnaître si toutes les boissons entrées et sorties avaient
acquitté les droits.

La cour suprême, tout en adoptant les principes présentés ci-dessus, n'a pas cru devoir en faire l'application au
sieur Blanchard, attendu le défaut de sommation à ce
dernier, de la part des employés, de leur ouvrir les magasins; l'arrêt est ainsi conçu :

« La cour, ouï le rapport de M. Chasle, et les conclusions de M. Hua, avocat-général :

BULLETINS.

» Attendu qu'il n'est pas possible de révoquer en doute que les vérifications que les employés sont autorisés, par l'art. 101 de la loi du 28 avril 1816, à faire, soit dans le cours, soit à la fin de chaque trimestre, chez les marchands de boissons en gros, pour constater les quantités de boissons restant en magasin et le degré des esprits et eaux-de-vie, ou pour reconnaître si les boissons reçues et expédiées ont été soumises aux droits de circulation et autres dont elles sont passibles, doivent avoir lieu dans les celliers et magasins desdits marchands, lesquels ne peuvent pas les dispenser d'ouvrir lesdits celliers et magasins, à toute réquisition des employés, et de leur en laisser l'entrée libre, pour y faire les exercices *nécessaires* ;

» Mais que, dans l'espèce, il n'a été constaté ni par le procès-verbal du 12 février 1818, ni par celui du lendemain 13, que les employés qui se présentèrent chez le défendeur l'aient sommé ni même requis de leur faire l'ouverture de ses magasins et celliers, pour leur en procurer l'entrée, ni que celui-ci se soit refusé à faire cette ouverture ; qu'il offrit même aux employés toutes les preuves nécessaires pour constater que les quantités de boissons par lui reçues ou expédiées depuis le dernier arrêté du trimestre, avaient été prises en charge et avaient acquitté les droits de circulation et autres auxquels elles étaient assujéties ; et que les employés ne l'interpellèrent même pas de leur expliquer comment et par quels moyens il entendait leur administrer les preuves qu'il offrait.

» Desquels faits, que le tribunal de Saint-Brieux a déclaré et reconnu constans, il résulte que ce tribunal n'a violé ni l'article 101 de la loi du 28 avril 1816, ni aucune autre loi, en décidant qu'il n'y avait ni refus d'exercice, ni contravention constatée, et en confirmant le jugement de première instance de Guingamp, qui avait débouté la régie de ses demandes et l'avait condamnée aux dépens :

» Par ces motifs, la cour reçoit le sieur Blanchard partie intervenante, et statuant tant sur le pourvoi de la régie, que sur l'intervention, rejette ledit pourvoi, et

BULLETINS.

conformément à l'article 436 du Code d'instruction cri-
nelle, condamne la régie en l'indemnité de cent cinquante
francs envers l'intervenant défendeur, au principal et
aux frais de l'intervention taxés à deux francs cinquante
centimes, non compris le coût du présent arrêt.

» Fait et prononcé etc. »

NOTA. L'affaire dans laquelle cet arrêt a été rendu, renferme
une nouvelle preuve que les employés ne sauraient apporter
trop de soin lorsqu'ils rédigent un procès-verbal, à ce que les
circonstances qui peuvent établir le fait de contravention qu'ils
imputent au redevable, ressortent, d'une manière précise et évidente, des termes de cet acte. Ils doivent bien se pénétrer de
cette maxime du droit criminel, que *la fraude ne se présume pas*,
et qu'il faut qu'elle soit matériellement constatée, pour que les
tribunaux puissent appliquer une peine quelconque à celui qui
en est prévenu.

Ainsi, dans l'espèce de l'arrêt que nous venons de rapporter,
le sieur Blanchard n'avait pas refusé aux employés l'ouverture
de ses magasins, ni l'exercice des boissons y contenues ; il avait
seulement contesté le mode de cet exercice, et avait prétendu
qu'il ne devait avoir d'autre objet que celui de vérifier si les
quantités qu'il avait reçues ou expédiées avaient acquitté lesdroits.
Cette observation de sa part, ne constituait pas par elle-même
un refus d'exercice, d'autant qu'elle était accompagnée de l'offre
de produire les expéditions pour les quantités qu'ils auraient
reconnues ; c'était seulement, comme l'ont considéré les juges de
Saint-Brieux, une question de droit sur la manière d'interpréter l'article 101 précité. Il fallait que les employés sommassent
le redevable de leur ouvrir ses magasins, et s'il s'y était refusé,
ou si leur ayant ouvert lesdits lieux, il s'était opposé à ce qu'ils
procédassent aux vérifications qui leur auraient paru *nécessaires*,
ils auraient fait mention de ce refus ou de cette opposition, et
nul doute alors que les tribunaux n'eussent accueilli favorable-
ment l'action qui serait résultée du procès-verbal qui aurait
énoncé ces faits.

On voit au contraire, par le procès-verbal, qu'ils se sont retirés sur la simple contestation élevée par le redevable au sujet
de la nature des exercices que l'on allait faire chez lui, exercices que les employés prétendaient devoir être un *recensement*,
et le redevable une simple *vérification*, mais auxquels ce dernier ne s'est pas matériellement opposé, et auxquels on ne s'est
pas même mis en devoir de procéder.

BULLETINS.

OBJETS
des Bulletins et renvois
aux Ouvrages dont ils
sont le supplément.

BULLETIN N°. 109. Il n'appartient pas aux tribunaux d'apprécier et de prendre en considération les motifs d'excuse présentés par les particuliers *reconnus en contravention à la loi*, et fondés sur ce que la régie elle-même aurait négligé de percevoir jusqu'alors le droit réclamé de ces particuliers, ou d'exiger l'accomplissement de la formalité à laquelle ils ont contrevenu.

En conséquence, le débitant de boissons établi sur le territoire d'une commune sujette au droit d'entrée, et qui ne produit pas aux préposés la quittance de ce droit sur les boissons introduites dans son débit, est en contravention aux art. 21 et 53 de la loi du 28 avril 1816, et ne peut être excusé par le motif qu'on ne lui avait jamais demandé la représentation de cette quittance, et que le maire de sa commune lui avait donné l'assurance que le droit n'était pas dû. (*Arrêt de cassation, du* 22 *janvier* 1820.)

Le 22 mai 1818, les employés à la résidence de Bayeux, ayant exercé chez le sieur André Fieffé, cabaretier à Belle-Fontaine, hameau dépendant de la ville de Bayeux, trouvèrent dans sa cave un tonneau de cidre nouvellement arrivé, et qui n'était point en charge à leur portatif ; lui ayant demandé les expéditions qui devaient l'accompagner, le sieur Fieffé ne put représenter la quittance des droits d'entrée, prescrite par l'art. 53 de la loi du 28 avril 1816 ; en conséquence et vu sa contravention aux articles 20, 22 et 53 de cette loi, les employés lui déclarèrent procès-verbal de saisie.

La cause ayant été portée devant le tribunal de Bayeux, Fieffé prétendit que son débit était hors de l'agglomération de la ville de Bayeux, que par conséquent il n'était pas soumis à payer le droit d'entrée sur les boissons qu'il

DÉBITANT DE BOISSONS ÉTABLI SUR LE TERRITOIRE DES LIEUX SUJETS.

DROIT D'ENTRÉE.

L'APPRÉCIATION DES MOTIFS D'EXCUSE DES CONTRAVENTIONS EST INTERDITE AUX TRIBUNAUX.

Traité du contentieux, *tom.* 1, *p.* 315, § VII ; *et t.* 2, *p.* 77 *et suivantes.*

BULLETINS.

recevait ; qu'au reste, il avait consulté le maire et le sous-préfet de Bayeux, qui lui avaient dit que le droit d'entrée qu'on réclamait de lui, n'était pas dû, et qu'il avait dû se confier aux dires de ces magistrats, avec d'autant plus de raison que, depuis quatorze mois qu'il occupait sa maison et y exerçait sa profession de débitant, la régie n'avait jamais réclamé de lui la quittance des droits d'entrée ; qu'au surplus s'agissant de la question de savoir si le droit d'entrée était ou n'était pas dû, le tribunal correctionnel était incompétent, et qu'on devait le renvoyer devant le tribunal civil.

Sur quoi jugement du tribunal de Bayeux, que nous allons rapporter parce qu'il consacre la véritable doctrine à suivre par les tribunaux en cette matière.

« Le tribunal, attendu qu'il est constant qu'André Fieffé a son domicile sur le territoire de la ville de Bayeux, et qu'il y exerce la profession de cabaretier ou débitant de boissons, cumulativement avec celle de boulanger.

» Attendu que de l'art. 20 de la loi du 28 avril 1816, il suit que le droit d'entrée doit être perçu dans les villes et communes ayant une population agglomérée de 2,000 âmes et au-dessus, sur les boissons introduites dans l'intérieur, et destinées à la consommation du lieu, à la différence des boissons introduites en passe-debout et transit, ou en entrepôt, relativement auxquelles la perception est sursise ;

» Que l'article 21 suit encore que ce même droit doit être perçu sur les boissons introduites dans les faubourgs des lieux désignés par l'article 20, et pour la consommation de ces faubourgs, à autre et seule exception des habitations éparses et dépendances rurales entièrement détachées du lieu principal ;

» Que ce même article 21 suit enfin que toutes les boissons sans exception, reçues par les débitans établis, non-seulement dans l'agglomération ou dans les faubourgs des lieux sujets, mais même sur le territoire de la commune, que les habitations soient ou ne soient pas éparses, ou dépendances rurales entièrement détachées du lieu principal, sont sujettes au paiement du droit d'entrée, conformément audit article 20 de la même loi,

BULLÉTINS.

» Que la prétention de Fieffé, d'être exempt du droit d'entrée, parce que son habitation serait éparse et entièrement détachée du lieu principal, est de sa part faire une fausse interprétation de l'art. 21 de la loi précitée, dans lequel le législateur n'a désigné les boissons reçues pour les débitans, sur le territoire de la commune hors l'agglomération et les faubourgs, que pour établir une différence ou une exception entre ces boissons et celles introduites ou fabriquées dans les habitations éparses, pour les simples consommateurs, et des dépendances rurales entièrement détachées du lieu principal ;

» Qu'il répugnerait à la raison d'assimiler une contestation sur le fond du droit, à la vicieuse interprétation que ferait un contribuable de la loi qui l'assujétit à l'impôt : que dès-lors la loi, claire dans ses dispositions et dans son application nécessaire à Fieffé, écarte jusques à l'apparence de doute sur la compétence du tribunal correctionnel, et la nécessité d'un renvoi vers l'autorité compétente pour la déterminer; que ce doute et ce renvoi ne peuvent résulter du pourvoi de Fieffé vers M. le sous-préfet et M. le maire, qui ne peuvent réduire les attributions du tribunal, non plus qu'il ne pourrait porter atteinte aux leurs ;

» Attendu qu'il résulte du procès-verbal des employés des Contributions indirectes, du 12 mai dernier, duement affirmé, signifié et en forme, que ledit Fieffé, cabaretier ou débitant de boissons, demeurant sur le territoire de la ville de Bayeux, aurait reçu dans son domicile, sans en avoir payé le droit d'entrée, le tonneau de cidre de la contenance de treize hectolitres désigné au procès-verbal ; que cet acte constate une contravention de la part de Fieffé, contravention d'ailleurs reconnue par lui dans son interrogatoire, et sans en avoir apporté excuse suffisante :

» Le tribunal déclare ledit tonneau de cidre confisqué, condamne Fieffé en cent francs d'amende et aux dépens.

Fieffé ayant interjeté appel de ce jugement devant la cour royale de Caen, reproduisit devant cette cour les moyens qu'il avait fait valoir en première instance ; sur quoi intervint l'arrêt suivant à la date du 12 octobre 1818 :

BULLETINS.

« La cour : considérant que l'art. 21 de la loi du 28 avril 1816, dispose que le droit d'entrée sera perçu sur toutes les boissons reçues par des débitans établis sur le territoire de la commune sujette au droit d'entrée ; que l'exception établie en faveur des habitations éparses et des dépendances rurales, semble ne devoir s'appliquer qu'au consommateur et non au débitant, quelle que soit la position de son domicile ; attendu, sur la seconde question, qu'il est constant en fait que l'autorité administrative de la ville de Bayeux, dans la délimitation de son territoire sujette au droit d'entrée, a constamment excepté le hameau habité par Fieffé ; que la régie des impositions a approuvé cette conscription au moins tacitement, en n'exigeant pas le droit d'entrée des boissons reçues par Fieffé ; qu'il paraît qu'elle avait elle-même appliqué à Fieffé l'exception de l'art. 21 de la loi du 28 avril, et que ce n'est que par un examen plus approfondi qu'elle a pensé que cette exception n'appartenait pas aux débitans ; que ce serait par une erreur commune, fondée sur le texte même de la loi, et l'interprétation des autorités, que Fieffé se serait cru affranchi d'un droit qui ne lui était pas demandé ; que l'on ne peut dans ce cas établir contre lui un délit ou une contravention ;

» Attendu que rien ne constate qu'avant la saisie, les employés de la régie aient prévenu Fieffé, qu'ils avaient l'intention d'exercer ce droit :

» Par ces motifs, la cour, ouï l'avocat-général en ses conclusions, faisant droit sur l'appel, confirme le jugement, au chef qui déclare Fieffé passible du droit d'entrée pour les boissons qu'il a reçues, et percevra par la suite ; annulle le jugement, au chef qui prononce l'amende et la confiscation, compense les dépens des causes principales et d'appel.

La régie ayant, pour le maintien des principes qui régissent la perception qui lui est confiée, déclaré se pourvoir contre cet arrêt, la cour de cassation a rendu le 22 janvier 1820, l'arrêt suivant :

« La cour : ouï le rapport de M. Chasle, conseiller, et les conclusions de M. Hua, avocat-général :

BULLETINS.

» Vu l'article 23 de l'arrêté du gouvernement, du 5 germinal an 12, sur l'organisation de la régie des droits réunis, d'après lequel la faculté de transiger sur les procès concernant les contraventions, amendes et confiscations, est accordée et réservée à la régie;

» L'article 39 du décret réglementaire, du 1er. germinal an 13, portant : « Les juges ne pourront, à peine
» d'en répondre en leur propre et privé nom, modérer
» les confiscations et amendes, ni en ordonner l'emploi
» au préjudice de la régie. »

» L'article 20 de la loi du 28 avril 1816, portant : « Il
» sera perçu au profit du trésor, dans les villes et com-
» munes ayant une population agglomérée de 2,000
» âmes et au-dessus, conformément au tarif annexé à la
» présente loi n°. 2, un droit d'entrée sur les boissons
» introduites ou fabriquées dans l'intérieur et destinées
» à la consommation du lieu. »

L'article 21 qui est ainsi conçu : « Le droit sera perçu
» dans les faubourgs des lieux sujets, et sur toutes les
» boissons reçues par les débitans établis sur le territoire
» de la commune; mais les habitations éparses et les
» dépendances rurales entièrement détachées du lieu
» principal, en seront affranchies. »

L'article 27 : « Toute boisson introduite sans déclara-
» tion, dans un lieu sujet aux droits d'entrée, sera sai-
» sie par les employés, etc. »

Et l'article 46 porte : « Les contraventions aux disposi-
» tions du présent chapitre, seront punies de la confisca-
» tion des boissons saisies, et d'une amende de cent à
» deux cent fr., suivant la gravité des cas, etc. »

» Attendu qu'il avait été constaté par le procès-ver-
bal du 12 mai 1818, que les employés de la régie, faisant leurs visites et exercices dans le domicile d'André Fieffé, débitant de boissons au hameau de Belle-Fon-taine, situé sur le territoire de la commune de Bayeux, qui est assujétie aux droits d'entrée, trouvèrent dans le cellier dudit Fieffé, un tonneau de cidre de nouvelle venue, de la contenance de treize hectolitres; que lui ayant demandé la représentation de la quittance des

BULLETINS.

droits d'entrée qu'il avait dû payer à l'arrivée, il répondit qu'il n'en avait pas et qu'il croyait n'être pas sujet au paiement de ce droit. Sur quoi les employés saisirent ledit tonneau de cidre, pour contravention aux articles 20 et 21 ci-dessus rappelés de la loi du 28 avril 1816;

» Que sur l'appel interjeté par ledit sieur Fieffé, du jugement du tribunal correctionnel de Bayeux, qui l'avait condamné à l'amende et aux dépens, et prononcé la confiscation du cidre saisi, la cour royale de Caen, tout en reconnaissant que d'après ledit article 21, ledit Fieffé, en sa qualité de débitant de boissons et établi sur le territoire de la commune de Bayeux, était assujéti aux droits d'entrée pour les boissons qu'il avait reçues et celles qu'il recevait par la suite, et en confirmant le jugement de première instance, ce chef, en a néanmoins déchargé ledit Fieffé de la condamnation de la confiscation et de l'amende qui avaient été prononcées contre lui, et a compensé les dépens entre les parties, en se déterminant par des considérations dont l'appréciation n'entrait pas dans ses attributions;

Que, par ces dernières dispositions de l'arrêt attaqué, la cour royale de Caen a ouvertement violé 1°. les articles 27 et 46 de la loi du 28 avril 1816, d'après lesquels ladite cour ne pouvait se dispenser, sous aucun prétexte, de prononcer la confiscation, l'amende et les dépens que devait entraîner la contravention constatée par le procès-verbal; 2°. l'article 23 de l'arrêté du 5 germinal an 12, qui ne permet qu'à la régie seule de transiger sur les procès-verbaux, et par conséquent d'en apprécier les faits et les circonstances et considérations qui peuvent aggraver, diminuer ou atténuer la force de la contravention; 3°. l'article 39 du décret du 1er. germinal an 13, qui défend expressément aux juges de modérer les confiscations et amendes applicables aux contraventions, et à bien plus forte raison de se refuser à les prononcer :

» Par ces motifs, la cour casse, etc.

BULLETINS.

Bulletin N°. 110. Le débitant de boissons qui a déclaré cesser son débit, demeure néanmoins soumis, pendant les trois mois qui suivent sa déclaration, non-seulement aux visites des employés, mais encore à l'obligation de représenter des congés, acquits-à-caution ou passavans pour toutes les boissons qui entrent chez lui pendant ces trois mois. *(Arrêt de cassation, du 28 octobre 1819.)*

« La cour, sur les conclusions de M. Freteau de Peny, avocat-général :

» Vu l'art. 53 de la loi du 28 avril 1816 sur les Contributions indirectes, portant : « Il en sera de même de
» toutes les boissons qui arriveront chez les vendans en
» détail pendant le cours du débit, et qui ne pourront
» être introduites dans leurs domiciles, caves ou celliers,
» qu'en vertu de congés, acquits-à-caution ou passa-
» vans, lesquels seront produits lors des visites ou exer-
» cices, et seront relatés dans les actes de charge. Les
» habitans domiciliés dans les lieux sujets aux droits
» d'entrée, seront tenus, en outre, de produire aux
» employés, lors de leurs exercices, les quittances de
» ces droits pour les droits qu'ils auront reçus, ainsi que
» celles des droits d'octroi et de banlieue. »

» Vu aussi l'art. 67 de la même loi, portant : « Les
» débitans de boissons qui auront déclaré cesser leur dé-
» bit, seront tenus de retirer leur enseigne ou bouchon ;
» ils resteront soumis, pendant les trois mois suivans,
» aux visites et exercices des commis : en cas de conti-
» nuation de vente, il sera dressé procès-verbal de cette
» contravention, et en outre ils seront contraints, pen-
» dant tout le temps écoulé depuis la déclaration de ces-
» ser, au paiement des droits, proportionnellement aux
» sommes constatées à leur charge pendant le trimestre
» précédent. »

» Attendu que Joseph Saulnier est débitant de boissons, et demeure à Orléans, lieu sujet aux droits d'entrée ; qu'à supposer, comme il l'avait allégué, qu'il eût déclaré

Traité du contentieux, *tom.* 1, *p.* 337, *n.* 299 *(bis.)*

BULLETINS.

cesser son débit au 1er. janvier 1819, il était, au 9 mars, jour du procès-verbal, soumis, d'après les articles 53 et 67 de la loi du 28 avril 1816, aux exercices des employés de la régie, et, par suite, aux obligations imposées par ledit art. 53 de ladite loi;

» Attendu qu'il est reconnu et constaté par le procès-verbal, que la cruche de vin saisie par les employés avait été trouvée dans le domicile de Saulnier; que, dès-lors, celui-ci était tenu de produire, pour cette cruche de vin, les quittances exigées par ledit article 53 précité; qu'il ne pouvait s'en dispenser, sous le prétexte que ce vin appartenait non à lui, mais à son ouvrier; que néanmoins il n'a produit ses congés, quittances ou acquits-à-caution; que dès-lors, le vin ainsi introduit et trouvé dans son domicile l'était en contravention à l'article 53, ce qui donnait lieu à l'application de l'art 96:

» Et attendu que, sur cet état des faits, la cour royale d'Orléans, au lieu de reconnaître la contravention évidente à l'art 53, et d'appliquer la peine de l'article 96, a confirmé le jugement du tribunal correctionnel d'Orléans, qui prononçait la relaxe de Saulnier, en quoi elle a violé l'article 53 précité,

» Casse, etc.

BULLETIN N°. 111. Lorsqu'un particulier soumis à une déclaration au bureau de la régie, à raison de l'introduction, dans un lieu sujet au droit d'entrée, d'une partie quelconque de boissons, est en discord avec le receveur, sur la contenance des vaisseaux qu'il veut faire introduire, il ne peut passer outre, sous le prétexte qu'un plus long séjour de ses boissons devant le bureau d'entrée pourrait lui porter préjudice; en conséquence, la saisie qui serait faite de son chargement, faute par lui de représenter une expédition du bureau d'entrée, serait

BULLETINS.

valable, bien qu'il eût eu le soin de déposer sur le bureau une *somme suffisante pour acquitter les droits. (Arrêt de cassation, du 14 mars 1817.)*

« La cour : ouï le rapport de M. le chevalier Bailly, conseiller, et les conclusions de M. Henry Larivière, avocat-général ;

» Vu les articles 25 et 54 de la loi du 8 décembre 1814, qui était en vigueur au 27 avril 1816, lesquels sont reproduits dans les articles 24 et 55 de la loi du 28 dudit mois d'avril, sur les finances, et sont ainsi conçus :

Article 25. « Le conducteur des boissons destinées à
» la consommation d'un lieu sujet au droit d'entrée,
» sera tenu, avant de les y introduire, de représenter
» aux employés établis aux portes, les congés, passavans
» ou acquits-à-caution, et de payer ces droits d'entrée
» dont il lui sera délivré quittance. » .

Article 54. « Toutes les boissons qui arriveront pen-
» dant le cours du débit, ne pourront être introduites
» dans le domicile des débitans, leurs caves ou celliers,
» qu'en vertu de congés, passavans ou acquits-à-caution,
» qui seront représentés aux employés lors de leurs
» visites et exercices, et seront relatés dans les actes de
» décharge. »

» Les débitans domiciliés dans les lieux sujets au droit d'entrée, seront tenus, en outre, de représenter aux employés les quittances de ces droits, pour les boissons qu'ils auront reçues.

» Vu aussi l'article 84 de la même loi, qui punit toute contravention auxdits articles 25 et 54, de la confiscation des objets saisis, et d'une amende de 50 à 300 fr., et qui doit être toujours de 500 fr. en cas de récidive ;

» Considérant qu'il était constaté par le procès-verbal de deux employés des Contributions indirectes, du 27 avril 1816, régulier en la forme et non inscrit de faux, 1°. qu'étant dans le cellier de Pierre Sicard, débitant de boissons à Coutances, ils y avaient trouvé un

BULLETINS.

tonneau rempli de 1220 litres de cidre ; 2°. que Sicard, sur la demande à lui faite par eux, de leur remettre les expéditions qui avaient dû accompagner l'entrée du tonneau de cidre chez lui, leur avait répondu n'en point avoir, en ajoutant, pour se disculper, que son fils qui accompagnait le cidre, avait représenté au bureau d'entrée de Coutances, le passavant qui en légitimait le transport ; mais qu'une difficulté s'étant élevée sur la contenance du tonneau, le jeune homme ne croyant pas devoir le laisser au soleil, pendant que le buraliste était à chercher une jauge, avait dit au charretier de continuer sa route, après avoir toutefois laissé sur le bureau une somme qu'il présumait suffisante pour acquitter le droit ; et qu'ayant ensuite envoyé chercher ses expéditions, le receveur avait refusé de délivrer une quittance de droit d'entrée ;

» Considérant qu'il résultait incontestablement de ces faits, non-seulement que le tonneau de cidre avait été introduit dans la ville de Coutances, et de là dans le cellier de Sicard, sans que sa contenance eût été constatée, et sans que le droit d'entrée eût été ni connu, ni perçu ; mais encore que Sicard n'avait fait aucune représentation d'expéditions légales aux employés, lors de leur visite du 27 avril : ce qui constituait une double contravention aux article 25 et 54 de la loi du 8 décembre 1814, contravention qui imposait aux juges l'obligation de prononcer, aux termes de l'article 84 de la même loi, la confiscation du tonneau de cidre et une amende de 50 à 300 fr. ;

» Considérant que néanmoins, en confirmant, par son arrêt du 21 novembre dernier, le jugement correctionnel de Coutances, du 19 juillet précédent, la cour royale de Caen, chambre des appels de police correctionnelle, a dit *à tort*, l'action de l'administration des Contributions indirectes, qui tendait auxdites confiscation et amende, avec dépens ;

» Considérant qu'en vain, pour juger de la sorte, cette cour s'est fondée d'une part, que c'était, selon elle, au retard apporté par le buraliste, au jaugeage du ton-

BULLETINS.

neau arrêté au-devant de son bureau , et à la crainte de l'influence d'un soleil ardent , sur la qualité du cidre , qu'il fallait attribuer l'introduction de cette boisson : et d'autre part, sur ce que , avant de l'y introduire , la valeur présumée du droit d'entrée avait été déposée sur le bureau ;

» Que ces faits ne détruisaient pas la preuve résultante du procès-verbal , ni l'aveu fait par le sieur Sicard , du fait matériel de l'introduction du tonneau de cidre avant un paiement effectif du droit d'entrée ;

» Considérant qu'en vain la cour de Caen s'est vue autorisée à excuser le défaut de représentation d'expéditions légales , et notamment d'une quittance du droit d'entrée, aux employés, lors de leur visite dans le cellier du sieur Sicard, sous le double prétexte du dépôt de la valeur présumée de ce droit, et que l'administration s'était bornée à protester contre l'offre de prouver ce dépôt ; puisque c'est le fait matériel du défaut de représentation actuelle d'une quittance de paiement du droit d'entrée , représentation impérieusement exigée par la seconde partie de l'article 54 de la loi dudit jour 8 décembre 1814, qui a constitué la contravention ;

» Considérant que si l'on tolérait une telle excuse , il s'ensuivrait qu'un conducteur de boissons pourrait s'ériger en appréciateur arbitraire du droit d'entrée , à l'exclusion du receveur préposé pour en fixer la quotité d'après un jaugeage légal ; que ce conducteur pourrait impunément, au gré de son impatience , et sans avoir mis légalement le receveur en demeure de remplir ses fonctions, dépasser le bureau, introduire la boisson non vérifiée, sans avoir payé le droit dû ; et, au moyen d'une somme quelconque prétendue laissée sur le bureau et non inscrite sur le registre constitutif de la comptabilité du percepteur, priver le trésor royal d'une portion essentielle des sommes destinées à faire face aux charges de l'état;

» Considérant encore que le fait matériel de la contravention n'était pas plus excusable , sous le prétexte que le sieur Sicard avait eu la volonté de se conformer

<table>
<tr><td>

</td><td>

BULLETINS.

à la loi, puisque les tribunaux sortent du cercle de leurs
attributions, toutes les fois que, par un tel motif, ils se
dispensent de faire l'application littérale de la loi; et
qu'il n'appartient qu'aux administrateurs de remettre ou
modérer les peines qu'elle a établies, et pour cela, d'ap-
précier le plus ou le moins de bonne foi du contrevenant:
» Par tous ces motifs, la cour casse.

</td></tr>
</table>

BULLETINS.

» Attendu qu'il résulte évidemment des dispositions de la loi du 28 avril 1816, art. 237, que le législateur considérant combien il importe à la sûreté et à la sécurité des citoyens que leurs asile et domicile soient inviolables et respectés, a jugé que les formalités prescrites par les lois antécédentes pour les visites domiciliaires par les employés, étaient insuffisantes pour garantir cette inviolabilité, puisqu'après avoir rappelé littéralement les anciennes dispositions dans ledit art. 237, il y a ajouté celle-ci : « Ces visites ne pourront avoir lieu que d'après » l'ordre d'un employé supérieur, du grade de contrôleur » au moins, qui rendra compte des motifs au directeur » du département; » que ces expressions de la loi, *ces visites ne pourront*, sont en même temps prohibitives, impératives et absolues; qu'elles ne permettent aux employés l'entrée dans le domicile d'un citoyen non sujet à leurs exercices, qu'autant qu'ils en ont reçu l'ordre d'un employé supérieur; qu'il s'ensuit que de simples employés, auxquels le législateur n'a pas voulu s'en rapporter absolument pour ces espèces de visites, sont sans qualité comme sans caractère, *s'ils n'ont pas reçu* l'ordre impérieusement commandé par la loi, et que dès-lors le défaut d'opposition d'un citoyen non soumis à l'exercice, à leur entrée dans son domicile, ne pourrait couvrir le vice de leurs opérations ;

» Attendu, dans l'espèce, que Jean-Pierre Arribert, voiturier, n'était point assujéti aux visites et exercices des employés; qu'ils ne se sont point présentés à son domicile pour y suivre des marchandises transportées en fraude qui, au moment d'être saisies, auraient été introduites dans son domicile pour les soustraire à leurs recherches; que dès-lors les employés n'avaient pu s'introduire dans le domicile dudit Arribert, qu'en vertu d'un ordre tel qu'il a été impérieusement prescrit par l'art. 237 ci-dessus rappelé ; qu'aucun ordre de cette espèce n'a été *énoncé* au procès-verbal de saisie ; qu'il n'en a été justifié ni même articulé aucun au cours de l'instance; et qu'en supposant, ce qui n'est pas, que le prétendu consentement dudit Arribert à ce que les employés visi-

BULLETINS.

tassent son domicile, aurait pu légitimer leur démarche arbitraire, on ne pourrait pas dire que ce consentement eût été libre, dans l'espèce, puisque les employés ont développé chez lui toutes les apparences de la contrainte et de la force, en s'y présentant au nombre de quatre et accompagnés de la gendarmerie;

» Attendu que, dans ces circonstances, la cour royale de Riom s'est exactement conformée aux dispositions de l'art. 237 de la loi du 28 avril 1816, et qu'elle n'a violé aucune loi en rejetant les demandes de l'administration aux fins de condamnation à l'amende:

» Rejette. »

PROCÈS-VERBAUX.

COPIE.

GARDES FORESTIERS.

Traité du contentieux, *tom.* I, *p.* 453, *n.* 405.

BULLETIN Nº. 113. L'obligation imposée aux gardes-forestiers, par l'art. 9, titre 9 de la loi du 29 septembre 1791, de délivrer copie de leurs procès-verbaux aux prévenus, n'a point été abrogée par l'art. 183 du Code d'instruction criminelle. *(Arrêt de rejet, du 27 novembre 1818.)*

« La cour, sur les conclusions de M. Hua, avocat-général:

» Attendu, sur le moyen de cassation présenté par la direction générale des Domaines et Forêts, que la disposition de l'art. 183 du Code d'instruction criminelle, qui porte que *la citation énoncera les faits et tiendra lieu de plainte*, n'a pour objet que de faire connaître aux prévenus les faits sur lesquels ils sont poursuivis; que la disposition de l'art. 9 du titre 9 de la loi du 29 septembre 1791, qui ordonne *qu'il soit donné copie des procès-verbaux aux prévenus*, a eu pour but de leur faire connaître le titre même de l'action intentée contre eux, et de leur donner ainsi tous les moyens de défense qui peuvent résulter, soit de l'inscription de faux contre les procès-verbaux, soit des nullités qui peuvent y avoir été commises; que les dispositions de ces deux articles sont donc essentiellement différentes pour l'intérêt des pré-

BULLETINS.	OBJETS des Bulletins et renvois aux Ouvrages dont ils sont le supplément.

venus; que de celle de l'art. 183 du Code d'instruction criminelle, il ne saurait donc résulter ni abrogation, ni modification de celle dudit art. 9, titre 9 de la loi du 29 septembre 1791 :

» Rejette. *

BULLETIN N°. 114. Le simple empêchement mis par un débitant à la dégustation de ses boissons, par les préposés, constitue de sa part un refus d'exercice; bien que ces derniers eussent pu procéder à cette dégustation malgré l'opposition du débitant. (*Arrêt de cassation, du 6 août 1813.*)

Deux employés de la régie, étant dans le domicile du sieur Jean-Joseph Tamisier, cafetier à Avignon, l'ont sommé de les accompagner dans sa cave, pour constater ses *manquans*. Sa réponse a été qu'il croyait qu'ils n'avaient pas le droit de faire des visites chez lui, sans être assistés du commissaire de police; et cependant, sur représentations à lui faites, il s'est décidé à montrer sa cave.

Mais, lorsqu'après exacte vérification, les employés, qui n'y trouvèrent que les trois dames-jeannes précédemment restées à ses charges, voulurent déguster le vin qu'elles devaient contenir, pour s'assurer si on ne lui avait pas substitué d'autre liqueur, le sieur Tamisier leur dit avec emportement qu'il n'y consentirait point; et l'air avec lequel il s'exprima, leur ayant fait juger qu'il y avait du danger à demeurer plus long-temps dans sa cave, ils suspendirent leurs opérations, en lui déclarant qu'attendu sa contravention à l'art. 35 de la loi du 24 avril 1806, ils allaient verbaliser de son refus, et qu'il serait poursuivi, en conformité de la loi, à fin de condamnation à l'amende de 100 francs, et aux peines établies contre ceux qui s'opposent à l'exercice des préposés.

Ils ont en effet dressé, le même jour 27 avril, procès-verbal de ce que dessus.

DÉBITANT DE BOISSONS.

REFUS D'EXERCICES.

DÉGUSTATION.

Traité du contentieux, *tom.* 1, *p.* 352, *n.* 507; *et p.* 357, *n.* 312.

BULLETINS.

En conséquence, la régie a fait assigner devant le tribunal de police correctionnelle d'Avignon, le sieur Tamisier, qui, sur opposition par lui formée à une première sentence contre lui rendue par défaut, en a obtenu une autre, le 12 juin 1812, par laquelle, après l'avoir admis à faire entendre un témoin, le tribunal l'a déclaré non convaincu; et, par suite, l'a relaxé des conclusions de la régie, tendantes à ce que, pour raison de son refus d'exercice, il fût condamné à cent fr. d'amende et aux dépens.

La régie a interjeté appel de cette sentence du 12 juin, tant à cause de l'admission du témoin produit par le prévenu, que sous le rapport du rejet de la demande principale considérée en soi; et, sous ce double point de vue, le tribunal de police correctionnelle de Carpentras, chef-lieu judiciaire du département de Vaucluse, a rendu le 12 juin 1813, le jugement aujourd'hui attaqué, dont voici les motifs et le dispositif :

« Considérant que foi doit être ajoutée aux procès-verbaux dressés par les commis, dans l'exercice de leurs fonctions.....; que conséquemment le tribunal d'Avignon n'a pas pu régulièrement admettre une preuve contraire au contenu du procès-verbal du 27 avril 1812, surtout ne s'agissant que d'un simple fait de contravention ;

» Considérant que ledit procès-verbal du 27 avril, en établissant un défaut de consentement de la part de Tamisier, à ce que les commis dégustassent la liqueur contenue dans les trois dames-jeannes existantes dans sa cave, ne constitue pas une opposition formelle à l'exercice desdits commis, qui pouvaient procéder sans le consentement de Tamisier ;

(Les autres motifs sont indifférens.)

» Le tribunal...annulle le jugement du tribunal de police correctionnelle d'Avignon, du 12 juin 1812;

» Et, par nouveau jugement, décharge ledit Tamisier de l'accusation de contravention dirigée contre lui..., et des fins contre lui prises à cet égard; condamne Tamisier aux dépens du jugement de défaut...., et compense entre les parties tous les autres dépens, tant de première instance que d'appel. »

BULLETINS.

La régie a demandé la cassation de cette seconde partie du jugement, par laquelle ses conclusions principales ont été rejetées, etc. ; et, sur son pourvoi, est intervenu, ledit jour 6 août 1813, l'arrêt qui suit :

« Ouï le rapport de M. le conseiller Bailly, et M. Thuriot, avocat-général, en ses conclusions ;

» Vu l'art. 35 de la loi du 24 avril 1806 ;

» Considérant qu'il était constaté par le procès-verbal des employés de la régie, du 27 avril 1812, régulier en la forme et non inscrit de faux, que ces employés ayant voulu déguster la boisson renfermée dans trois dames-jeannes restantes en charge chez le sieur Jean-Joseph Tamisier, cafetier à Avignon, pour s'assurer si quelque autre liqueur n'avait pas été substituée au vin qu'elles contenaient lors de leur prise en charge, ce débitant leur avait dit avec emportement qu'il n'y consentirait pas ; que l'air dont il avait accompagné cette réponse, leur ayant fait juger qu'il y avait du danger à demeurer plus long-temps dans sa cave, ils avaient été forcés de suspendre leurs opérations ; et qu'attendu que cette conduite de Tamisier constituait une contravention à l'art. 35 de la loi du 24 avril 1806, ils lui avaient déclaré procès-verbal de refus d'exercices ;

» Considérant qu'une opposition de cette nature aux exercices des préposés de la régie, imposait aux juges l'obligation de prononcer contre Tamisier l'amende de 100 francs, qui était demandée par la régie, aux termes de l'art. 37, combiné avec ledit art. 35 de la loi susdatée ; et que néanmoins, par son jugement en dernier ressort, du 12 juin 1813, dont la cassation est poursuivie, le tribunal de police correctionnelle de Carpentras, chef-lieu judiciaire du département de Vaucluse, tout en rendant hommage à la foi due au procès-verbal du 27 avril 1812, et en reconnaissant en conséquence la vérité des faits qui viennent d'être rappelés, a déchargé Tamisier de la contravention à lui imputée ;

» Considérant qu'il a motivé cette décharge sur ce que, selon lui, ces faits ne constituaient pas une opposition formelle à l'exercice des employés, qui pouvaient procé-

OBJETS
des Bulletins et renvois
aux Ouvrages dont ils
sont le supplément.

BULLETINS.

der sans le consentement de Tamisier ; mais qu'admettre un tel prétexte, ce serait paralyser l'action des commis de la régie et exposer leurs personnes, puisqu'il en résulterait pour eux la nécessité d'établir une rixe entre eux et les refusans, et de n'attacher le caractère de refus de visite et d'exercices, qu'à des voies de fait et à des violences, auxquelles il est impossible de croire que le législateur ait voulu qu'ils s'exposassent avant d'être autorisés à cesser l'exercice actuel de leurs fonctions dans la maison des opposans ; qu'au contraire il résulte de l'assujétissement indéfini porté audit art. 35 de la loi du 24 avril 1806, et reproduit dans l'art. 24 du décret impérial du 21 décembre 1808, qu'une opposition, même verbale, suffit pour constituer le défaut de soumission aux visites et exercices des employés, et par conséquent une contravention auxdits articles :

Par ces motifs, la cour, faisant droit sur le pourvoi de la régie, casse, etc.

TABAC.

VENTE
NON-AUTORISÉE.

TABAC
DE FRAUDE.

BULLETIN N°. 115. La réponse faite par un prévenu, *qu'il ne vend pas* du tabac, mais *qu'il en cède* à ses connaissances, établit suffisamment contre ce prévenu le fait de la vente, lequel peut d'ailleurs ressortir des circonstances qui l'ont accompagnée et qui sont énoncées au procès-verbal.

La déclaration faite par les préposés, qu'ils reconnaissent le tabac saisi pour être du tabac de fraude, suffit pour que ce fait soit réputé constant devant les tribunaux, lorsque la qualité du tabac n'a pas été contestée lors de la saisie, et qu'il n'y a pas d'inscription de faux. (*Arrêt de cassation, du 6 août 1813.*)

Les préposés de la régie soupçonnaient Tache de vendre du tabac en fraude, et ils le surveillaient. Le 9 mars

BULLETINS.

dernier, ils virent un individu qui était prêt à sortir de la boutique de Tache, portant à la main un paquet qu'ils soupçonnaient, à sa forme et d'après les renseignemens qu'ils avaient reçus, contenir du tabac. Ils entrèrent promptement dans cette boutique, prirent le paquet dans les mains de l'inconnu, et le sommèrent de déclarer ce qu'il contenait et de déclarer ses noms et demeure. Il répondit que le paquet contenait du tabac qu'il venait d'acheter. Aussitôt Tache se précipita sur l'employé qui s'était emparé dudit paquet et, en voulant le lui arracher, il le rompit, et le tabac en poudre tomba à terre.

Les préposés aperçurent dans un coin de la boutique, deux autres petits paquets, qui furent reconnus contenir du tabac pareil à celui du premier paquet. L'inconnu réclama encore les deux paquets, qu'il dit avoir aussi achetés et payés audit Tache : il refusa de décliner son nom, en disant qu'il lui était bien permis d'acheter du tabac où on voulait lui en vendre ; qu'il en avait acheté deux livres au prix de 36 sous de Hollande la livre, et qu'il voulait avoir ou son tabac, ou son argent.

Tache, interpellé de dire pourquoi il vendait du tabac, sans y être autorisé par la régie, et d'où provenait celui trouvé dans sa boutique, répondit qu'il savait bien ne pouvoir pas vendre du tabac, et que celui dont il s'agit, provenait d'une ancienne provision qu'il avait faite pour sa femme ; et comme elle était morte depuis peu, il en avait quelquefois cédé à l'individu qui venait de disparaître, mais qu'il ne le vendait pas.

Cette réponse de Tache, combinée avec celles de l'inconnu, donna aux préposés la conviction de la fraude, et ils saisirent le tabac : mais ils ne s'en tinrent pas là ; après d'autres perquisitions faites, en présence du commissaire de police, ils trouvèrent dans un lit, sous quelques matelas, un sac de papier gris, contenant du tabac haché, et dans une autre chambre, un pot de grès contenant du tabac en poudre et un sac de papier contenant du tabac, le tout du poids de deux kilogrammes vingt-quatre hectogrammes, et *reconnu* par la partie, par le commissaire et par les préposés, pour être du *tabac de fausse fabrique.*

Traité du contentieux, *tom* 1er *p.* 348, § II; *p.* 436 *n.* 367; *et p.* 435, § IV.

BULLETINS.

Ces tabacs furent saisis pour contravention aux articles 10, 11, 26 et 28 des décrets du 29 septembre 1810.

Quoiqu'il résultât de ces faits une double contravention, soit pour avoir *vendu* du tabac sans y avoir été autorisé, soit parce que le tabac saisi était *reconnu* de fausse fabrique, l'action de la régie a néanmoins été rejetée par les juges de première instance et d'appel, sous le prétexte que l'accusation de vente n'était pas prouvée au procès-verbal, puisque le défendeur y avait déclaré n'avoir pas vendu le tabac, mais l'avoir cédé ou transmis à l'inconnu ; que d'ailleurs la faible quantité de tabac trouvée chez Tache, qui n'atteignait pas le taux autorisé pour provision, par l'article 60 du décret du 21 octobre 1812, et l'état de dépérissement dans lequel était le tabac, justifient parfaitement l'innocence du défendeur.

Le jugement d'appel a été cassé en ces termes :

« Ouï le rapport de M. Chasle, conseiller, et les conclusions de M. Thuriot, avocat-général :

» Vu l'art. 1er. du décret du 29 décembre 1810, n°. 6336, l'art. 26 du même décret, et les art. 10 et 11 d'autre décret du même jour 29 décembre, n°. 6255, qui sont ainsi conçus, etc. ;

» Attendu que la preuve d'une vente frauduleuse de tabac sortait évidemment des faits du procès-verbal, en ce que, d'une part, l'individu surpris dans la boutique du défendeur, tenant un paquet de tabac à la main, déclara l'avoir acheté de celui-ci, ainsi, que deux autres paquets qui étaient encore dans ladite boutique, au prix de 36 sous de Hollande la livre, et qu'il insista pour qu'on lui délivrât le tabac qu'il avait acheté, ou qu'on lui rendît son argent ; que d'autre part, le premier mouvement du défendeur fut de faire disparaître l'objet de sa fraude ; qu'à cet effet, il se précipita sur l'employé qui s'était emparé du paquet de tabac, pour le lui arracher ; qu'il le brisa dans ses mains et fit tomber le tabac par terre ; qu'ensuite, non-seulement il ne contredit point la déclaration d'achat et de paiement faite par l'individu trouvé dans sa boutique, mais qu'il en confirma

BULLETINS.

même la sincérité, en convenant qu'il lui en avait cédé plusieurs fois, aveu qu'il a répété devant les tribunaux ;

» Que, quoique le défendeur ait dit n'avoir pas vendu ce tabac, mais seulement en avoir cédé quelquefois à l'individu, il était impossible, surtout dans la circonstance, de se méprendre sur la véritable signification du mot *céder*, qui n'est certainement pas synonyme de celui *donner* ; que le sens le plus favorable au défendeur, dans lequel on puisse entendre son expression *cédé*, est que sa cession aurait été faite au même prix coûtant, ce qui ne constituait pas moins une vente proprement dite ;

» Qu'ainsi, et sous le premier rapport, il était constant et avéré que le défendeur avait vendu du tabac en fraude ;

» Attendu, en second lieu, qu'il était encore constaté par le même procès-verbal, que la totalité dudit tabac fût *reconnue* par le défendeur, le commissaire de police et les employés, pour être de *fausse fabrique* ;

» Que malgré cette double contravention, le tribunal d'Amsterdam n'en a pas moins acquitté le défendeur ; et qu'ainsi il a ouvertement violé les lois ci-dessus rappelées.

» La cour casse, etc. »

BULLETIN N°. 116. Les voitures dites *de remise*, louées à des particuliers, doivent être estampillées, et ne peuvent circuler sans laissez-passer. (*Arrêt de cassation, du 11 février 1820.*)

« La cour : ouï le rapport de M. Busschop, conseiller, et les conclusions de M. Freteau, avocat-général :

» Vu les articles 117, 120 et 122 de la loi du 25 mars 1817 :

» Considérant qu'indépendamment de l'estampille, dont *toute voiture* publique, mise en circulation, doit être revêtue, d'après ledit article 117, cet article exige en outre et d'une manière absolue, que le conducteur de la voiture soit toujours porteur du laissez-passer délivré par la régie, d'après la déclaration de l'entrepreneur ; qu'il y a donc contravention formelle audit article,

<table>
<tr><td>

</td><td>

BULLETINS.

</td></tr>
<tr><td></td><td>

toutes les fois que le conducteur de la voiture n'est point porteur du laissez-passer ;

» Que, par suite de cette disposition, l'article 120 veut aussi que toute voiture publique qui circulerait sans laissez-passer, soit saisie ainsi que les chevaux et harnais;

» Qu'enfin l'art. 122 punit ladite contravention de la confiscation des objets saisis, et d'une amende de cent à mille francs ;

» Considérant, dans l'espèce, qu'il a été reconnu au procès, et d'ailleurs constaté par un procès-verbal régulier et non argué de faux, que le nommé Mézière, conducteur d'une *voiture de louage* dite *de remise*, exploitée par le sieur Billon, n'était point porteur d'un laissez-passer, au moment où elle était en circulation; que l'absence du laissez-passer était donc une contravention formelle audit article 117, qui conséquemment soumettait le sieur Billon aux peines de confiscation et d'amende établies par ledit article 122; d'où il suit qu'en le renvoyant des poursuites contre lui intentées par la régie, la cour royale de Paris a expressément violé les articles précités de la loi du 25 mars 1817 :

» D'après ces motifs, la cour faisant droit au pourvoi de l'administration des Impositions indirectes, casse et annulle l'arrêt rendu par la cour royale de Paris, le 24 novembre 1819, au profit du sieur Billon, entrepreneur de voitures de louage, à Paris. »

</td></tr>
<tr><td>

</td><td>

BULLETIN N°. 117. Le prévenu qui s'inscrit en faux contre un procès-verbal des préposés, n'est pas tenu *d'écrire lui-même sa déclaration d'inscription*, et il suffit qu'il la présente en personne, signée de lui, ou qu'il la fasse présenter par un fondé de pouvoir spécial. (*Arrêt de rejet, du 14 avril 1820.*)

</td></tr>
<tr><td>

</td><td>

» La cour : ouï le rapport de M. Chasle, conseiller, et les conclusions de M. Hua, avocat-général :

» Attendu que, par le premier paragraphe de l'article

</td></tr>
</table>

BULLETINS.

40 du décret du 1er. germinal an 13, qui porte que celui qui voudra s'inscrire en faux contre un procès-verbal, sera tenu d'en faire la déclaration par écrit, en personne ou par un fondé de pouvoir spécial passé devant notaire, au plutard à l'audience indiquée par l'assignation afin de condamnation, il n'a pas été dit que l'inscrivant serait tenu d'écrire lui-même sa déclaration d'inscription ; que dès-lors on ne peut, sans ajouter à la loi, exiger que cette déclaration soit écrite de la main de l'inscrivant, et qu'ainsi il suffit qu'il la présente lui-même, signée de lui, ou qu'il fasse faire cette déclaration par un fondé de pouvoir spécial et notarié ;

» Que la preuve qu'il n'est pas nécessaire que la déclaration soit toute de la main de l'inscrivant, et qu'il est suffisant qu'il la présente en personne, signée de lui ; résulte du second paragraphe du même article du décret, qui porte que la déclaration sera reçue et signée par le président du tribunal et le greffier, dans le cas où le déclarant ne saurait écrire ni signer : disposition qui justifie clairement que le législateur n'a exigé que la signature de l'inscrivant, présentant en personne sa déclaration, puisque le président et le greffier ne sont appelés à la recevoir et la signer, que dans le cas où le déclarant ne saurait ni écrire ni signer ;

» Attendu qu'il est constant au procès, que le défendeur se présenta en personne, assisté de son avoué, à l'audience indiquée par l'assignation et qu'il déposa sur le bureau une déclaration signée de lui, portant qu'il entendait s'inscrire en faux contre le procès-verbal des employés, de laquelle déclaration il lui fut donné acte ; qu'il avait donc observé les formes prescrites par le décret, et que la cour royale de Rennes s'y est exactement conformé, en rejetant les moyens de déchéance que la régie tirait de ce que la déclaration n'était pas écrite de la main du défendeur ;

» Attendu que les moyens de faux proposés par le défendeur, ne se bornent point à des dénégations sèches des faits établis au procès-verbal des employés ; qu'il y a posé des faits clairs, précis et positifs, dont la preuve

BULLETINS.

supposée faite, détruirait absolument les faits principaux et substantiels dudit procès-verbal ; qu'à l'égard des dénégations du défendeur, relativement à certains faits, elles sont aussi accompagnées d'autres faits à leur appui ; et qu'enfin tous les faits articulés tendraient à disculper le défendeur de toute contravention ; d'où il suit encore que la cour royale de Rennes s'est conformée à l'article 42 du décret précité, en déclarant lesdits faits admissibles ;

» Par ces motifs, la cour rejette. »

Bulletin N°. 118. Le désistement d'un pourvoi en cassation, ne peut empêcher la cour de prononcer sur les chefs des conclusions de la partie intervenante, qu'autant que le désistement aurait été accepté par la partie avant l'arrêt de *n'y a lieu à statuer*. (*Arrêt du 27 avril* 1820.)

« La cour : ouï le rapport de M. le chevalier Bailly, conseiller, et les conclusions de M. Hua, avocat-général,

» Vu la copie signifiée à Guillaume Levert, le 7 avril présent mois, de l'exploit de Devailly, huissier à Paris, contenant que le directeur-général de la régie des Contributions indirectes se désiste purement et simplement du pourvoi par lui formé le 29 novembre précédent, au greffe de la cour royale de Paris, en cassation de l'arrêt contre lui rendu par cette cour, le 27 dudit mois de novembre, au profit dudit Levert ;

» Vu aussi le mémoire en défense dudit Levert, déposé au greffe de la cour, le 13 dudit mois d'avril :

» La cour déclare qu'il n'y a lieu de statuer sur ledit pourvoi.

» Et attendu que le désistement susdaté n'a été *accepté* par ledit sieur Levert, ni lors dudit exploit du 7 avril, ni dans l'intervalle de cette date, au dépot dudit mémoire; et que, dans cet intervalle, il n'est inter-

<table>
<tr><td>

BULLETINS.

</td><td>

</td></tr>
</table>

venu en la cour aucun arrêt de *n'y a lieu à statuer* sur ledit pourvoi :

» La cour, ayant égard au chef des conclusions dudit mémoire relatif à l'indemnité de cent cinquante francs, énoncé en l'article 436 du Code d'intruction criminelle, condamne ladite régie des Contributions indirectes à cent cinquante francs d'indemnité au profit dudit sieur Levert, et aux frais liquidés à 6 fr. 50 c., non compris le coût et la signification du présent arrêt. »

———

Bulletin N°. 119. La loi du 5 septembre 1792, relative aux saisies sur inconnus, opérées par les préposés des Douanes, est applicable aux mêmes saisies faites par les employés des Contributions indirectes. (*Arrét de la cour royale de Douai,* 1er. *septembre* 1820.)

Nous avons indiqué dans notre ouvrage cité ci-contre, la marche à suivre, en cas de saisies sur des inconnus, et la faculté qu'a la régie de demander par une même requête la confiscation des objets saisis par plusieurs procès-verbaux rédigés dans le ressort d'un même tribunal, lorsque la valeur de chaque saisie ne s'élève pas au-delà de cinquante francs.

Cette faculté a été contestée devant le tribunal de Dunkerque, et l'on a prétendu que la loi du 5 septembre 1792, qui contient cette disposition, ne concerne que l'administration des Douanes, et que pour être applicable à la régie, elle aurait dû être rappelée dans les lois qui lui sont propres. On objectait que le décret du 1er. germinal an 13, qui règle la forme de procéder en matière de Contributions indirectes, avait d'ailleurs abrogé la disposition de la loi du 5 septembre 1792, en supposant qu'elle eût été applicable à la régie. Ce tribunal avait pensé en conséquence qu'il devait être rendu un jugement par affaire, quelle que fût la valeur des objets saisis.

Il a été facile de combattre ce système.

En effet, on a fait remarquer à la cour chargée de

BULLETINS.

prononcer sur l'appel du jugement du tribunal de Dunkerque, que le décret du 1er. germinal an 13 n'avait pas prévu le cas de saisie sur inconnu, et que conséquemment il n'avait pu déroger à la loi du 5 septembre, sous ce rapport.

Que ces deux lois étaient compatibles et conciliables; que l'administration était obligée de suivre les dispositions du décret du 1er. germinal an 13, pour les cas qu'il a prévus; mais que dans les circonstances où ce décret est muet, elle devait s'appuyer sur des lois rendues pour des espèces et un service analogues.

Cette opinion a été adoptée par la cour royale de Douai, laquelle, par arrêt du 1er. septembre dernier, a annullé le jugement du tribunal de Dunkerque, et prononcé cumulativement la confiscation d'objets saisis, par quatre procès-verbaux, d'après la demande qui en était formée par la régie.

Il demeure donc certain que la régie peut invoquer les dispositions de la loi du 5 septembre 1792, relatives aux Douanes, dans les cas prévus par cette loi.

COMPTABLES.

DÉBETS.

CAUTIONS.

PEINE DU QUADRUPLE PRONONCÉE PAR L'ÉDIT DE 1716.

BULLETIN N°. 120. Les cautions d'un comptable constitué en débet, sont responsables, non-seulement du débet de ce comptable, mais encore des amendes encourues par ce dernier dans l'exercice de ses fonctions, et par conséquent de la peine du quadruple du débet constaté, prononcée par l'édit de 1716. (*Avis du Comité des Finances au Conseil-d'Etat, approuvé par le Ministre des Finances, le 5 juin 1817.*)

Le Comité des Finances, sur le renvoi qui lui a été fait par S. Ex. le Ministre Secrétaire-d'Etat au même département, de la pétition du sieur L...., notaire à T......, arrondissement de Saumur, tendante à ce

BULLETINS.

que la somme de 2,465 48 c, dont la régie poursuit le paiement contre lui, comme caution du sieur L.... (Jean-Pierre-Louis), son fils, ex-receveur ambulant à Tulle, département de la Corrèze, soit réduite à 616 fr., montant du débet constaté à la charge de ce comptable pour des recettes non enregistrées, par deux procès-verbaux des 27 août et six septembre 1816, lequel débet donne lieu à une amende du quadruple, conformément à l'édit de 1716, rappelé dans la circulaire de la régie, n°. 52.

Vu les lettres et rapports du directeur-général des Impositions indirectes, du premier commis des Finances, et l'avis du Conseil du contentieux, qui conclut que le sieur L.... n'est tenu qu'à la restitution de la somme de 616 fr. 37 c., et non à l'amende du quadruple ;

Vu la circulaire n°. 52 précitée, et l'art. 7 de l'édit du mois de juin 1716, portant : Voulons pareillement qu'en cas d'omission de recette ou de fausse dépense employée dans les registres, ils soient condamnés à la restitution du quadruple de la somme omise en recette ou faussement employée en dépense, le tout sans que lesdites peines puissent être réputées comminatoires ni modérées, et sans préjudice de la procédure extraordinaire qui pourrait être intentée contre eux, s'il y échéait, pour raison de concussion ou divertissement ;

Vu les lois des 25 ventose an 11, 25 nivose an 13 et 6 ventose suivant, relatives aux cautionnemens ; et les articles 2011 et suivans du Code civil ;

Considérant que les fonctions du pétitionnaire et les conclusions favorables du premier commis des Finances et du Conseil du contentieux, peuvent être fondées dans le droit commun ; mais que les cautionnemens exigés par le gouvernement ayant été ordonnés et régis par des lois particulières, c'est dans ces lois mêmes qu'il faut chercher la solution de la question ;

Que l'art. 33 de la loi du 25 ventose an 11, sur le cautionnement des notaires porte : « Ce cautionnement » sera spécialement affecté à la garantie des condamna- » tions prononcées contre eux, par suite de l'exercice » de leurs fonctions. »

BULLETINS.

Que la loi du 25 nivose an 13, relative aux agens de change, courtiers de commerce, avoués, greffiers, huissiers et commissaires-priseurs, statue, art. 1er. : «Que
» ces cautionnemens sont comme ceux des notaires
» (art. 33 de loi du 25 ventose an 11), affectés par pre-
» mier privilége à la garantie des condamnations qui
» pourraient être prononcées contre eux par suite de
» leurs fonctions, par second privilége au remboursement
» des fonds qui leur auraient été prêtés pour tout ou
» partie de leur cautionnement, et subsidiairement dans
» l'ordre ordinaire des créances particulières qui seraient
» exigibles sur eux.»

Que la loi du 6 ventose an 13, a déclaré : « L'art 1er.
» de la loi du 25 nivose précédent relative aux caution-
» nemens fournis par les notaires, avoués et autres, appli-
» cable aux cautionnemens des receveurs-généraux et
» particuliers, et de tous les autres comptables publics
» ou préposés des administrations.

» Que les prêteurs de sommes employées auxdits cau-
» tionnemens, jouiraient du privilége de second ordre,
» institué par l'art. 1er. de la loi du 25 nivose, en se
» conformant aux art. 2 et 4 de la même loi. »

Considérant, que d'après cette législation, le cautionnement est non-seulement passible, par premier privilége, des débets des comptables envers le trésor, mais
encore des amendes, qui sont des condamnations prononcées
contre eux par suite de leurs fonctions ; que le
prêteur des fonds du cautionnement n'a qu'un second
privilége à réclamer, après que le trésor a été satisfait
pour le débet principal et les amendes encourues, soit
en sa faveur soit en faveur de particuliers qui auraient
obtenu des condamnations :

Est d'avis que le débet principal et les amendes
encourues par les comptables dans l'exercice de leurs
fonctions, sont affectés par premier privilége sur leurs
cautionnemens, en vertu des lois spéciales sur la
matière ;

Et qu'en conséquence la réclamation du sieur L . . . .
père, comme caution de son fils, doit être rejetée.

BULLETINS.

BULLETIN N°. 121. Le défaut de poursuites dans les dix jours de la remise, au procureur du Roi, des procès-verbaux rédigés en matière de garantie, n'entraîne ni la nullité du procès-verbal, ni la déchéance de l'action en repression de la contravention. (*Arrêt de cassation, du 29 mai 1813.*)

Par procès-verbal du 30 octobre 1812, il fut constaté que le sieur Pavie, orfévre, avait en sa possession plusieurs ouvrages d'or neufs dépourvus des marques de de garantie, ainsi que des ouvrages vieux, dits de hasard, qui n'étaient point portés sur son registre.

Il ne fut intenté des poursuites contre le sieur Pavie, que quelques jours après l'expiration des délais fixés par l'art. 102 de la loi du 19 brumaire an 6, et, sur ce fondement, le tribunal correctionnel d'Angoulême, jugeant sur l'appel, avait déclaré la déchéance des poursuites ; ce qui était une fausse application dudit art. 102, et une violation des règles de compétence, que la cour a réprimées par l'arrêt dont la teneur suit :

« Ouï le rapport de M. Busschop, conseiller, et les conclusions de M. Thuriot, avocat-général ;

» Vu les articles 408 et 416 du Code d'instruction criminelle ;

» Vu l'art. 102 de la loi du 19 brumaire an 6 ;

» Considérant qu'en ordonnant que les procès-verbaux de saisie soient remis dans les dix jours au procureur impérial près le tribunal de police correctionnelle, et que ce magistrat fasse les poursuites dans les dix jours de ladite remise, l'article précité n'attache à l'inobservation de ces délais ni la peine de nullité, ni celle de la déchéance ; que cette disposition de la loi est une simple injonction au ministère public, ayant pour objet l'accélération des poursuites ; mais que leur retard ne peut mettre les contrevenans à l'abri des peines qu'ils auraient encourues ;

» Que d'ailleurs les déchéances sont de droit étroit

BULLETINS.

et ne peuvent conséquemment être encourues que dans les cas textuellement exprimés par la loi ;

» Considérant, dans l'espèce, que le tribunal d'arrondissement d'Angoulême, jugeant sur appel, a déclaré la déchéance de la poursuite intentée à charge d'André Pavie, prévenu de contravention en matière de garantie d'or et d'argent, sur le seul motif que les délais prescrits par l'art. 102 de la loi du 19 brumaire an 6 n'avaient pas été observés ; que ledit tribunal a donc établi une déchéance d'action qui n'est point prononcée par la loi ; et qu'ainsi, il est sorti des bornes de sa compétence, en appliquant faussement ledit art. 102 :

» D'après ces motifs, la cour, faisant droit au pourvoi du procureur impérial, casse.

BULLETIN N°. 122. Il n'est pas nécessaire que les actes d'affirmation des procès-verbaux, rappellent les faits de fraude et de contravention que ces actes constatent, et il suffit que l'affirmation fasse connaître quel est le procès-verbal dont elle a pour objet d'attester la vérité; en conséquence l'affirmation placée à la suite d'un procès-verbal et sur la même feuille, se rapporte évidemment au procès-verbal qu'elle précède, bien que la date de cet acte ne soit pas énoncée, et que les faits de fraude qu'il constate n'aient pas été rappelés dans l'acte d'affirmation. (*Arrêt de cassation, du* 19 *février* 1808.)

BULLETIN N°. 123. Les menaces, insultes, et propos injurieux dirigés contre les employés, dans l'exercice de leurs fonctions, par un parti-

BULLETINS.

culier soumis par la loi à souffrir leurs visites
et exercices, constituent par eux-mêmes une
opposition ou refus d'exercice, bien que, à la
rigueur, ces outrages ne fussent pas de nature
à intimider un homme courageux, et lorsqu'il
paraîtrait même résulter du procès-verbal
qu'ils n'ont point empêché les employés de
se livrer à leurs opérations accoutumées. (*Arrêt
de cassation, du 7 mai 1813.*)

Il résultait d'un procès-verbal des préposés de la
régie, du 8 septembre 1812, qu'après avoir porté en
décharge et pris en charge les eaux-de-vie qui étaient
sorties de l'atelier de Petit-Didier, et celles qu'il avait
fabriquées depuis le précédent exercice, les préposés
lui manifestèrent leur surprise du peu de produit apparent de sa fabrication, quoiqu'il eût deux alambics en
activité ; que Petit-Didier ne leur répondit que par
des injures rapportées au procès-verbal, et les menaça
même de leur casser la mâchoire ; que n'ayant pu
terminer leurs exercices chez lui, à cause du danger
qui aurait pu en résulter, les préposés lui déclarèrent
procès-verbal, qu'ils allaient rédiger au bureau de la régie
attendu l'impossibilité de le rédiger chez Petit-Didier.

Ces faits constituaient deux délits : l'un d'empêchement à la continuation de l'exercice des préposés, et
l'autre, des injures et menaces proférées contre eux.

Le tribunal de police correctionnelle de l'arrondissement de Mirecourt, saisi, par la régie, de la connaissance du premier de ces délits, rejeta la demande
de la régie, par le motif, qu'aux termes mêmes du
procès-verbal, les employés avaient réellement procédé
à leur exercice ; qu'à la vérité, Petit-Didier avait
montré de l'opiniâtreté et de la mauvaise humeur ;
mais que les opérations des employés n'avaient point
été suspendues, puisqu'ils avaient pris en charge et
porté en décharge l'eau-de-vie fabriquée et sortie
depuis le précédent exercice.

Et, à l'égard du délit résultant des injures, le tribunal

BULLETINS.

ordonna que le procès-verbal serait remis au procureur du Roi, pour être pris par lui tel parti qu'il croirait convenable.

Ce jugement a été confirmé par le tribunal d'Épinal, et à-peu-près par les mêmes motifs; c'est-à-dire, qu'il ne paraissait pas que les commis se fussent mis en devoir de faire d'autres recherches que celles pour lesquelles il leur avait été donné satisfaction; qu'ils n'avaient fait à l'intimé aucune sommation qui indiquât leur intention de les continuer ailleurs dans son domicile; que ce n'avait été qu'ensuite des prétendues injures et menaces, et sans que l'intimé se fût mis en état de les effectuer, que les employés s'étaient retirés, quoique ces injures et menaces ne fussent pas de nature à intimider un homme courageux; que l'intimé n'avait point été constitué en contravention à raison de son état, et qu'il ne s'était pas mis en opposition aux recherches des employés, puisqu'ils ne lui en avaient proposé aucunes autres que celles déjà faites.

La régie s'est pourvue en cassation contre ce dernier jugement, pour violation de l'art. 26 du décret impérial du 1er. germinal an 13, et des articles 31 et 37 de la loi du 24 avril 1806; et il a été cassé en ces termes:

« Ouï le rapport de M. Chasle, conseiller, et les conclusions de M. Pons (de Verdun), avocat-général;

» Vu les articles 31 et 37 de la loi du 24 avril 1806, et encore l'art. 26 du décret impérial du 1er. germinal an 13, portant, etc.;

» Attendu qu'en autorisant les préposés de la régie à faire des visites et à exercer les fonctions de leur emploi chez ceux qui y sont assujétis par état, le législateur a nécessairement voulu que cet exercice soit parfaitement libre, qu'il n'y soit apporté aucun obstacle, empêchement ni opposition, et que les préposés ne soient ni insultés ni menacés;

» Que, si des contribuables se permettent des excès de cette espèce, ils se constituent, dès-lors, en opposition à l'exécution de la loi; et qu'ils encourent, par le fait, les peines particulières qu'elle y a attachées, indépendamment de celles que la vindicte publique peut

BULLETINS.

faire prononcer à raison de ces excès, et encore des dommages-intérêts qui peuvent en être la suite ;

» Attendu que, d'après le procès-verbal qui a donné lieu au procès, il est impossible de penser que les préposés avaient terminé leur exercice au moment où ils furent injuriés et menacés par Petit-Didier; qu'il en résulte au contraire que, s'ils ne continuèrent pas leurs recherches dans son domicile, et s'ils ne lui firent, à cet égard, aucune sommation ou interpellation, ce ne fut que parce qu'ils en furent empêchés par ses injures et menaces ;

» Qu'en effet cette vérité sort évidemment des faits dudit procès-verbal, où on voit qu'après avoir pris en charge et porté en décharge l'eau-de-vie fabriquée et celle sortie depuis le précédent exercice, les préposés manifestèrent à Petit-Didier leur étonnement du peu de produit apparent de ses deux alambics en activité ; et que ce fut sur cette observation, qu'il se répandit en injures et en menaces contre eux ;

» Que l'étonnement manifesté par les préposés devait naturellement les porter à faire des recherches dans le domicile de Petit-Didier, pour s'assurer s'il n'avait pas recélé de l'eau-de-vie en fraude des droits ;

» Que la preuve qu'il était réellement dans l'intention des préposés de faire ces nouvelles recherches, sort encore aussi évidemment de leur procès-verbal, puisqu'ils y ont dit, d'après les menaces qui leur étaient faites, *que n'ayant pu terminer leurs exercices chez Petit-Didier, et étant impossible d'y rédiger leur procès-verbal, à cause du danger qui pouvait en résulter, ils se retiraient, etc.*; qu'ainsi, il était dans leur pensée, exprimée dans leur acte, qu'il leur restait des opérations à faire, qui ne pouvaient être que les nouvelles recherches que leur étonnement manifesté avait naturellement annoncées ;

» Que les juges d'Epinal n'ont même pas pu se dissimuler que les recherches devaient avoir lieu, comme suite nécessaire de l'observation faite par les préposés; mais qu'ils se sont rattachés au défaut de sommation à cet égard, quoiqu'il dût leur paraître évident que les menaces y avaient mis obstacle ;

BULLETINS.

» Qu'au lieu de chercher inutilement à approfondir si les injures et menaces étaient ou n'étaient pas capables d'intimider un homme courageux, ils auraient dû voir au contraire que les préposés avaient agi prudemment en ne s'exposant pas à repousser l'injure par l'injure, les menaces par des menaces, et peut-être des voies de fait par d'autres voies de fait ;

» Que des hommes chargés de l'exécution de lois utiles et même nécessaires à la prospérité du trésor public, et conséquemment à celle de l'état, ne peuvent d'ailleurs être soumis à souffrir, dans le cours ou à l'occasion de leurs fonctions, les insultes et les emportemens des individus que la loi assujétit à leurs exercices ; et que les insultes, quand elles ont lieu, y constituent une opposition que la loi défend :

» Par ces motifs, la cour casse, etc.

Débitans de Boissons.

Refus d'exercices.

Bulletin 124. Lorsque un débitant de boissons diffère, sous un prétexte quelconque, de donner accès aux employés dans un local qui est une dépendance de son débit, et que les employés lui ont déclaré, à cause de ce retard, procès-verbal de refus d'exercice, l'ouverture de ce local qui serait donnée plus tard aux préposés, ne justifierait pas le débitant de sa contravention à l'article de la loi qui lui prescrit de souffrir les visites et exercices des commis, bien qu'aucun objet de fraude n'ait été trouvé dans le lieu dont l'ouverture avait été retardée. (*Arrêt de cassation, du 29 juillet 1813.*)

Le 12 février 1811, sur les onze heures du matin, deux employés de la régie des Droits-réunis, étant en exercice chez le sieur François Pomme, l'ont sommé de

BULLETINS.

les accompagner dans tous les appartemens de son domicile ; ce à quoi il a consenti.

Arrivés avec lui dans une chambre où ils ont vu une petite porte à côté de la cheminée, ils l'ont sommé de leur ouvrir cette porte.

Traité du contentieux, tom. 1, p. 294, § IV; page 335, § 1; p. 354, n. 301.

Après avoir répondu qu'il allait en chercher la clef, et après l'avoir cherchée long-temps sans la trouver, il a dit qu'un de ses pensionnaires l'avait probablement emporté.

Sur une itérative réquisition, il a envoyé chez son serrurier sa domestique, qui, à son retour, a dit ne l'avoir pas trouvé.

Invité par les employés d'envoyer chercher un autre serrurier, il leur a répondu que quand son ouvrier serait de retour, il en enverrait chercher, mais qu'il ne voulait pas briser sa porte pour leur plaire.

Alors, attendu son insistance, et sur le fondement que sa conduite constituait une contravention aux articles 35 de la loi du 24 avril 1806, et 24 du décret du 21 décembre 1808, ils lui ont déclaré procès-verbal de refus d'exercice; et, persuadés que c'était à dessein qu'il refusait d'ouvrir la petite porte en question, ils l'ont scellée en sa présence; et le sieur Toutain, l'un d'eux, est allé requérir l'assistance du maire de la ville de Saint-Vallery.

Ensuite, le sieur Toutain étant de retour avec un sergent de ville, un serrurier, que le sieur Pomme a envoyé chercher sur une nouvelle invitation des employés, a ouvert en sa présence la petite porte dont il s'agissait ; et la visite immédiatement faite de l'appartement dont elle fermait l'entrée, n'y a rien fait découvrir de contraire à la loi : mais les deux employés lui ayant fait remarquer qu'une petite fenêtre donnant sur un appenti, avait été récemment brisée, et lui ayant manifesté leur conviction qu'on avait soustrait les boissons qu'ils soupçonnaient être dans cet appartement, il a répondu que cela n'était pas vrai; qu'il n'y avait jamais eu de boissons ; qu'il n'avait aucunement touché à cette fenêtre, et qu'elle était dans cet état depuis trois mois.

BULLETINS.

Les employés ont constaté tous ces faits dans un procès-verbal du même jour 12 février 1811, en vertu duquel la régie a fait assigner, le 30 mars suivant, le sieur Pomme devant le tribunal de police correctionnelle d'Abbeville, pour s'y voir condamner à l'amende de 100 francs et aux dépens.

Sur cette demande, une sentence du 3 avril, sans s'arrêter au procès-verbal, a renvoyé Pomme de l'action de la régie ; et sur l'appel de la régie, la cour d'Amiens, chambre des appels de police correctionnelle, a rendu, le 15 décembre de l'année suivante, 1812, un arrêt par lequel elle a purement et simplement adopté les motifs et confirmé la disposition de cette sentence, avec dépens.

Les motifs ainsi adoptés sont, en substance, 1°. que le procès-verbal n'établit pas un refus formel d'ouvrir la porte, de laquelle Pomme a dit ne pas avoir la clef, et qu'il ne résulte des faits dont il rend compte, qu'un retard, puisqu'à l'arrivée du serrurier que Pomme a lui-même envoyé chercher, ce débitant a obtempéré à ce que la porte fût ouverte ; 2°. que, vérification faite de la chambre, il ne s'y est trouvé aucune boisson ; 3°. que le procès-verbal n'a pas constaté que la petite fenêtre ait été récemment brisée ; 4°. que les employés auraient dû prendre de suite pour refus la réponse de Pomme, qu'il n'avait pas la clef ; mais qu'ils ne le devaient pas, après être convenus que la porte serait ouverte par un serrurier ; et que, dans de telles circonstances, la conduite de Pomme ne constituait pas un refus d'exercices.

La régie s'est régulièrement pourvue en cassation de cet arrêt ; et, le 29 juillet 1813, son pourvoi a été accueilli par l'arrêt de cassation dont voici les termes :

« Ouï le rapport de M. le chevalier Bailly, conseiller, et les conclusions de M. le chevalier Pons (de Verdun), avocat-général ;

» Vu les articles 35 et 37 de la loi du 24 avril 1806 ;

» Considérant que l'art. 35 ci-dessus, assujétissant indéfiniment les débitans de boissons aux visites et exercices des employés, il en résulte qu'ils doivent, non-

BULLETINS.

seulement se soumettre à tout ce que les employés estiment nécessaire pour le complément de ces visites et exercices, sauf à eux à se retirer vers l'administration des Droits-réunis, dans le cas où ses préposés se seraient livrés à des opérations abusives ; mais encore ouvrir, à l'instant où ils en sont requis par les employés, toutes les portes des chambres et des autres dépendances de leur domicile, ainsi que tous les coffres ou armoires y existant, qui peuvent contenir des boissons ; et par conséquent, qu'ils doivent se munir en tout temps des clefs nécessaires aux ouvertures ; le tout sous peine d'être condamnés, pour cause d'obstacle apporté à l'exercice légal des fonctions des employés, à l'amende établie par ledit art. 37 de la loi du 24 avril 1806 ;

» Considérant, en fait, que, sur la sommation à lui faite par les employés, de leur ouvrir la porte d'une chambre dépendante de son habitation, à l'effet d'y continuer leurs visites et exercices, le débitant Pomme, au lieu de satisfaire à l'instant à cette sommation, a répondu qu'il en allait chercher la clef ;

» Qu'ayant cherché long-temps cette clef sans la trouver, il a dit qu'un des ses pensionnaires l'avait probablement emportée ;

» Que, sur une itérative réquisition des employés, ayant inutilement envoyé sa domestique chez son serrurier, qu'elle a dit n'avoir pas trouvé, il a refusé d'en envoyer chercher un autre, en ajoutant qu'il ne voulait pas briser sa porte pour leur plaire ;

» Et que c'est immédiatement après ces divers subterfuges, qui constituaient des obstacles réitérés, apportés par lui aux visites et exercices des employés, que ceux-ci lui ont déclaré procès-verbal du refus d'exercices ;

» D'où il suit que le sieur Pomme s'était rendu coupable de contravention à l'art. 35 de la loi du 24 avril 1806, et que c'était le cas de le condamner à l'amende de 100 fr., conformément à l'art. 37 de la même loi ;

» Considérant que néanmoins, tout en reconnaissant les faits qui viennent d'être rappelés, la cour impériale d'Amiens, chambre des appels de police correction-

<table>
<tr><td>

</td><td>

BULLETINS.

nelle, a jugé, par son arrêt du 15 décembre 1812, comme l'avait fait le tribunal correctionnel d'Abbeville, que ces mêmes faits avaient opéré un retard, mais ne caractérisaient pas un refus formel de visite, et que les employés ne devaient pas en rédiger leur procès-verbal, après être convenus que la porte serait ouverte par un serrurier, et que le débitant y avait obtempéré ;

» Considérant que, n'y eût-il eu qu'un retard, cela n'aurait pas moins constitué un obstacle à la visite actuelle légalement requise par les employés ; qu'il serait extrêmement dangereux, et en même temps contraire aux vues du législateur et à l'esprit dudit art. 35, d'admettre qu'à l'aide de retards quelconques, un débitant eût la facilité de soustraire des objets de fraude, qu'une visite immédiate aurait fait découvrir ; et que peu importait, dans l'espèce, que postérieurement à la déclaration faite par les employés qu'ils allaient dresser procès-verbal de refus d'exercice, la porte eût fini par être ouverte à l'aide d'un serrurier, sur une nouvelle réquisition de leur part et du consentement du prévenu, et que la visite ultérieurement faite par eux n'eût rien fait découvrir de contraire à la loi, parce qu'en effet ni cette conduite postérieure des employés, ni ce tardif consentement du sieur Pomme, ne pouvaient avoir l'effet rétroactif d'empêcher que la contravention à l'art. 35 de la loi du 24 avril 1806 n'eût été antérieurement consommée, reconnue et déclarée ;

» De tout quoi il résulte que la cour d'appel d'Amiens a violé, sous tous les rapports, cet art. 35 et, par suite, ledit article 37 de la loi du 24 avril 1806 :

» Par ces motifs, la cour, faisant droit sur le pourvoi de la régie des Droits-réunis, casse, etc.

</td></tr>
<tr><td>

</td><td>

BULLETIN N°. 125. La peine de l'emprisonnement portée par la seconde partie de l'art. 27 de la loi du 13 fructidor an 5, ne peut être prononcée contre un individu convaincu d'avoir fabriqué de la poudre *pour son propre compte,*

</td></tr>
</table>

BULLETINS.

et n'est applicable qu'aux *ouvriers* employés à cette fabrication. Le fabricant ne peut encourir que l'amende prononcée par la première partie dudit article 27. (*Arrêt de cassation, du 29 juillet 1813.*)

Un sieur Fresia fut convaincu d'avoir fabriqué de la poudre, pour son propre compte, contre la prohibition expresse de la loi du 13 fructidor an 5.

Au lieu de le condamner à l'amende de 3000 francs, prononcée par la première partie de l'article 27 de la loi précitée, le tribunal de Savonne l'avait condamné à l'emprisonnement; mais cette dernière peine n'étant applicable qu'aux ouvriers employés à la fabrication illicite des poudres, il s'ensuivait que le jugement dénoncé contenait fausse application des lois pénales; et c'est sur ce motif qu'a été rendu l'arrêt de cassation dont la teneur suit :

« Ouï le rapport de M. Busschop, conseiller en la cour, et M. Pons (de Verdun), avocat-général, en ses conclusions ;

» Vu l'art. 410 du Code d'instruction criminelle ;

» Vu également les articles 16 et 27 de la loi du 13 fructidor an 5 ;

» Considérant que les poudres ne pouvant être fabriquées que pour le compte et sous la direction de l'administration, il s'ensuit que la peine d'amende portée par la première partie de l'art. 27 précité, contre ceux qui font fabriquer illicitement de la poudre, doit, à plus forte raison, être prononcée contre ceux qui en fabriquent eux-mêmes pour leur propre compte ;

» Que, dans l'espèce, il a été constaté et reconnu, en fait, qu'Étienne Fresia a fabriqué de la poudre pour son propre compte; mais qu'au lieu de le condamner à l'amende de 3,000 fr. portée par la première partie dudit art. 27, le tribunal de Savonne l'a condamné à l'emprisonnement, peine que le même article, dans sa seconde

BULLETINS.

partie, ne prononce que contre les ouvriers employés
à la fabrication illicite de la poudre;

» Que cette condamnation ne saurait être justifiée par
le motif que le prévenu ayant lui-même fabriqué la poudre, il doit, sous ce rapport, être considéré comme
ouvrier, puisqu'on ne peut qualifier ouvrier que celui qui
travaille pour salaire et pour le compte d'autrui :

» Par ces motifs, la cour casse, etc.

ACQUITS-À-
CAUTION.

DÉCHARGE.

RÉCLAMATION DU
DOUBLE DROIT.

BULLETIN N°. 126. La décharge d'un acquit-
à-caution donné par les employés du bureau
d'arrivée, p   érieurement au délai fixé par cet
acte, contre l défense formelle qui leur est faite
par la loi, n'opère pas par elle-même, une présomption suffisante qu'il leur a été produit la
preuve légale du retard éprouvé dans le transport des marchandises; et le receveur du bureau
de l'expédition à qui l'acquit-à-caution n'est
pas rapporté dans les délais peut, en conséquence,
décerner contrainte pour le paiement du double
droit. La circonstance de la décharge de l'acquit
par les préposés, ne doit pas faire obstacle à
ce que le soumissionnaire rapporte la preuve
de la force majeure qui a retardé le transport,
dans la forme prescrite par l'article 8 titre 3
de la loi du 22 août 1791. (*Arrêt de cassation,
du 16 mai 1810, Section civile.*)

Traité du con-
tentieux, *tome 2*,
p. 226, *n.* 600,
§ 11.

Cet arrêt confirme en outre ce que nous avons dit
à l'égard des certificats des employés en général. Voyez
le même ouvrage tom. 2 p. 79.

<table>
<tr><td>

BULLETINS.

BULLETIN N°. 127. Les *traiteurs* qui donnent à manger dans leurs maisons, sont, par le fait seul de leur profession, soumis à la déclaration et à toutes les obligations prescrites par la loi aux débitans de boissons, lors même qu'ils prétendraient ne donner qu'*à manger* et non *à boire* aux particuliers qu'ils reçoivent. (*Arrêt de cassation,* du 9 *novembre* 1820.)

Nous avons établi dans notre Traité du contentieux avec quelqu'étendue, cette doctrine « qu'il suffit d'exercer l'une des professions nominativement désignées dans l'article 50 de la loi du 28 avril 1816, pour être assujéti indéfiniment aux visites et exercices et au paiement du droit de détail, lors même qu'il serait établi que l'on ne donne *à boire* ni au jour, ni au mois, ni à l'année. » Cette doctrine a été confirmée par plusieurs arrêts de la cour de cassation, dont nous avons donné connaissance à nos lecteurs, et que nous allons succintement rappeler ici.

Le premier, à la date du 5 màrs 1819, rapporté au Traité du contenticux, tom. 1, page 307, a jugé qu'un *cafetier* qui prétend ne vendre que des liqueurs, est cependant soumis à déclarer les *vins* et autres boissons qu'il possède ; bien qu'il allègue que celles-ci sont destinées à sa consommation personnelle.

Un second arrêt, à la date du 19 novembre 1819, inséré au Bulletin des Contributions indirectes, n°. 2, a fait l'application des mêmes principes à des *aubergistes* qui prétendaient n'être que simples logeurs et ne fournir ni à boire ni à manger aux rouliers qui logeaient chez eux.

Celui que nous allons rapporter ici confirme la même doctrine, et il y a lieu d'espérer que ce point de jurisprudence, qu'il importait tant au service de la régie de faire consacrer, est fixé désormais d'une manière irrévocable.

« La cour : ouï le rapport de M. Chasle, conseiller, les observations de Mᵉ. Roger, pour Mᵉ. Cochin,

</td><td>

</td></tr>
</table>

BULLETINS.

avocat de l'administration des Contributions indirectes, et les conclusions de M. Hua, avocat-général ; vu la requête d'intervention présentée à la cour par le sieur Lajoye, défendeur.

« Vu aussi l'article 5o de la loi du 28 avril 1816, ainsi conçu : « Les cabaretiers, aubergistes, *traiteurs*, etc.,
» et autres donnant *à manger* au jour, au mois ou à
» l'année.... seront tenus de faire leur déclaration au
» bureau de la régie, dans les trois jours de la mise à exé-
» cution de la présente loi, et à l'avenir avant de com-
» mencer leur débit, et de désigner les espèces et quan-
» tités de boissons qu'ils auront en leur possession, dans
» les caves ou celliers de leur demeure ou ailleurs, ainsi
» que le lieu de la vente, comme aussi d'indiquer par
» une enseigne ou un bouchon leur qualité de débitant. »
Article 52. « Toute personne qui vendra en détail des
» boissons de quelque espèce que ce soit, est sujette aux
» visites et exercices des employés de la régie. »
Article 95. « Les personnes convaincues de faire le
» commerce de boissons en détail, sans déclaration, se-
» ront punies d'une amende de trois cents francs à mille
» francs et de la confiscation des boissons saisies. »
Article 96. « Les autres contraventions aux disposi-
» tions du présent chapitre, seront punies de la confis-
» cation des objets saisis et d'une amende qui, pour la
» première fois, ne pourra être moindre de cinquante
» francs, ni supérieure à trois cents francs. »

» Attendu que, par le procès-verbal des employés, du cinq septembre 1818, le sieur Lajoye, défendeur au principal et intervenant devant la cour, a été qualifié *traiteur*; que cette qualité lui a été reconnue par l'arrêt attaqué, et qu'il l'a prise lui-même dans sa requête d'intervention;

» Attendu qu'en cette qualité de *traiteur*, le sieur Lajoye a le droit de recevoir chez lui toutes les personnes qui s'y présentent, de leur donner à boire et à manger au jour, au mois ou à l'année, et de leur vendre toute espèce de commestibles et de boissons; que c'est à raison de ce genre de commerce qui forme son état, qu'un traiteur est placé par la loi dans la même classe que les

BULLETINS.

aubergistes et cabaretiers, et qu'il est assujéti aux mêmes obligations envers l'administration des Contributions indirectes;

» Que dès-lors ledit Lajoye était obligé à faire au bureau de la régie la déclaration de toutes les boissons qu'il avait en sa possession, dans son domicile ou ailleurs, sous peine de confiscation et d'amende ; que non-seulement il n'avait pas fait cette déclaration , mais encore qu'il avait déclaré au procès-verbal qu'il n'entendait pas en faire, mais que si on voulait l'abonner, sans le soumettre aux exercices , il paierait volontiers les droits ;

» Que la contravention dudit Lajoye étant ainsi positivement constatée, la cour royale de Caen a violé les dispositions ci-dessus rappelées en ne lui appliquant pas les peines de confiscation et d'amende qu'elles portent :

» Par ces motifs , la cour reçoit ledit Lajoye partie intervenante ; et faisant droit tant sur ladite intervention que sur le pourvoi de l'administration , casse et annulle l'arrêt de la cour royale de Caen, du 6 août 1819, etc., etc.

BULLETIN N°. 128. Les débitans de boissons sont tenus de produire un bail authentique pour les locaux dépendans de la maison qu'ils occupent, qu'ils prétendraient avoir loués à des tiers; et de produire des expéditions de la régie en leur nom personnel, pour les boissons qui seraient trouvées dans les lieux dont la location à un tiers peut être prouvée par acte authentique. (*Arrêt de cassation*, *du 5 mai 1820.*)

Le 24 novembre 1818 , les employés de la régie, à la résidence de Pouillon , arrondissement de Dax, département des Landes, etant au domicile du sieur Pierre Cazaux, débitant de boissons à Labatut, procédèrent en la présence de la femme de celui-ci, à l'exercice de sa

BULLETINS.

cave, et n'ayant trouvé aucun débit depuis leur dernière tournée, faite le 13 du même mois, ils observèrent à ladite femme Cazaux que cette circonstance leur donnait lieu de soupçonner qu'elle se livrait à la fraude, et l'invitèrent à les accompagner dans la recherche qu'ils entendaient faire dans la maison. Ayant ouvert d'abord une chambre servant à coucher, ils n'y trouvèrent aucune boisson; mais ayant voulu ouvrir une autre porte donnant du côté du vestibule, la femme Cazaux leur répondit qu'elle n'avait point la clef de cette porte; le sieur Cazaux, son mari, s'étant présenté dans ces entrefaites, prétendit qu'il avait loué cette chambre à son frère, qui étant à travailler hors de chez lui, en avait emporté la clef.

L'adjoint au maire de Labatut ayant été requis par les préposés pour faire faire l'ouverture de cette porte, le sieur Cazaux, après s'y être refusé pendant quelques temps, sous divers prétextes, dit aux employés qu'il allait faire en sorte, en faisant une ouverture au plancher, d'entrer dans la pièce que l'on voulait visiter, pour ouvrir la porte en dedans. Les employés le suivirent et entrèrent avec lui dans une petite cuisine attenant à ladite pièce, dans laquelle ils pénétrèrent après que ledit Cazaux eut dérangé une planche de la cloison. Ils constatèrent d'abord que la porte d'entrée dont Cazaux avait prétendu que son frère avait la clef, n'avait pas de serrure, et qu'elle étoit barricadée en dedans avec des meubles et une barrique vuide; d'où la conséquence que c'était le cabaretier lui-même qui avait la possession de cette chambre, puisque l'on ne pouvait y pénétrer que par son domicile. Vérification faite de ce local, il s'y trouva une pièce de vin blanc, de la contenance de trois hectolitres dix litres, aux deux tiers vuides, à laquelle était fixé un robinet.

Sur la sommation qui fut faite à Cazaux de produire une expédition de la régie pour ladite pièce de vin, ou un bail authentique, dans le cas où il persisterait à soutenir que le local était occupé par son frère, il répondit que ce dernier devait avoir ce bail et l'expédition en sa possession.

BULLETINS.

C'est pourquoi il fut verbalisé contre lui, soit pour cause de recel en contravention à l'article 61 de la loi du 28 avril 1816, soit pour le défaut de représentation d'expédition, en contravention à l'article 53 de la même loi.

Cazaux ne s'étant point présenté pour transiger sur ces contraventions, fut traduit devant le tribunal correctionnel de Dax ; là, il fit intervenir son frère qui produisit un passavant en son nom pour la pièce de vin saisie, qu'il déclara lui appartenir ; et par jugement du 31 décembre 1818, ce tribunal le relaxa de l'action de la régie.

L'appel de ce jugement ayant été porté au tribunal de Mont-de-Marsan, ce tribunal adopta les motifs des premiers juges, en ces termes :

« Attendu, dans le fait, que rien n'établit que le prévenu ait fraudé les droits de la régie des Contributions indirectes ; que si l'on a trouvé dans une partie de sa maison une certaine quantité de vin, dans une barrique où il y avait un robinet, il paraît aussi constant que le vin était placé dans un appartement de maison, occupé par Gracien Cazaux, frère du prévenu, dont la location n'a pas été contestée devant les premiers juges, ainsi qu'il résulte formellement de l'énonciation portée au jugement dont est appel ; qu'il résulte aussi des débats qui ont eu lieu devant eux, que ledit Gracien Cazaux, frère du prévenu, avait pris le 2 novembre dernier, et conséquemment 22 jours avant la visite des employés de ladite régie, un passavant pour faire porter la quantité de trois hectolitres trente litres de vin provenant de sa récolte, dans ladite partie de maison par lui occupée ; que ce passavant a été produit en première instance et en cause d'appel, sans que l'administration en ait pu contester la sincérité ; que le vin qui y est porté, est énoncé faire partie des récoltes de Gracien Cazaux, et que cette énonciation n'a point été querellée ; que s'il existe quelques communications entre la partie de maison occupée par Gracien Cazaux avec

BULLETINS.

celle de Pierre Cazaux , son frère , les employés de la régie desdites Contributions auraient dû en provoquer la fermeture, suivant la loi et les réglemens ; mais qu'on ne peut en induire une connivence et une fraude entre les frères Cazaux ; que les contraventions et les fraudes ne peuvent se prouver par des présomptions , mais qu'elles doivent l'être par des preuves claires et positives;

» Que c'est d'après ces principes et de justes motifs, que les premiers juges ont prononcé la relaxe du prévenu, et que leur jugement doit être confirmé , etc., etc. »

La régie s'est pourvue en cassation contre ce jugement , pour violation des articles 53 et 51 de la loi du 28 avril 1816.

« Le sieur Cazaux, débitant de boissons, a-t-elle dit dans sa requête en cassation, est dans l'une de ces deux positions : où il a en effet donné à loyer à son frère une partie du local qu'il occupe, ou bien ce local est resté en sa possession.

» Si le sieur Cazaux a loué la chambre dont il s'agit à son frère , il faut, aux termes de l'article 61 précité , qu'il en rapporte la preuve authentique , c'est-à-dire un bail notarié. A défaut par lui de rapporter cette preuve , les boissons trouvées dans cette chambre sont, dans la présomption de la loi, réputées lui appartenir, et alors le placement de ces boissons dans un lieu non déclaré et soustrait aux regards des employés constitue le récélé défendu par l'article 61 ; plusieurs arrêts de la cour suprême ont consacré cette doctrine (1).

(1) Traité du contentieux , t. 1, p. 324 et suiv.

» Si le local prétendu loué par le sieur Gazaux à son frère est resté en la possession du cabarétier, celui-ci ne pouvait se dispenser de produire, pour la pièce de vin saisie, une expédition en son nom personnel, aux termes de l'article 53 de la même loi (2).

(2) Traité du contentieux , t. 1, p. 315.

» Le tribunal de Mont-de-Marsan n'a point détruit cette doctrine dans les considérans qui précèdent son jugement.

BULLETINS.

» Son premier motif est fondé sur ce que, selon lui, rien n'établit que Cazaux ait fraudé les droits de la régie. Il suffit de lire le procès-verbal pour reconnaître au contraire les manœuvres frauduleuses de ce débitant. En effet, celui-ci quoique très-achalandé ne présente aucun débit ; soupçonné de récéler des boissons dans une chambre, il dit avoir loué cette chambre à son frère qui en a la clef ; pressé d'en faire ou d'en procurer l'ouverture, il feint d'envoyer chercher la clef, puis prétend qu'il va pénétrer dans ce local en se faisant jour à travers le plancher, et y pénètre enfin au moyen du simple dérangement d'une planche disposée à cet effet dans une cloison. Les employés introduits dans ce lieu en même temps que le débitant, reconnaissent qu'il est impossible d'y entrer par un autre endroit, puisque la porte d'entrée, celle dont le débitant affirmait que son frère avait la clef, était barricadée en dedans ; ils trouvent dans ce lieu une barr que vuide et une autre au tiers pleine de bon vin blanc, à laquelle était adapté un robinet. Certes il faut être bien prévenu, pour ne pas reconnaître dans toutes ces circonstances l'intention bien prononcée de tromper les employés. Il est évident que la boisson saisie était à la libre disposition du débitant, qui seul pouvait pénétrer dans le lieu qui la renfermait, circonstance qui seule constitue le récélé le mieux caractérisé, ainsi qu'il a été jugé par arrêt du 26 septembre 1818, dans la cause du cabaretier Breton (1).

(1) Traité du contentieux, t. I, p. 327, § III.

» Le second motif du tribunal de Mont-de-Marsan, a été qu'il paraît constant que le vin saisi était placé dans un appartement occupé par le frère du prévenu et dont la location n'a pas été contestée devant les premiers juges ; ce motif n'est pas fondé.

» Si le tribunal refusait d'admettre les présomptions établissant la fraude, il ne devait pas plus admettre celles qui lui ont semblé établir l'existence d'une location qui résulte uniquement de l'allégation du prévenu, allégation absolument insignifiante, tant qu'elle

BULLETINS.

n'était point appuyée d'un bail authentique, dont il n'a été fait aucune mention ni en première instance ni en appel; et la régie n'a point dès-lors à s'occuper de cette obligation.

» Il est d'ailleurs bon de remarquer que, dans leur procès-verbal, les employés ont refusé d'admettre la prétendue location, et que l'action de la régie était principalement fondée sur la non existence légale de cette location; ce qui était la contestation la plus formelle qui pût être opposée à cette allégation.

» Un troisième motif adopté par les juges d'appel, est fondé sur ce que le frère du cabaretier a produit, en première instance et en appel, un passavant dont la régie n'a pas contesté la sincérité.

» On répond à ce moyen, que la régie fondée à ne reconnaître d'autre propriétaire du vin que le cabaretier qui en avait la libre disposition, n'avait aucun intérêt à discuter le passavant représenté par le frère de ce cabaretier, attendu qu'en admettant que ce passavant eût réellement accompagné la pièce de vin saisie, cette expédition ne pouvait détruire une contravention résultant du non-accomplissement de la disposition qui prescrit au débitant de produire une expédition en son nom personnel.

» Le dernier motif allégué par le tribunal, consiste à dire que s'il existe quelques communications entre le cabaretier et l'appartement occupé par son frère, c'était aux employés à en provoquer la fermeture, et que, jusque-là, il n'y avait pas de contravention.

» Ce motif n'est pas meilleur que les précédens. Il offrirait quelque apparence de fondement, s'il s'agissait d'une communication entre la maison d'un débitant et une maison voisine; mais cette doctrine ne peut s'appliquer aux communications existantes entre les diverses pièces de la maison d'un débitant, qui toutes sont légalement présumées lui appartenir, à moins qu'il ne produise une location par bail authentique : or, tant que ce bail n'existe pas, tous les appartemens de la maison étant censés appartenir au même maître,

BULLETINS.

les employés ne seraient nullement autorisés à exiger
que les communications entre ces diverses pièces
fussent fermées. »

Ces considérations ont determiné la cassation du
jugement précité, en ces termes :

« La cour : ouï M. Ollivier, conseiller en la cour,
en son rapport, et M. Fréteau de Peny, avocat-général, en ses conclusions ;

» Statuant sur le pourvoi de l'administration des
Impositions indirectes :

» Vu les articles 53 et 61 de la loi du 28 avril 1816,
de la combinaison desquels il résulte :

» 1°. Que les boissons ne peuvent être introduites
dans les maisons, caves et celliers du domicile des
vendeurs en détail, qu'en vertu d'expéditions dont la
représentation doit être faite aux employés qui sont
tenus de les prendre en charge, et qu'à défaut de
déclaration de la part des débitans et de représentation des acquits et congés, l'introduction desdites boissons constitue une contravention à la loi ;

2°. Que les défenses faites par l'article 61, aux vendeurs en détail, de recéler des boissons dans leurs maisons
et ailleurs, et à tous propriétaires ou principaux-loca-
taires de laisser entrer chez eux des boissons appartenant aux débitans, sans qu'il y ait bail authentique,
doivent être appliquées avec bien plus de force et de
raison à un débitant qui est propriétaire ou principal-
locataire de la maison où il fait son débit, puisqu'à
défaut de bail authentique, le local prétendu loué au
tiers, doit être considéré comme faisant partie de l'habitation de ce dernier ; d'où il suit que les boissons
existant dans ce local, sont présumées de droit lui
appartenir ;

» Et attendu que, dans l'espèce, il était constaté par
un procès-verbal en forme et non argué de faux, que
Pierre Cazaux, débitant de boissons, était propriétaire
ou principal-locataire de la maison où il faisait son
débit ; que dans un des appartemens de cette maison,
ayant avec ceux où il faisait son débit des commu-

<table>
<tr><td>

</td><td>

BULLETINS.

</td></tr>
</table>

nications nécessaires , il a été trouvé une pièce de vin blanc de trois hectolitres et dix litres , dont le sixième était consommé ;

» Que Pierre Cazaux a allégué que l'appartement où le vin a été trouvé , était tenu en loyer par Gracien Cazaux, son frère, mais qu'il n'a point produit de bail authentique constatant cette location ;

» Que dès-lors cet appartement devait être considéré comme faisant partie de l'habitation de Pierre Cazaux, et la pièce de vin que les employés y ont trouvée , présumée lui appartenir ;

» Qu'il devait par conséquent justifier de son introduction par des congés ou acquits-à-caution ;

» Qu'il n'a été produit qu'un congé au nom du frère de Pierre Cazaux, pour l'introduction d'une pièce de vin de trois hectolitres et trente litres , contenance qui ne pouvait concorder avec celle de trois hectolitres et dix litres que les employés ont reconnu être celle de la pièce saisie ; que pour celle-ci, Pierre Cazaux n'a produit ni congé ni acquit-à-caution en son nom ;

» Qu'ainsi l'introduction de cette pièce de vin avait été faite en contravention aux dispositions des articles 53 et 61 de la loi du 28 avril 1816, et qu'elle donnait lieu à la saisie et à l'application des peines portées par l'article 96 de la même loi ;

» Que néanmoins le tribunal correctionnel de Mont-de-Marsan, par son jugement du 6 août dernier , a confirmé celui du tribunal correctionnel de Dax du 31 décembre précédent, qui avait annullé la saisie et renvoyé Cazaux de la plainte portée contre lui ;

» En quoi ce jugement a violé la disposition des articles 50 et 61 de la loi du 28 avril 1818 :

» Par ces motifs, la cour casse etc. »

<table>
<tr><td>

</td><td>

BULLETIN 129. Les marchands et fabricans d'ouvrages d'or et d'argent doivent inscrire sur leur registre les ventes et achats des objets de

</td></tr>
</table>

BULLETINS.

leur commerce, même des plus menus ouvrages de bijouterie et joaillerie, à peine de confiscation des objets non inscrits et de l'amende prononcée par la loi. (*Arrêt de cassation, du* 15 *Février* 1817.)

« Ouï le rapport de M. Busschop, conseiller en la cour, et les conclusions de M. Henry Larivière, avocat-général ;

» Vu les articles 74, 77, 88, 86, 87 et 107 de la loi du 29 brumaire an 6, portant etc. ;

» Vu aussi l'arrêté du gouvernement du 1er. messidor an 6, portant etc. ;

» Considérant qu'il est reconnu au procès-verbal des employés au bureau de garantie, du 23 octobre 1813, régulier dans sa forme et non argué de faux, qu'il a été saisi dans la boutique ou magasin du sieur François Griffe, orfévre à Lyon, une breloque et six paires de boucles d'oreilles en or, achevées et non marquées du poinçon de garantie, *ni inscrites sur le registre* dudit sieur Griffe ; d'où il résulte la contravention aux articles 74 et 77 précités de la loi du 19 brumaire an 6, qui donne nécessairement lieu à l'amende et à la confiscation respectivement prononcées par les articles 80 et 107 de la même loi ;

» Que, d'après les dispositions dudit article 74, les marchands et fabricans d'ouvrages d'or et d'argent sont en contravention à cet article, non-seulement lorsqu'ils ne sont pas pourvus de registre, mais aussi lorsqu'ils ont négligé *d'y inscrire les ventes et achats* des objets de leur commerce ; que ledit sieur Griffe ne peut donc, comme il le prétend dans sa requête d'intervention devant cette cour, être excusé sous le prétexte qu'il n'était pas en défaut d'avoir un registre, mais seulement de n'y avoir pas inscrit l'achat qu'il avait fait des objets saisis chez lui ;

» Que l'arrêté du gouvernement du 1er. messidor an 6, ne contient aucune dérogation aux peines établies par la loi du 19 brumaire de la même année ; qu'il

<table>
<tr><td valign="top" width="30%">

</td><td valign="top">

BULLETINS.

</td></tr>
</table>

n'a d'autre objet que de déterminer le mode d'exécution des articles 86 et 87 de cette loi ; d'où il suit qu'en déchargeant ledit sieur Griffe de l'amende, sur le motif que ledit arrêté ne prononce aucune peine, la cour royale de Lyon en a fait une fausse application, et a en même tems violé les articles précités de la loi du 19 brumaire au 6 :

» D'après ces motifs, la cour casse etc. »

BULLETIN N°. 130. La confiscation, pour défaut de marque, des ouvrages d'or et d'argent dans lesquels sont enchâssés des diamans ou autres pierres précieuses, ne doit avoir lieu que pour les matières d'or et d'argent seulement et non pour les diamans et autres pierres. (*Déclaration du Roi, du 26 janvier 1749, art. 27 ; arrêt de cassation, du 15 février 1817.*)

« La cour : ouï le rapport de M. Busschop, conseiller en la cour, et les conclusions de M. Henry Larivière, avocat-général ;

» Vu l'article 27 de la déclaration du Roi, du 26 janvier 1749, portant : « Lorsqu'il échéra d'ordonner » une confiscation pour contravention aux ordonnances » au sujet des pierres montées en or ou en argent, » ladite confiscation n'aura lieu que pour les matières » d'or et d'argent seulement, et non pour lesdites » pierres montées. »

» Vu aussi l'art. 107 de la loi du 19 brumaire an 6, ainsi conçu :

« Tout ouvrage d'or et d'argent achevé et non mar» qué, trouvé chez un marchand ou fabricant, sera » saisi, et donnera lieu aux poursuites par-devant le » tribunal de police correctionnelle. Les propriétaires » des objets saisis encourrent la confiscation de ces » objets, et en outre les autres peines portées par » la loi. »

BULLETINS.

» Considérant que toute loi doit recevoir son exécution tant qu'une loi postérieure ne l'a point abrogée par une disposition soit expresse, soit conciliable avec elle.

» Que l'article 27 de la déclaration du Roi, du 26 janvier 1749, veut formellement que la confiscation des ouvrages d'or et d'argent pour défaut de marque de garantie, ne puisse être étendue aux diamans et pierres qui seraient montés sur ces matières;

» Qu'aucune loi postérieure ne porte une dérogation expresse audit article;

» Que l'article 107 de la loi du 19 brumaire an 6, qui a servi de fondement à la cour royale de Lyon pour réformer le jugement de première instance, ne contient pas non plus des dispositions inconciliables avec l'article 27 précité de la déclaration de 1749, puisque l'exception portée par cet article se concilie nécessairement avec les dispositions prohibitives et pénales des articles 1 et 13 de la même déclaration, qui d'ailleurs sont aussi générales que celles dudit article 107;

» Qu'il suit de là, qu'en prononçant la confiscation des diamans et pierres qui étaient montés sur les ouvrages d'or et d'argent saisis chez le sieur Croco, pour défaut de marque de garantie, la cour royale de Lyon a faussement appliqué ledit article 107 de la loi du 19 brumaire de l'an 6, et violé l'article 27 de la déclaration du Roi, du 26 janvier 1749 :

» D'après ces motifs, la cour, faisant droit au pourvoi du sieur Jacques Croco, casse et annulle, etc. etc. »

BULLETIN N°. 131. Le décret du 1er. germinal an 13, forme le code spécial de la régie des Contributions indirectes, et cette dernière n'a pas, dans les cas prévus par ce décret, la faculté d'opter entre les dispositions qu'il prescrit et celles du Code d'instruction criminelle.

Le délai pour l'appel ne court contre la régie

BULLETINS.

que du jour de la signification du jugement, et non de celui où elle aurait eu, par toute autre voie, connaissance du jugement qui lui fait grief.

La régie conserve le droit d'appeler du jugement, tant que celui-ci ne lui a pas été signifié, quand bien même elle aurait déjà interjeté un premier appel qui aurait été déclaré irrégulier. (*Arrêt de cassation du 16 avril 1819.*)

Traité du contentieux, tom. 2, p. 104 et suiv.

Le 1er. octobre 1813, les employés des Contributions indirectes à la résidence de Clermont, département du Puy-de-Dôme, étant à la recherche des entrepôts de tabac de contrebande, et assistés du commissaire de police, virent le sieur Grenet père sortir de chez lui, et entrer dans une écurie voisine, où était un homme prêt à conduire une voiture par la route d'Issoire.

Soupçonnant qu'il avait pu soustraire de son domicile quelques objets de fraude, sous une grande redingotte dont il était vêtu, ils se sont approchés de l'écurie, et ont reconnu en effet deux bouteilles contenant quatre kilogrames de tabac de contrebande, dont ils ont déclaré la saisie. Les employés poursuivant leurs recherches dans la demeure du sieur Grenet, ont trouvé dans une armoire dix bouteilles contenant diverses quantités de tabac en poudre, dépourvues de marques de nationalité, et que le sieur Grenet a déclaré provenir des Autrichiens. Ils ont reçu en outre l'aveu que les deux bouteilles saisies dans l'écurie lui appartenaient, et ils lui ont déclaré procès-verbal et saisie du tout, conformément aux articles 217 et 218 de la loi du 28 avril 1816. La pesée desdits tabacs faite en présence du sieur Grenet et du commissaire de police, a fait reconnaître qu'ils étaient d'un poids net de dix-huit kilogrames, et le dépôt en a été fait à l'entrepôt particulier.

Le 30 du même mois, assignation fut donnée au sieur Grenet, et le 6 décembre suivant le tribunal correctionnel de Clermont rendit un jugement qui renvoyait ledit

BULLETINS.

Grenet de la plainte formée contre lui, ordonnait la restitution, en sa faveur, des tabacs saisis, et condamnait l'administration aux dépens. Ce jugement était motivé sur ce que rien n'établissait que les tabacs eussent été achetés postérieurement à la loi du 28 avril 1816; et en outre, sur ce que Grenet et sa femme étant l'un et l'autre dans l'usage de prendre du tabac, la quantité trouvée et constatée par le procès-verbal était moindre que celle accordée par la loi à chaque consommateur, et qu'il n'en résultait aucun délit de la part de Grenet.

Le 8 janvier 1817, appel de ce jugement fut déclaré au greffe du même tribunal, par le directeur de la régie à la résidence de Clermont; et, sur la citation donnée au 1er. avril suivant, à la requête de monsieur le procureur général, la cour royale de Riom prononça, le 23 avril suivant, un arrêt qui porte que : « En supposant
» que l'appel de l'administration, aux termes de l'art. 32
» du décret du 1er. germinal an 13, eût été encore
» recevable, parce qu'il n'y avait pas eu contre elle de
» signification du jugement, le même appel n'avait été
» ni signifié à partie, ni accompagné d'assignation à trois
» jours, comme l'exige le même article ; qu'ainsi ledit
» appel était nul ; la cour déclare l'appel interjeté au
» nom de l'administration nul et de nul effet, et con-
» damne la régie aux dépens. »

Le directeur de la régie s'empressa de déclarer un nouvel appel, le 28 du même mois, dans les formes prescrites par le décret du 1er. germinal an 13, et il était dans les délais pour le faire, attendu que le jugement de première instance ne lui avait pas été signifié; mais la cour royale de Riom, saisie de ce nouvel appel, rendit le 9 juillet suivant, un arrêt dont voici la teneur :

» Attendu que, dans son appel du 8 janvier 1817, la régie, quoiqu'en citant l'article 32 du chapitre 7 du décret du 1er. germinal an 13, a cependant choisi, quand elle s'est abstenue de toute citation, et quand elle a pris la voie de la déclaration au greffe, la forme indiquée par l'article 303 du Code d'instruction criminelle ;

» Attendu qu'après avoir ainsi fait son option pour

BULLETINS.

la forme prescrite par ce Code, il ne lui a point appartenu de revenir à une forme différente, et d'entremêler tour-à-tour et successivement les procédures du Code d'instruction criminelle, et du décret de germinal an 13;

» Attendu que, par son premier appel, la régie a exercé et consommé son option sur la procédure et son droit d'appeler ;

» Attendu que la cour ayant rejeté ledit appel sous une loi, ne peut le recevoir encore, quoique reproduit sous une loi différente, et que les tribunaux ne peuvent statuer deux fois sur le même objet ;

» Attendu encore que quoique l'appel du 8 janvier 1817 ait été nul dans la forme, l'intention d'appeler n'en n'a pas moins été, de la part de la régie, écrite et authentique ; qu'ainsi la régie, le 8 janvier 1817, ayant eu sur le jugement de première instance, la connaissance nécessaire et suffisante, pour l'appel par elle alors interjeté, ayant eu encore l'examen et la notification suffisans des griefs dont elle poursuivait le redressement, elle était, de son aveu, et par le fait même dudit appel, dans les termes de la signification exprimée dans l'article 32 du décret du 1er. germinal an 13, et n'avait, de ce jour même que huitaine pour appeler ;

» Attendu que, dans ce délai de huitaine, n'ayant ni fait, ni redressé son appel, elle en est déchue aux termes précis dudit article 32 :

» Par tous ces motifs, la cour déclare n'y avoir lieu à statuer sur ce second appel de la régie, et la condamne aux dépens. »

La régie s'est pourvue en cassation contre ces arrêts, pour violation de l'article 32 du décret du 1er. germinal an 13, et a fait valoir devant la cour suprême les considérations suivantes :

« Il était difficile que les demandes de la régie fussent repoussées par des moyens tirés du fond : elles étaient motivées sur des dispositions législatives trop précises. En effet, l'article 217 de la loi du 28 avril 1816 porte que nul ne peut avoir en sa possession des tabacs fabriqués, autres que ceux des manufactures royales ; et

<table>
<tr><td>

BULLETINS.

</td><td>

</td></tr>
</table>

que cette provision ne peut excéder dix kilogrames, à moins que les tabacs ne soient revêtus des marques et vignettes de la régie; et l'art. 218 établit que les contraventions à l'article précédent seront punies de la confiscation, et en outre d'une amende de dix francs par kilograme de tabac saisi.

En rapprochant ce texte de l'énoncé du procès-verbal, il ne devait pas rester de doute sur la contravention, ni sur l'application de la peine, et la réformation du jugement de première instance, en date du 6 décembre 1816, paraissait être inévitable. Le considérant de ce jugement portant que rien n'établissait que les tabacs eussent été achetés postérieurement à la loi du 28 avril 1816, était contraire à l'article 217 ci-dessus cité, et admettait une distinction qui n'est pas dans la loi, car cet article ne fait pas d'exception relativement aux tabacs dont la possession aurait remonté à une époque antérieure à ladite loi.

D'ailleurs, en supposant que, par ce considérant, le tribunal eût eu en vue d'accueillir l'allégation du sieur Grenet, qui prétendait avoir acheté ce tabac des Autrichiens, dans le temps de l'occupation, la régie pouvait facilement démontrer que ce particulier ne s'était pas conformé aux dispositions de l'ordonnance du 17 mai 1814, qui prescrit aux détenteurs de tabac en feuilles, ou de tabac fabriqué, d'en faire, dans le mois de ladite ordonnance, la déclaration et le dépôt dans l'entrepôt le plus voisin de leur domicile, sous les peines de droit, et que par conséquent les tabacs étaient saisissables. L'administration devait donc, on le répète; s'attendre à voir réformer le jugement du 6 décembre, ses droits étaient tellement fondés que la cour royale de Riom, dans l'impuissance de les contester au fond, s'est bornée à rejeter les demandes de la régie par une fin de non-recevoir.

La cour royale de Riom, par son premier arrêt du 23 avril 1817, a reconnu et consacré ce principe, que le décret du 1er. germinal an 13 formait le code de procédure sur les procès-verbaux de contravention

BULLETINS.

dressés par les employés des Contributions indirectes ; et elle a très-justement déclaré nul l'appel formé par la régie, pour n'avoir pas été fait dans les formes prescrites par ce décret. Aussi l'administration qui, sous un rapport, aurait pu se pourvoir contre cet arrêt, puisque tout en rejetant son appel, il aurait dû prononcer la confiscation, jugea-t-elle à-propos de s'y conformer pour mettre la cour, qu'elle allait saisir de la cause par un appel régulier, à même de prononcer sur le fond de la contestation. Mais la cour qui venait de reconnaître le décret du 1er. germinal an 13, par l'arrêt du 23 avril 1817, y porta une atteinte directe par l'arrêt du 9 juillet suivant, dont les termes viennent d'être rappelés.

L'article 32 du décret du 1er. germinal an 13, porte que l'appel devra être notifié dans la huitaine de la signification du jugement ; qu'après ce délai il ne sera point recevable, et que le jugement sera exécuté purement et simplement. Il en résulte donc, de la manière la plus formelle, que tant que le jugement n'a pas été signifié l'appel peut avoir lieu, et que c'est seulement passé un délai de huitaine, après cette signification, qu'il n'est plus recevable. Pour rejeter l'appel formé par la régie, la cour s'est-elle fondée sur ce qu'il avait été notifié après le délai de huitaine depuis la signification du jugement ? Nullement : car le jugement n'est pas même encore signifié. La régie était donc pleinement dans les délais pour faire cet appel, puisque même le délai fixé n'avait pas encore commencé à courir ; mais la cour a déclaré que la régie ayant d'abord fait cet appel suivant les formes du Code d'instruction criminelle, appel qui, pour ce motif, fut déclaré nul, elle ne pouvait le reproduire sous les formes prescrites par une autre loi, que l'arrêt indiquait cependant comme devant lui servir de règle. Elle a établi que la régie, par son premier appel, avait exercé et consommé son option pour la procédure, et son droit d'appeler. Ici se remarque la véritable violation de l'article ci-dessus cité ; car le droit de la régie ne peut être censé consommé et prescrit, tant que le délai que la loi lui a accordé pour en user n'est pas expiré.

BULLETINS.

La cour déclare encore que la régie par son premier appel, qui fut déclaré nul, a reconnu avoir une connaissance exacte du jugement de première instance; connaissance qui équivalait, dit l'arrêt, à la signification prescrite par la loi, et que de ce jour-là elle n'avait que huit jours pour appeler.

C'est ici une vaine subtilité, qui ne peut conserver aux yeux de la cour la moindre force. On ne peut suppléer par des équipollens à des démarches, à des actes prescrits par la loi. Ainsi rien ne peut remplacer la signification à dater de laquelle la régie avait huit jours pour notifier son appel. Dans ce considérant, la Cour royale de Riom a donc encore violé la disposition de l'art. 32 du décret du 1er. germinal an 13, puisqu'elle a fixé au droit d'appeler un terme autre que celui déterminé par cet article.

De nombreux arrêts de la cour de cassation ont fixé la jurisprudence sur ce point. On se bornera à en citer un du 13 août 1813, qui casse un jugement rendu le 7 septembre 1812, par le tribunal correctionnel de Brême, en faveur du sieur Rancker, et à rappeler les termes de deux autres qui ont à la cause l'application la plus directe.

Le premier est du 11 mars 1807, dans une affaire contre un nommé Labbe, et il casse un arrêt rendu par la cour de justice criminelle du département de Jemmappes, le 23 janvier même année. Voici deux des motifs sur lesquels il est fondé:

« Considérant que, d'après les dispositions de l'art. 32 du décret du 1er. germinal an 13, la voie de l'appel contre un jugement de police correctionnelle, rendu en matière de Droits-réunis, est toujours ouverte tant que ce jugement n'a pas été signifié; que l'appel émis avant cette signification peut bien, pour défaut de forme, être déclaré nul, et l'appelant, dans l'état, être renvoyé de l'instance; mais que cette nullité de l'appel n'en emporte pas la déchéance, et par conséquent ne donne point à la cour criminelle qui en est saisie, le droit de confirmer purement et simplement le jugement dont est appel.

OBJETS
des Bulletins et renvois
aux Ouvrages dont ils
sont le supplément.

BULLETINS.

» Considérant, dans l'espèce, que le jugement correctionnel dont était appel n'avait point été signifié, et que néanmoins la cour de justice criminelle du département de Jemmappes, en déclarant l'appel de la régie nul dans la forme et sur ce seul motif, et sans examiner les moyens du fond, a confirmé ledit jugement correctionnel; qu'ainsi cette cour a excédé ses pouvoirs, et violé l'art. 32 ci-dessus cité, etc. »

Le second arrêt est du 10 février 1814; il casse un jugement rendu par le tribunal de police correctionnelle de Voghéra, le 17 novembre 1812, en faveur du sieur Clerici. Le motif qui se rapporte à la cause présente est ainsi conçu :

« Attendu en second lieu, que ladite cour a encore violé le même art. 32, sous cet autre rapport qu'en annulant l'appel de la régie, elle a ordonné que le jugement de première instance serait exécuté, comme ayant acquis force de chose jugée; tandis qu'en supposant que l'appel dont il s'agit fût irrégulier et nul, la régie aurait encore le droit d'interjeter un nouvel appel, puisque son adversaire ne lui a pas fait signifier le jugement de première instance; qu'aux termes dudit article, le délai d'appeler ne court que du jour de cette signification, et qu'aucune forclusion ne peut résulter contre la régie de la signification qu'elle a fait faire elle-même, en tête de son appel, etc. »

Ces moyens ont été admis par la cour de cassation, par son arrêt du 16 avril 1819, ainsi conçu :

« La cour : ouï le rapport de M. Chasle, conseiller, les observations de M°. Mathias, avocat de Louis Grenet père, partie intervenante, et les conclusions de M. Hua, avocat-général ;

» Vu l'art. 32 du décret réglémentaire du 1er. germinal an 13, lequel est ainsi conçu : « L'appel devra être » notifié dans la huitaine de la signification du jugement, » sans citation préalable au bureau de conciliation ; » après ce délai il ne sera point recevable, et le juge- » ment sera exécuté purement et simplement ; la décla- » ration d'appel contiendra assignation à trois jours » devant le tribunal criminel, etc. »

BULLETINS.

» Attendu que ce décret est le seul réglement qui fixe
la forme de procéder , en matière de Droits-réunis , et
qu'il n'y a été dérogé par aucune loi ;

» Que la déchéance qu'il prononce , art. 32 , ne concerne que l'appel qui ne serait pas notifié dans la huitaine
de la signification du jugement de première instance ;
mais qu'elle ne peut pas être appliqué à un appel régulièrement interjeté , mais qui ne contiendrait pas assignation à trois jours , et qu'ainsi la cour royale de Riom
avait faussement interprété ledit art. 32 , par son arrêt
du 23 avril 1817, en donnant pour un des motifs de la
déchéance qu'elle a prononcée , que l'appel n'avait pas
été accompagné d'une assignation à trois jours ;

» Mais que par son dernier arrêt du 9 juillet suivant ,
qui fait l'objet du pourvoi, ladite cour a ouvertement
violé la première disposition dudit art. 32 , en déclarant
qu'il n'y avait lieu à statuer sur le second appel interjeté
et notifié par la régie, dans le délai fixé par le réglement
ci-dessus rappelé ;

» Que les différens motifs sur lesquels ladite cour a
formé cette espèce de fin de non-recevoir , renferment
autant d'erreurs en droit ; en ce que, d'une part, la loi
n'a point donné à la régie la faculté de choisir et d'opter
tel ou tel autre mode de procéder pour la poursuite des
affaires qui sont confiées à sa direction ; qu'elle n'a pas
d'autres règles à suivre que celles qui lui sont prescrites
par le décret de germinal an 13 , d'où il suit que la cour
de Riom a erré en droit , en disant que la régie avait
exercé et consommé son droit d'option en formant son
premier appel ;

» Que , d'autre part , s'il est incontestable en droit,
qu'un tribunal ne peut statuer deux fois sur un même
objet , entre les mêmes parties ; il est également vrai
que la cour de Riom a fait une fausse application de ce
principe à la cause , puisqu'en dernier lieu , il ne s'agissait plus de prononcer sur l'appel du 8 janvier 1817,
qui avait fait l'objet de l'arrêt du 23 avril suivant , mais
bien sur le nouvel appel du 28 dudit mois d'avril , ainsi
que sur le fond, dont la cour de Riom, n'avait pas été

BULLETINS.

légalement saisie ; conséquemment que ce n'était pas sur le même objet qu'elle avait à prononcer ;

» En troisième lieu , que de la disposition du décret précité , qui porte que l'appel devra être notifié dans la huitaine de la signification du jugement de première instance , il résulte que tant que la signification n'a point été faite à la partie qui se croit lésée par le jugement , le délai pour interjeter l'appel ne court point contre elle , quelle que soit d'ailleurs la connaissance qu'elle ait pu avoir de ce jugement , eût-il même été prononcé en sa présence ;

» Et attendu que lors de l'appel relevé par la régie , le 28 avril , le jugement de première instance ne lui avait point encore été signifié ; qu'aucune prescription n'était acquise contre son action ; que la juridiction de la cour royale de Riom sur le fond de cet appel était entière ; qu'il devait donc y être statué par cette cour qui avait été régulièrement saisie ;

» D'après ces motifs , la cour reçoit Louis Grenet partie intervenante ; et statuant , tant sur ladite intervention , que sur le pourvoi de la régie , casse et annulle pour violation de la première disposition de l'art. 32 du décret du 1er. germinal an 13 , l'arrêt de la cour royale de Riom , du 9 juillet 1817, etc. »

BULLETIN N°. 132. Circulaire du Ministre de la justice aux Procureurs-généraux , relative aux honoraires des Avocats et Avoués en matières correctionnelles. (10 Avril 1813.)

« L'art. 185 du Code d'instruction criminelle , autorise , dans certains cas , le prévenu à se faire représenter par un avoué , devant le tribunal de police correctionnelle ; et , en général , lorsqu'il y a une partie civile en cause , celle-ci et le prévenu ne peuvent prendre de conclusions à fins civiles que par le ministère d'avoué.

BULLETINS.

» On a élevé la question de savoir si les honoraires des avoués peuvent être compris dans l'adjudication des dépens contre la partie qui succombe, et si ces dépens doivent être taxés conformément au tarif du 16 février 1807, soit pour les matières civiles ordinaires, soit pour les matières sommaires.

» Pour faire cesser toute incertitude à cet égard, je crois devoir vous adresser les observations suivantes:

» 1°. Les honoraires des défenseurs et avoués ne sont pas considérés comme frais de justice criminelle, ainsi que cela résulte de l'article 3, N°. 1er. du réglement du 18 juin 1811 ; et par conséquent ils ne doivent jamais être mis à la charge du trésor ni des administrations publiques qui poursuivent, dans l'intérêt de l'État, des contraventions ou délits, quoiqu'elles soient, sous d'autres rapports, assimilées aux parties civiles, *à moins que ces administrations n'emploient elles-mêmes le ministère des avoués.* Le motif de cette exception est que des administrations ne sont pas obligées de se servir de ces officiers ministériels, et que le ministère public est chargé, concurremment avec leurs agens, de diriger les poursuites.

» 2°. Relativement aux demandes à fin de réparations civiles, qui sont formées réciproquement par la partie plaignante ou intervenante et par le prévenu, les tribunaux correctionnels peuvent, comme en matière civile, compenser les dépens, ou les adjuger en tout ou en partie, et y comprendre les honoraires des avoués, sauf à en faire la distraction dans l'état de liquidation des frais de justice proprement dits.

» 3°. Les honoraires des avoués doivent être taxés conformément au tarif du 16 février 1807, et suivant les règles et les distinctions établies par le Code de procédure civile pour les matières sommaires. »

—Nota. Cette circulaire confirme ce que nous avons dit au Traité du contentieux, tom. 2, page 97. Il en résulte que la régie ne peut jamais être condamnée à rembourser à la partie, les honoraires de son défenseur ou avoué, de même qu'elle ne peut faire condamner les parties adverses à lui rembourser les honoraires qu'elle paye à l'avoué qu'elle juge à-propos d'employer.

BULLETINS.

BULLETIN 133. L'indemnité de deux francs par demi-myriamètre, allouée par l'art. 66 du tarif du 16 février 1807, à l'huissier qui va faire une signification à plus d'un demi-myriamètre de sa résidence, doit être calculée à raison de la distance de cette résidence au lieu de la signification, sans y ajouter la même distance que l'huissier doit parcourir en retournant chez lui. Ainsi, l'huissier qui a fait une signification à trois demi-myriamètres, doit recevoir pour le premier myriamètre 4 fr., et pour le demi-myriamètre en sus 2 francs seulement, attendu qu'il n'est rien dû pour le retour. (*Avis du conseil judiciaire de la Régie, du* 11 *novembre* 1820.)

Le conseil soussigné, qui a pris lecture, 1°. d'un exploit du 13 novembre 1817, signifié par l'huissier N., à la requête de messieurs les administrateurs des Contributions indirectes, au bas duquel se trouve la taxe de 26 fr. 40. c, faite à cet huissier par monsieur le président du tribunal de première instance de ....; 2°. l'opposition de la régie à cette taxe, consignée dans la citation du 5 juillet dernier ; 3°. la copie du jugement par lequel le même tribunal, statuant sur cette opposition, ordonne que cette taxe sortira son plein et entier effet ; ensemble la lettre de monsieur l'administrateur chargé du contentieux, du 2 de ce mois :

EST D'AVIS que ce jugement, en confirmant la taxe faite par monsieur le président, sur le motif qu'aux termes du § 3 de l'article 66 du tarif des frais, du 16 février 1807, il doit être alloué à l'huissier pour frais de voyage *par chaque demi-myriamètre, sans distinction, au-delà du premier myriamètre, deux francs pour aller, et autant pour le retour*, contient une fausse interprétation de cet article du tarif, attendu qu'il ne doit être alloué pour *chaque demi-myriamètre au-delà du*

<table>
<tr><td>

BULLETINS.

</td><td>

OBJETS
des Bulletins et renvois
aux Ouvrages dont ils
sont le supplément.

</td></tr>
</table>

premier myriamètre, que deux francs pour aller et retour.

Cet article 66 du tarif est ainsi conçu :

« Il ne sera *rien* alloué aux huissiers *pour transport*
» *jusqu'à un demi-myriamètre.*

» Il leur sera alloué *au-delà d'un demi-myriamètre,*
» pour frais de voyage, qui ne peut excéder une journée
» pour cinq myriamètres (dix lieues anciennes),
» SAVOIR : *au-delà d'un demi-myriamètre et jusqu'à*
» *un myriamètre*, POUR ALLER ET RETOUR.

» A Paris,   4 f.
» Dans les villes et cantons ruraux,   4
» Au-delà d'un demi-myriamètre , il sera
» alloué pour chaque demi-myriamètre , sans
» distinction.   2

Une légère attention suffit pour se convaincre que les distances spécifiées dans cet article , sont prises en calculant du point de *départ* au lieu du *transport* , et non en ajoutant la distance *pour aller* à celle *du retour.*

C'est d'abord ce qui résulte bien clairement du 1er. §. « Il ne sera rien alloué *pour transport jusqu'à un demi-* » *myriamètre.* » Il est bien évident que lorsque le lieu ou le terme *du transport* n'excède pas un demi-myria- mètre de distance du point de départ, l'huissier ne peut rien prétendre pour frais de voyage , quoiqu'il ait parcouru un demi-myriamètre pour aller et autant pour le retour.

Le sens du 2e. § n'est pas moins clair. Il leur sera alloué.... *savoir : au-delà d'un demi-myriamètre et jusqu'à un myriamètre.* C'est encore *jusqu'au lieu du transport.* Les mots suivans ne laissent aucun doute sur le point : POUR ALLER ET RETOUR, etc.

Le mot savoir , employé dans le 2e. § , fait voir que le 3e. est la suite et doit être entendu dans le même sens que le 2e., *au-delà d'un myriamètre, il sera alloué pour chaque demi-myriamètre, sans distinction,* 2 *francs.* C'est encore *jusqu'au lieu du transport pour aller et retour.* Ces derniers **mots**, qui sont dans les

BULLETINS.

deux premiers § sont sous-entendus par éllipse dans le
3ᵉ. Les règles de la grammaire exigent qu'on les supplée;
par la raison, fort simple, que si le législateur n'eût pas
voulu que l'indemnité fixée par le 3ᵉ. §, fût *pour l'aller
et le retour*, comme celle du second, il s'en serait expliqué formellement, comme il l'a fait chap. 6, art. 160,
161, chap. 7, art. 170, en employant les mots : *soit
pour aller, soit pour revenir ; ou pour aller et autant
pour revenir.*

Telle est l'explication littérale, grammaticale et naturelle de l'art. 66 du tarif, et c'est ainsi que cet article
est entendu et exécuté à Paris.

Pour décider que l'indemnité de *deux francs*, fixée
par le 3ᵉ. § de l'art. 66, est due pour chaque demi-
myriamètre parcouru par l'huissier, *soit en allant, soit
en revenant*, le tribunal de.... argumente de la disposition du § 2 de cet article. Voici comment il raisonne :
« L'art. 66 n'alloue aux huissiers aucune indemnité jusqu'à un demi-myriamètre, l'indemnité ne commence à
être due qu'après cette distance : aussi le second §
de cet article n'accorde-t-il jusqu'à un myriamètre,
pour aller et retour, que la somme de *quatre francs*;
ce qui démontre évidemment que le second demi-myriamètre est payé deux francs pour aller et deux francs
pour retour. Il résulte de ce principe que le § 3, en
allouant, au-delà d'un myriamètre, par chaque demi-
myriamètre, sans distinction, 2 francs, et n'ajoutant
plus les mots *pour aller et retour*, a voulu, comme
pour le second demi-myriamètre, accorder à l'huissier
l'indemnité de deux francs pour tous les autres demi-
myriamètres, soit en allant, soit en revenant. »

Ce raisonnement ne porte que sur une équivoque.
L'art. 66 ne dit pas qu'il sera payé *pour le second
demi-myriamètre*, pour aller et retour quatre francs;
mais, *qu'au-delà d'un demi-myriamètre, et jusqu'à
un myriamètre, il sera alloué pour aller et retour
quatre francs.* Ce qui veut dire que le premier demi-
myriamètre, pour lequel il ne doit être rien alloué,
dans l'hypothèse du 1ᵉʳ. §, entre en considération dans

BULLETINS.

l'hypothèse du second , et qu'il doit être alloué pour le tout , aller et retour , quatre francs , ce qui revient à deux francs par chaque demi-myriamètre.

Le 1er. et le 2e. demi-myriamètres entrent aussi en considération dans l'hypothèse du 3e. §, puisqu'il doit allouer *pour chaque demi-myriamètre* , SANS DISTINCTION , deux francs.

Supposer que l'indemnité est due pour chaque demi-myriamètre parcouru par l'huissier , *soit en allant, soit en revenant* , tandis qu'il est dit formellement dans le 2e. § , pour aller et retour , et que le 3e. § , qui est une suite du second , ne change point cette disposition ; c'est argumenter contre le texte même du tarif.

Le raisonnement que le tribunal a tiré , par analogie, du décret du 18 juin 1811 , n'est pas plus concluant. Il est bien vrai que l'indemnité accordée aux huissiers par l'art. 91 , N°. 2 , de ce décret , pour frais de voyage , leur est due pour toutes les distances parcourues , *en allant et en revenant* , parce que ce décret le dispose expressément. En parcourant les différens tarifs , on voit que les frais de voyage ont été déterminés , tantôt en calculant seulement la distance du point du départ à celui du transport , tantôt en faisant entrer dans le calcul tout l'espace parcouru pour l'aller et le retour.

Or , l'on conçoit que ce qui est décidé pour l'un de ces cas , ne peut pas s'appliquer à l'autre.

Cependant , si le tribunal eût examiné , avec plus d'attention , cet article 91 du décret du 18 juin 1811 , qu'il a soin de citer dans ses motifs , il en aurait tiré une conséquence absolument contraire à la décision qu'il a portée.

Suivant cet art. 91 , N°. 2 , il est accordé aux huissiers en fonctions , un franc cinquante centimes pour chaque myriamètre parcouru en allant et en revenant, ce qui revient à 3 francs par myriamètre , en y comprenant l'aller et le retour , et à 1 franc 50 centimes aussi l'aller et le retour compris. Le tarif des frais criminels étant un peu au-dessous de celui des frais en matière civile , cette indemnité de 1 fr. 50 cent. , accordée aux

OBJETS
des Bulletins et renvois
aux Ouvrages dont ils
sont le supplément.

BULLETINS.

huissiers par demi-myriamètre , pour l'aller et le retour, en matière criminelle , est bien en proportion de celle de 2 francs , qui doit leur être allouée en matière civile , suivant l'art. 66 , § 3 précité. Mais toute proportion est rompue si on leur adjuge , au civil, pour chaque demi-myriamètre *deux francs* pour aller , *deux francs* pour retour , ce qui fait QUATRE FRANCS, tandis qu'on ne leur passera qu'*un franc cinquante centimes*, pour le même trajet en matière criminelle. On ne peut pas supposer que le législateur ait voulu établir une différence aussi énorme , entre les indemnités accordées , pour frais de voyage , aux huissiers , au civil et au criminel. Ce rapprochement aurait dû suffire pour faire apercevoir au tribunal qu'il faisait une fausse interprétation de l'art. 66 du tarif.

Quoique le préjudice que le jugement a causé au trésor public , soit de peu d'importance , comme il s'agit de faire cesser un abus , le conseil estime que l'administration doit déférer ce jugement à la cour de cassation.

Délibéré à Paris , ce 11 novembre 1820. Signé Bourguignon et Gairal.

POURVOI EN
CASSATION.

CONSIGNATION.
D'AMENDE.

OCTROIS.

MAIRES.

BULLETIN N°. 134. Les maires , agissant dans l'intérêt de leur octroi , n'ont pas le caractère d'*agens publics* ; en conséquence ils ne sont pas dispensés de consigner , comme les simples particuliers , l'amende prescrite par les art. 419 et 420 du Code d'instruction criminelle , en cas de pourvoi en cassation , de leur part , dans les causes qui intéressent l'octroi de leur commune. (*Arrêt de rejet , du* 13 *octobre* 1820.)

« La cour : ouï le rapport de M. le chevalier Bailly , conseiller , et les conclusions de M. le baron Freteau de Peny , avocat-général ;

A ajouter au
nombre 524 du
Traité du con-
tentieux, tom. 2,
page 114.

BULLETINS.

» Vu les articles 419 et 420 du Code d'instruction criminelle ;

» Considérant que, par le premier de ces articles, la *partie civile* qui s'est pourvue en cassation est tenue, à peine de déchéance, de consigner une amende de 15o francs....;

» Et que le second ne dispense de l'amende que les condamnés en matière criminelle, et *les agens publics* pour affaires qui concernent *directement* l'administra-tion, et les domaines ou *revenus* de l'Etat.

» Et attendu, en fait, que l'affaire dans laquelle l'arrêt dénoncé est intervenu, ne concerne que l'octroi de la ville de Nantes, matière dans laquelle le maire n'est qu'un agent *particulier* de sa commune ; 2°. qu'il y a été seul demandeur et poursuivant, comme il est seul demandeur en cassation ; 3°. que néanmoins, *il n'a point produit de quittance de l'amende de 15o francs*, prescrite par ledit art. 419, et qu'en conséquence il a, en conformité dudit art. 420, encouru la *déché-ance* de son pourvoi:

» La cour déclare le maire de Nantes déchu du pourvoi en cassation par lui formé le 31 août dernier, contre l'arrêt rendu entre lui et le sieur Houdet, négociant à Nantes, le 28 du même mois, par la cour royale de Rennes, chambre des appels de police correctionnelle, et le condamne, en la qualité qu'il procède, à l'amende de cent cinquante francs, au profit du trésor royal. »

BULLETIN N°. 135. Le fermier d'une halle et autres droits et revenus communaux, (ce qui comprend aussi le fermier des droits d'octroi) qui perçoit des redevables de ces droits au-delà des sommes qu'il sait lui être dues, en vertu de son bail, ne commet pas le crime de *concussion* prévu par l'article 174 du Code pénal, mais une simple exaction,

| OBJETS des Bulletins et renvois aux Ouvrages dont ils sont le supplément. | BULLETINS. |

BULLETINS.

contre laquelle les parties ont droit de réclamer, soit devant l'autorité administrative, soit devant l'autorité judiciaire. (*Arrêt de cassation, du 2 janvier 1817.*)

Traité du contentieux, tom. 1, page 19.

Dans l'espèce de cet arrêt, un sieur Lecardé, fermier du droit sur les halles de la ville de Rouen, avait perçu des marchands qui stationnaient sur ces halles, des droits non portés sur le tarif d'après lequel l'acte d'adjudication avait eu lieu, et il avait été condamné sur la poursuite du ministère public, par le tribunal correctionnel de Rouen, et sur l'appel, par la cour royale de la même ville, à la peine de deux années d'emprisonnement porté par l'article 174 du Code pénal, contre les commis et préposés des fonctionnaires publics qui se rendent coupables de concussion.

L'arrêt de la cour de cassation, que nous allons rapporter, établit d'une manière précise la doctrine qu'il faut suivre en cette matière.

« Vu l'article 410 du Code d'instruction criminelle, d'après lequel la cour de cassation doit annuler les arrêts et jugemens en dernier ressort, qui ont faussement appliqué la loi pénale;

» Vu aussi l'article 174 du Code pénal, qui est ainsi conçu :.....

» Attendu que cet article est placé sous la rubrique *des concussions commises par des fonctionnaires publics;* que l'orateur du gouvernement, dans son exposé au Corps-Législatif, n'en a fait non plus l'application qu'aux *fonctionnaires publics,* et qu'il en a justifié les dispositions pénales *par la nécessité d'opposer des barrières à la cupidité quand elle est unie au pouvoir;* qu'en punissant de la peine de la réclusion les fonctionnaires publics concussionnaires, cet article punit aussi leurs commis ou préposés coupables du même crime, parce qu'en le commettant ils ont agi en vertu de l'autorité que ces fonctionnaires leur ayaient confiée;

BULLETINS.

mais qu'il les punit seulement d'une peine correctionnelle, parce qu'ainsi que le dit l'orateur du gouvernement, *ils ne sont pas investis d'un si haut caractère*; que si cet article, dans sa disposition énonciative, comprend tous percepteurs de droits ou revenus publics ou communaux, ce n'est que sous le rapport de la qualité de fonctionnaires ou d'officiers publics qu'ils peuvent avoir; qu'en effet, il ne les rappelle point dans la nomenclature de sa disposition pénale; que ces percepteurs ne peuvent donc être compris dans cette disposition, qu'en qualité de fonctionnaires ou d'officiers publics, et, conséquemment, que cet article ne leur est applicable que dans le cas seulement où ils peuvent être réputés avoir cette qualité : et attendu que Lecardé n'a rien perçu comme fonctionnaire ou officier public; qu'il n'était investi d'aucun caractère public; qu'il n'a perçu qu'en qualité de fermier, les droits de halle, qui appartenaient à la commune de Rouen; que ce titre n'était qu'un titre privé; qu'il n'était ni le commis, ni le préposé d'aucun fonctionnaire ou officier public; qu'en sa qualité de fermier, il ne percevait point *pour autrui*, qu'il percevait pour son propre compte, et à ses risques et périls; que s'il faisait sa perception en vertu d'un bail passé entre lui et l'adjoint de la commune, la qualité de la partie avec qui il avait contracté ne changeait rien à la sienne, qui était déterminée par le bail, à celle de fermier, exclusive de celle de commis ou préposé; que d'ailleurs s'agissant, dans cet acte, d'un revenu communal, l'adjoint municipal n'y avait eu que la qualité privée de mandataire ou d'agent de la commune, et non le caractère public de fonctionnaire ou d'agent du gouvernement; que si donc Lecardé a reçu ce qu'il savait n'être pas dû ou excéder ce qui lui était dû d'après son bail, il ne s'est pas rendu coupable de concussion; qu'il n'a commis qu'une simple exaction, contre laquelle il peut être réclamé devant qui de droit; et qu'en le condamnant à la peine correctionnelle portée dans le susdit article 174 du Code pénal, contre les commis et préposés des fonctionnaires ou officiers publics,

BULLETINS.

couvaincus de concussion, la cour royale de Rouen a fait une fausse application de cet article : casse, etc. »

Nota. Il nous paraît que cet arrêt ne serait pas applicable au cas où le fermier serait en même temps chargé d'opérer la recette des *droits d'entrée* pour le compte de l'Etat, par rapport aux exactions qu'il aurait pu commettre dans la perception de ces droits, parce qu'il aurait agi, dans ce cas, en qualité de préposé d'une administration publique.

BULLETIN N°. 136. Les directeurs de la régie peuvent procéder à la vente des vieux papiers, colis et autres objets hors de service, sans l'intervention des commissaires-priseurs. (*Décision du ministre des finances, du 22 mars 1820.*)

Nous avons fait connaître cette décision sous le n°. 54 de nos Bulletins, mais nous avons, sans doute, mal rendu notre pensée dans la note qui l'accompagne, puisque plusieurs directeurs nous ont écrit pour savoir si cette décision s'appliquait seulement aux objets saisis que les receveurs de la régie peuvent vendre, en se conformant aux dispositions de l'article 33 du décret du 1er. germinal an 13, ou tout-à-la-fois à ces objets et aux effets mobiliers mis hors de service, tels que vieux papiers, colis, plombs, et autres effets de cette nature.

Le doute a pu naître de la distinction que nous avions établie, dans notre Traité du contentieux, entre ces deux sortes de ventes ; mais il doit cesser par suite des deux décisions de son excellence le ministre des finances, rapportées par nos Bulletins n°s. 8 et 54.

La première, à la date du 10 septembre 1819, transmet et délègue, en quelque sorte, aux préposés de la régie, le *droit exclusif* accordé à l'administration des Domaines et de l'Enregistrement, par l'arrêté du gouvernement, du 23 nivôse an 6, de vendre, au profit de l'Etat, tous les effets mobiliers lui appartenant, et qui

BULLETINS.	OBJETS des Bulletins et renvois, aux Ouvrages dont ils sont le supplément.

ne peuvent plus être employés à l'usage auquel ils étaient destinés.

La seconde, à la date du 22 mars 1820, porte que les préposés des administrations publiques , autorisées par des lois spéciales à procéder à la vente du mobilier de l'état, continuent, *comme par le passé*, à être chargés *exclusivement* de ces ventes , nonobstant l'établissement des commissaires-priseurs.

Il demeure donc constant que les préposés de la régie, subrogés à ceux des Domaines par l'arrêté du 10 septembre 1819 , ont , aux termes de celui du 22 mars 1820 , le droit exclusif de vendre les vieux papiers , colis et autres objets hors de service , sans l'intervention des commissaires-priseurs.

Quant aux objets saisis , et dont l'art. 33 du décret du 1er. germinal an 13 autorise les receveurs à faire la vente , ils peuvent , avec encore plus de raison , être vendus par ces préposés , sans le concours de ces commissaires , puisqu'une disposition spéciale les y autorise , et que, par ce motif, ils se trouvent compris dans la décision du 22 mars 1820 , précitée.

BULLETIN N°. 137. Les services administratifs *aux armées* ne sont pas admissibles dans la liquidation des pensions de retraite, à la différence des mêmes services rendus dans des emplois administratifs militaires, *stables et permanens*, tels que ceux qui font partie des cadres de l'administration de la guerre. *(Avis du Comité des finances au Conseil d'Etat, du 10 décembre 1819, approuvé par S. Exc. le Ministre des finances, le 11 janvier 1820.)*

« Le comité des finances , sur la réclamation du sieur L.... contre un avis du comité , en date du 16 juin dernier, portant qu'il n'y a pas lieu d'admettre au nombre

BULLETINS.

Traité du contentieux, *tom.* 1, *page* 62.

des services qu'il présente pour obtenir une pension, trois ans sept mois onze jours en qualité d'employé à la comptabilité des fourrages, à l'armée de l'Ouest.

» Vu les observations de M. le directeur-général des Contributions indirectes, lesquelles ont pour objet d'établir d'une manière fixe et invariable, la jurisprudence du comité à l'égard des services rendus dans les administrations militaires *aux armées*, afin de mettre l'administration des Contributions indirectes à portée de distinguer ceux de ces services qui doivent être admis, de ceux qui doivent être rejetés, et d'éviter que cette question ne se renouvelle toutes les fois que cette nature de services se présente dans la liquidation des pensions ;

» Considérant que le principe adopté jusqu'à ce jour par le comité n'a jamais varié ; que ce principe consiste à n'admettre dans la liquidation des pensions, que les services rendus dans les corps administratifs *stables et permanens*, et non dans des administrations ou régies éphémères, fruit des circonstances, et qui ont cessé avec les causes qui les ont fait naître ; qu'il a toujours considéré les *services administratifs aux armées*, comme temporaires, et les employés qui y étaient admis comme ayant cessé de faire partie des cadres de l'administration de la guerre ; que cette manière d'envisager cette espèce de services est bâsée sur les réglemens relatifs aux pensions, qui, en admettant les services rendus dans d'autres administrations que celle qui supporte la charge entière de la pension, ont eu en vue la réciprocité ; mais que l'administration de la guerre étant la seule qui ait des organisations temporaires, on ne pourrait admettre les services qui y sont rendus qu'en sacrifiant les intérêts des autres administrations, et en grévant leurs caisses de retenue de charges considérables qu'elles ne doivent pas supporter, et qui seraient hors de toutes proportions avec leurs ressources.

» Considérant que ce principe se trouve appliqué dans un grand nombre d'avis du comité, et particulièrement à l'égard du sieur D...., ex-administrateur des Droits-réunis, et B...., ex-employé dans la même ad-

BULLETINS.

ministration ; G...., ex-inspecteur des forêts ; E....,
contrôleur des Contributions directes , et de plusieurs
autres , dont les services analogues à ceux du sieur L...,
ont été déclarés inadmissibles ;

» Considérant que les exemples cités par M. le directeur-général des Contributions indirectes, de services
dans les hôpitaux de l'armée des Alpes et dans l'administration des vivres de l'armée d'Egypte , admis par ordonnance royale dans la liquidation des pensions des
sieurs L...., ex-contrôleur des Contributions indirectes,
et A...., ex-inspecteur dans la même administration,
viennent encore à l'appui du principe adopté par le
comité, puisqu'il avait rejeté cette nature de services
de la liquidation de ces deux employés , par ses avis
des 26 juin et 24 juillet 1818 ;

» Considérant que, lors même qu'on pourrait opposer
à ce principe quelques avis émanés du comité, où on
aurait admis des services de cette espèce dans la liquidation de pensions , il ne faudrait l'attribuer qu'à des
erreurs qui auraient échappé dans la multitude des affaires
de ce genre , qui ont été et sont encore soumises journellement à l'examen du comité ;

» Est d'avis , qu'il y a lieu de maintenir la liquidation
de la pension du sieur L...., ex-receveur des Contributions indirectes , à la somme de cinq cents soixante-
un francs , ainsi qu'il l'avait déjà proposé par un premier
avis du 16 juillet dernier. »

Fait en comité, le 10 décembre 1819. *Signé*, BÉRENGER,
prés. ; et DELAITRE , rap.

Approuvé le 11 janvier 1820. Le Ministre-Secrétaire
d'Etat des finances, *Signé* , ROY.

BULLETIN N°. 138. Les enfans naturels, légalement reconnus , ont, comme les enfans légitimes , droit à la pension de retraite à laquelle
leur père , employé de la régie , pouvait pré-

OBJETS
des Bulletins et renvois
aux Ouvrages dont ils
sont le supplément.

DROIT
DES ENFANS
NATURELS.

Traité du con-
tentieux, tom. I,
p. 67.

tendre à l'époque de son décès. (*Avis du Conseil judiciaire de la régie*, *du 18 mars 1820.*)

Le conseil soussigné, qui a pris lecture du rapport
fait au conseil d'administration des Contributions indirectes, le 4 février dernier, et de la lettre de M. le
secrétaire-général, du 9 du présent mois de mars.

Invité à émettre son opinion sur le point de savoir si
le sieur N...., l'un des employés de l'administration,
était décédé après dix ans de service, dans l'exercice de
son emploi, laissant *une veuve*, avec laquelle il était
marié depuis plus de cinq ans, et un enfant naturel, âgé
de moins de dix-huit ans, qu'il avait eu avant son mariage, et qu'il a *reconnu* par *acte authentique*, il y a
lieu d'accorder une pension de retraite, équivalente à la
moitié de celle à laquelle le sieur N. aurait eu droit
lui-même, ladite pension divisible entre la veuve et l'enfant naturel, dans la proportion déterminée par l'art. 22
de la loi du 25 novembre 1814;

EST D'AVIS, que quoique la morale publique ne per-
mette pas que l'enfant naturel obtienne les mêmes préro-
gatives, ni les mêmes avantages que le fils légitime, dans
les successions de ses père et mère, il est néanmoins
convenable de le faire participer à la pension de retraite
établie par la susdite loi, pourvu que ce soit dans une
proportion moindre que s'il était légitime, conformément
à l'art. 757 du Code civil.

En s'attachant à la disposition littérale de la loi du
25 novembre 1814, on pourrait croire que les enfans
naturels sont exclus de toute participation à la pension
de retraite, par cela même qu'ils ne sont pas *nommément et spécialement désignés* parmi ceux qui doivent
y prendre part.

Mais il est à remarquer que s'ils ne s'y trouvent pas
nommément désignés, ils n'en sont pas non plus exclus par
une disposition spéciale. Or, les enfans naturels, quand
ils sont légalement reconnus, jouissent des mêmes droits
civils et politiques que les enfans légitimes; ils se trouvent
donc *implicitement* compris dans les dispositions légis-

BULLETINS.

latives relatives aux enfans légitimes, à moins que le législateur n'ait établi des exceptions ou des modifications spéciales à leur égard.

Nous allons trouver la preuve de cette dernière proposition dans plusieurs dispositions du Code civil.

Le législateur a établi une extrême différence entre l'enfant légitime et l'enfant naturel, relativement aux moyens d'établir *la filiation* de l'un et de l'autre, et aux *avantages* qu'ils peuvent recevoir de leurs parens.

Ainsi la reconnaissance d'un enfant naturel doit être faite *par acte authentique, lorsqu'elle ne l'a pas été dans son acte de naissance*, suivant la disposition de l'art. 334 du Code civil, au moyen de laquelle le chapitre 2 titre VII du livre I, *relatif aux preuves de la filiation des enfans légitimes*, est totalement étranger aux enfans naturels.

Aux termes de l'art. 908, *les enfans naturels ne peuvent, par donation entre vifs ou par testament, rien recevoir au-delà de ce qui leur est accordé au titre des successions.* Par conséquent toutes les dispositions du même Code, relatives aux avantages que les père et mère peuvent faire par donation ou autrement à leurs enfans légitimes, et même aux étrangers, ne peuvent leur être appliquées.

Mais la prohibition portée par l'art. 908, n'étant relative qu'aux père et mère naturels, il s'ensuit que les enfans naturels peuvent recevoir de tous autres, même de leurs frères et sœurs, et autres alliés, par les raisons que toutes les fois qu'ils ne sont pas repoussés par une disposition spéciale, ils rentrent dans le droit commun.

C'est pourquoi les dispositions du Code civil relatives à la puissance paternelle, à la minorité, à la tutelle, et autres, sont communes aux enfans légitimes et aux enfans naturels légalement reconnus, *même celles qui ne font mention que des enfans légitimes*, à moins qu'il n'y ait une exception ou modification spéciale pour les enfans naturels : en voici quelques exemples.

Suivant l'art. 203 du Code civil, « Les époux con-

BULLETINS.

» tractent ensemble, par le seul fait de *leur mariage*, » l'obligation de nourrir, entretenir et élever *leurs en-* » *fans.* » Cette disposition n'est évidemment écrite qu'en faveur des *enfans légitimes*; nul doute cependant qu'elle soit applicable aux *enfans naturels recon-nus*, c'est-à-dire que la même obligation de nourrir, entretenir et élever les *enfans naturels*, ne soit imposée aux père et mère qui les ont *légalement reconnus*.

« On ne doute pas, disait M. Bigot de Préameneu, dans son discours sur le mariage, que les pères naturels ne soient obligés d'élever leurs enfans, de les entretenir, de les nourrir : la loi positive elle-même a placé ce devoir parmi les obligations premières que la nature, indépendamment de toute loi, impose à tous les pères. »

Cette obligation, en faveur des enfans naturels, attestée par tous les auteurs, et que personne ne révoque en doute, ne se trouve cependant comprise dans la loi positive *qu'implicitement*, dans la disposition qui s'y trouve portée en faveur des *enfans légitimes*.

Les enfans, suivant l'art. 205 du même Code, *doivent des alimens à leurs père et mère qui sont dans le besoin.* Cette disposition relative aux *enfans légitimes*, puisqu'elle est placée dans le chapitre des *obligations qui naissent du mariage*, est également commune aux *en-fans naturels reconnus*.

Aux termes des art. 471, 472, 473, 474, « L'enfant » à tout âge, doit honneur et respect à *ses père et mère.* » Il reste sous leur autorité jusqu'à sa majorité ou son » émancipation. Le père seul exerce cette autorité du-» rant le mariage. L'enfant ne peut quitter la maison » paternelle, si ce n'est pour enrôlement volontaire » après l'âge de 18 ans révolus. Le père, suivant l'art. 384, » durant le mariage, et après la dissolution du mariage » le survivant du père ou de la mère, auront la jouis-» sance du bien de leurs enfans, jusqu'à l'âge de 18 ans » accomplis, ou jusqu'à l'émancipation, etc. » Toutes ces dispositions, prises littéralement, ne paraissent relatives qu'aux enfans nés dans le mariage, ainsi que les art. 173 et 484 semblent l'indiquer ; et cependant

BULLETINS.

elles s'appliquent également aux *enfans naturels reconnus*, comme s'y trouvant implicitement compris.

On peut dire la même chose des art. 389, 390 et suivans, relatifs à l'administration ou tutelle légale des père et mère ; des art. 397 et suivans, 405 et suivans , sur la tutelle déférée par le père ou par le conseil de famille ; et sur un grand nombre d'autres articles des différens Codes , qui ne font mention que des enfans légitimes , et qui sont néanmoins communs aux enfans naturels reconnus.

D'après ces nombreux exemples , nous sommes fondés de conclure que les enfans , au-dessous de 18 ans , des employés morts dans l'exercice de leurs fonctions , après dix ans de service , étant appelés par les art. 19 , 20 , 21 et 22 de la loi du 25 novembre 1814, à participer à la pension de retraite , sans qu'il soit fait une mention spéciale des *enfans naturels légalement reconnus*, ce n'est pas un motif suffisant pour décider que ceux-ci sont absolument exclus de tous droits à la pension de retraite.

Si nous passons actuellement aux dispositions du Code civil relatives aux droits des *enfans naturels reconnus* , dans les successions de leurs père et mère , qui ont plus d'analogie avec la question qui nous est proposée , nous pourrons en tirer des conséquences plus directes.

Or , l'art. 756 qui refuse aux enfans naturels la qualité *honorable d'héritiers* , leur accorde néanmoins *des droits* sur les biens de leurs père et mère décédés , qui les ont *légalement reconnus*. Ces droits sont fixés par l'art. 757 *au tiers , à la moitié , aux trois-quarts de la portion héréditaire que l'enfant naturel aurait eue s'il eût été légitime* , selon que le père ou la mère ont laissé des descendans légitimes , des ascendans , des frères ou sœurs , ou d'autres successibles.

L'art. 758 n'accorde à l'enfant naturel la totalité des biens , que lorsque le père ou la mère ne laissent aucun parent au degré successible.

On voit ici l'extrême différence que le législateur a mise entre l'enfant légitime et l'enfant naturel , pour le

BULLETINS.

maintien des mœurs et pour honorer les unions légitimes. Il refuse aux enfans naturels le titre d'héritier, et ne leur accorde qu'une fraction de la portion héréditaire qu'ils auraient eue s'ils eussent été légitimes, à moins qu'il n'existe aucun parent successible.

Mais à raison de cette quotité de portion héréditaire qui lui est accordée par l'art. 757, l'enfant naturel peut l'exercer sur la généralité des biens; il peut faire tous les actes, et former les mêmes actions que l'enfant légitime, la loi n'ayant établi de différence entre eux que relativement au titre honorifique et à la quotité, et non quant à la nature des droits.

Ainsi, par exemple, quoique le droit *réservé* ne paraisse établi par l'art. 913 du Code qu'en faveur de l'enfant légitime, et qu'il ne soit point fait mention dans cet article, ni dans les suivans, de *l'enfant naturel* : nul doute que *l'enfant naturel, reconnu légalement*, ne soit en droit de réclamer la réserve sur les biens dont ses père et mère ont disposé par donation, ou testament, à concurrence néanmoins de la quotte-part de la portion héréditaire qui lui est accordée par l'art. 757, en conformité de cet art. 913, qui lui devient, en ce cas, applicable.

Puisque les droits accordés par la loi aux enfans naturels reconnus, dans les successions de leurs père et mère, s'exercent de la même manière et sur les mêmes biens que ceux des enfans légitimes, sauf le titre et la quotité ; pourquoi les enfans naturels seraient-ils exclus du droit de participation à la pension de retraite, établie par la loi du 25 novembre 1814, suivant les proportions établies par les art. 757 et 758 du Code, dans les cas où les enfans légitimes sont admis à cette pension? Il faudrait une disposition spéciale et précise pour motiver leur exclusion et pour déroger, quant à ce, aux art. 757 et 758, qui, leur accordant une quotité de *la portion héréditaire qu'ils auraient eue s'ils étaient légitimes*, les assimile, *ipso jure*, aux enfans légitimes, sauf le titre et la quotité.

Or nous avons déjà remarqué que la loi du 25 no-

BULLETINS.

<table><tr><td>OBJETS
des Bulletins et renvois
aux Ouvrages dont ils
sont le supplément.</td></tr></table>

vembre 1814, ne renferme aucune exclusion formelle. Les art. 20, 21 et 28 disposent en faveur des *enfans et orphelins* des employés en général, sans distinguer ceux qui sont légitimes de ceux qui ne le sont pas. Il suffit que l'enfant soit âgé de moins de 18 ans pour qu'il soit admis à participer à la pension.

L'art. 22 dispose, à la vérité, que dans le cas où un employé décédé laisse des enfans de *plusieurs mariages* et une veuve, la moitié de la pension à laquelle l'employé aurait eu droit sera partagée, par portions égales, entre tous les enfans et la veuve, qui comptera pour deux têtes, si elle a droit à la pension. Et que, lorsqu'une portion de la pension deviendra libre, soit par le décès de l'un des enfans de l'employé, *de quelque mariage qu'il soit issu*, soit parce qu'il aura atteint l'âge de dix-huit ans, cette portion sera partagée comme il a été spécifié au paragraphe ci dessus.

Les expressions de *plusieurs mariages*, de quelque *mariage qu'il soit issu*, ne sont employés que pour préciser le cas où les enfans qui existent ne sont pas tous nés du dernier mariage, mais non pour donner l'exclusion aux *enfans naturels reconnus*. On voit qu'ici le législateur s'est borné, comme dans les différens articles du Code civil, ci-devant indiqués, à fixer les droits des *enfans légitimes*, sans s'occuper des *enfans naturels*, parce qu'aux termes des art. 757 et 758, les droits de ceux-ci sont absolument les mêmes que ceux des enfans légitimes, sauf le *titre* et la *quotité*. En sorte que les droits des enfans légitimes se trouvant réglés par les art. 19, 20, 21, 22, 28 de la loi du 25 novembre 1814, et par l'art. 5 de l'ordonnance du 6 septembre 1815, ceux des enfans naturels reconnus se trouvent aussi *implicitement* déterminés, puisqu'il ne s'agit plus que d'appliquer à ce réglement les modifications résultantes des art. 757 et 758 du Code, et que l'on doit opérer ainsi dans tous les cas où la loi ne renferme pas une exception positive, une exclusion spéciale.

Cette manière d'entendre et d'interpréter la loi du

BULLETINS.

25 novembre 1814, trouve une nouvelle force quand on considère l'esprit et l'objet de cette loi.

La *retenue*, dispose l'art. 1er., sur le traitement des administrateurs et autres employés des Contributions indirectes, doit former *un fonds de retraite et de secours*, au profit des employés *ou leurs veuves et orphelins*.

Cet établissement est un moyen ingénieux employé par un gouvernement sage et une administration paternelle, pour procurer à l'employé dévoué à son service les moyens de remplir plus facilement le grand et principal objet du travail et de l'émulation ; celui de pourvoir aux besoins qui viendront l'assiéger dans sa vieillesse et de remplir envers sa femme et ses enfans les devoirs que les lois civiles et naturelles lui imposent.

Or, les devoirs du père, relativement à ses enfans, ne se bornent pas uniquement à leur assurer la subsistance, l'entretien et l'éducation pendant qu'il vit, mais à leur laisser les moyens d'y pourvoir, tout au moins, pendant leur minorité, dans le cas où il descend au tombeau avant d'avoir achevé leur éducation. C'est lorsque l'employé meurt laissant des enfans au-dessous de 18 ans, que les secours sont plus urgens : le législateur l'a bien senti en portant la loi de 1814.

Nous avons ci-devant établi que les devoirs gravés par la nature dans le cœur des pères, confirmés par la loi civile, ne sont pas restreints aux *enfans légitimes*, et qu'ils s'étendent aux *enfans naturels* par eux *légalement reconnus.*

Il s'ensuit que si l'on refusait aux *enfans naturels reconnus* une participation à la pension et aux secours dans les cas des art. 22 et 28 de la loi du 25 novembre 1814, cette loi ne remplirait qu'imparfaitement son objet ; l'espoir qu'elle a dû inspirer à l'employé qui a laissé un enfant naturel serait déçu.

Le *fonds de retenue* est une espèce de *pécule profectice*, destinée par la loi, lorsque l'employé meurt, à subvenir aux besoins alimentaires de sa veuve et à ceux de ses enfans, jusqu'à leur 18e. année.

BULLETINS.

Les enfans naturels ont droit à ce secours tout comme les enfans légitimes, sauf les modifications portées par les art. 757 et 758 du Code civil. Ils y ont droit à bien plus forte raison encore qu'aux autres biens de la succession du père, puisqu'il s'agit ici de leurs alimens, de leur entretien et de leur éducation, jusqu'à 18 ans, c'est-à-dire de leurs plus urgens besoins.

Par ces divers motifs, le conseil estime que là veuve du sieur N... doit obtenir le quart de la pension à laquelle le sieur N... aurait eu droit de prétendre lui-même, et qu'en outre l'enfant naturel dudit N..., légalement reconnu, doit obtenir la moitié, les trois-quarts, ou la totalité de la portion de ladite pension à laquelle il aurait eu droit, s'il était légitime, d'après l'art. 22 de la loi, selon qu'il sera vérifié que le sieur N... a laissé des ascendans, des frères, sœurs, ou autres parens à un degré successible, en conformité des art. 757 et 758 du Code civil.

Délibéré à Paris, le 18 mars 1820. *Signé* Bourguignon, Gairal.

Le conseil judiciaire de la régie, en émettant l'opinion que les droits de l'enfant naturel reconnu, sur la pension de retraite de son père, doivent être liquidés d'après les règles posées en l'art. 757 du Code civil, c'est-à-dire qu'elle doit être partagée entre lui et *les parens* désignés dans cet article, avait été subjugué par les dispositions limitatives de la loi, et par le motif de morale publique qui a déterminé le législateur à ne pas accorder la même latitude de droits aux enfans de l'union légale et à ceux du commerce illicite, et il avait pensé que le droit de l'enfant naturel *sur la pension de retraite* n'était pas plus fort que celui qu'il pourrait avoir *sur les biens de la succession.*

Mais sur de nouvelles observations qui lui furent soumises par l'administration, le conseil judiciaire a reconnu, avec elle, que les *ascendans et héritiers colla-téraux* n'étant point appelés par la loi à concourir au partage des pensions de retraite, l'enfant naturel reconnu doit, lorsque son père ne laisse que des *ascendans ou*

BULLETINS.

des collatéraux, avoir les mêmes droits que si le défunt ne laissait point de parens au degré successible, et qu'en ce cas l'art. 758 du Code civil lui défère la succession entière, sauf les droits de la veuve, qui sont réglés par l'ordonnance du 25 novembre 1814, et ceux des enfans légitimes qui doivent concourir avec l'enfant naturel reconnu, dans les proportions établies par l'art. 758.

TIMBRE DE
L'ENREGISTREM.T

VISA POUR
TIMBRE.

BULLETIN N°. 139. Les receveurs de l'Enregistrement des chefs-lieux d'arrondissemens, doivent continuer *à viser pour timbre* les formules de procès-verbaux de saisie et de transactions qui leur sont présentées par les préposés des Contributions indirectes.

Le *visa pour timbre* est interdit aux receveurs de l'Enregistrement des chefs-lieux de département, attendu qu'il existe dans ces résidences des poinçons pour l'apposition du *timbre extraordinaire.* (*Lettre du directeur-général de l'Enregistrement, du 6 mars 1821.*)

Traité du con-
tentieux,*tome 2*,
p. 385 *et* 386.

Nous avons fait connaître dans notre ouvrage, cité ci-contre, les dispositions de la loi du 13 brumaire an 7, qui autorisent la régie des Contributions indirectes, comme toutes autres administrations publiques, à se servir de papier autre que celui fourni par la régie de l'Enregistrement, en le faisant timbrer avant d'en faire usage.

Nous avons également rapporté les diverses décisions qui ont autorisé le *visa* pour timbre, et l'apposition du *timbre extraordinaire* sur les diverses formules dont se sert la régie dans les départemens.

De nouvelles difficultés s'étant élevées à cet égard, M. le directeur-général des Contributions-indirectes en a rendu compte à son collègue de l'Enregistrement, qui lui a répondu le 6 mars 1821, dans les termes suivans :

BULLETINS.

Monsieur et cher Collègue,

» Vous m'informez, par la lettre que vous m'avez fait l'honneur de m'écrire le 26 février dernier, du refus du receveur de l'Enregistrement à Montmédi de *viser pour timbre* les formules imprimées des procès-verbaux de saisie et des transactions en matière de Contributions indirectes. Ce refus ne vous paraissant pas fondé, vous m'invitez à donner des ordres à ce sujet.

» Une décision ministérielle du 8 février 1814, a autorisé les receveurs à revêtir *du visa pour timbre* les imprimés dont il s'agit, dans tous les bureaux de l'Enregistrement, autres que ceux du chef-lieu du département, pourvu que les droits de timbre soient acquittés à l'instant même où la formalité est donnée.

» A l'égard des chefs-lieux de département, la faculté du *visa* y est interdite, attendu qu'il existe dans ces résidences des poinçons pour l'apposition du *timbre extraordinaire*.

» Je transmets des ordres pour que, conformément à la décision ci-dessus rappelée, le receveur à Montmédi vise pour timbre, moyennant le paiement des droits, les formules des procès-verbaux et de transactions, nécessaires au service de votre administration.

Signé CHABROL.

BULLETIN Nº. 140. Les préposés de la régie ne peuvent se dispenser d'exiger le droit de détail sur les manquans reconnus chez les marchands en gros de boissons.

MANQUANS.

MARCHANDS EN GROS.

Nous avons professé cette doctrine dans notre Traité du contentieux, tome 1er., page 290, et nous sommes également revenus sur cet objet en traitant des *droits résultant d'exercices*, dans le 2e. volume de cet ouvrage, page 176, § 1er.; mais nous avons, à la suite de ce dernier paragraphe, établi une distinction entre les manquans peu considérables, et qu'on ne peut présumer

Rectification à faire au Traité du contentieux, *t. 2, p. 176, § I.*

BULLETINS.

être le résultat de combinaisons frauduleuses, et les manquans dont l'origine peut être suspectée; et nous avons dit que, dans le premier cas, on pouvait se dispenser d'exiger le droit de détail, la régie étant dans l'usage de tolérer que le marchand établisse une balance parfaite entre ses charges, ses sorties et ses restes, au moyen d'une expédition prise à la recette buraliste. Cette tolérance a en effet existé, mais *elle ne saurait avoir lieu aujourd'hui.* Avant la loi du 28 avril 1816, et, d'après plusieurs arrêts de la cour de cassation, tout manquant reconnu chez un marchand en gros constituait celui-ci en *contravention*, et donnait lieu à un *procès-verbal*, qui faisait encourir une amende au prévenu. C'est sous l'empire de cette législation que la régie, toujours fidèle à la règle qu'elle s'est imposée, de traiter avec indulgence les simples contraventions, et de ne réclamer la sévérité des lois qu'envers ceux qui se livrent habituellement à la fraude, avait autorisé ses employés à ne point verbaliser pour de légers manquans, lorsque le marchand leur paraissait être de bonne foi.

Il ne peut en être de même depuis la loi du 28 avril 1816, qui soumet, par son article 104, tous les manquans, quels qu'ils soient, au droit de 15 pour cent. Cette disposition doit être religieusement observée, attendu que la régie ne peut faire aucune modération ou remise sur les droits.

Messieurs les employés sont en conséquence priés de vouloir bien annoter le numéro du présent Bulletin en marge du tome 2 du Traité du contentieux, page 176, deuxième alinéa, et à regarder cet article comme non avenu.

FIN DU PREMIER VOLUME.

TABLE ALPHABÉTIQUE

DES MATIÈRES

Contenues dans le Tome i^{er}. du Bulletin des Contributions Indirectes.

A.

Abonnés. Voy. *Débitans.*

Acquit-a-caution. La décharge donnée postérieurement au délai fixé dans l'acquit-à-caution, ne dispense pas le soumissionnaire de rapporter la preuve des événemens de force majeure, qui ont causé le retard. p. 240. — Désignation des lieux où la décharge de ces acquits est opérée, avec le concours des préposés des Douanes. p. 65.

Actes du Gouvernement sont obligatoires pour les tribunaux tant qu'ils n'ont été ni modifiés, ni révoqués ; lors même qu'on pourrait leur faire le reproche d'inconstitutionalité. p. 12.

Affiches, annonçant des ventes ou adjudications faites par les administrations publiques, sont exemptes du timbre. p. 78.

Affirmation des procès-verbaux, ne doit pas rappeler les faits énoncés dans ces actes. p. 230. — Doit énoncer l'heure où elle est faite, dans tous les cas où le délai pour affirmer se compte par heure. p. 6. — *Quid?* en matière de garantie. p. 93.

Ajournement. Voy. *Visa.*

Alimens. La régie est dispensée d'en consigner pour les détenus à sa requête. p. 176.

Amendes. Les fraudes ou contraventions, constatées autrement que par un procès-verbal, ne peuvent jamais donner lieu à l'amende ; mais seulement à la confiscation. p. 173. — Voy. *Caution*, et *Matières d'or et d'argent.*

Appel. Le décret du 1er. germinal an 13 forme le code spécial de la régie en cette matière. p. 75 et 253. — Le délai pour appeler, en matière de Contributions indirectes, ne court qu'à partir de la signification du jugement. p. *ibid.* — Les parties conservent le droit d'appeler, même après le rejet d'un premier appel, toutes les fois que le jugement n'a pas été signifié. p. *ibid.* — Aucun équipollent ne peut suppléer à cette signification. p. 254.

Armes. Voy. *Bâtons.*

Arrêt d'admission. Voy. *Signification.*

Arrérages. Voy. *Pensions de retraite.*

Aubergistes qui prétendent ne donner ni *à boire*, ni *à manger*, sont soumis par l'art. 50 de la loi du 18 avril 1816, à toutes les obligations imposées aux débitans de boissons. p. 3.

Avocats. Voy. *Honoraires.*

Avoués. Voy. *Honoraires.*

B.

Bacs et Bateaux. Avis du Conseil d'Etat sur la propriété des bacs et bateaux. p. 116.

Batons sont réputés *Armes* en matière de rébellion. p. 78.

Bail authentique. Voy. *Débitans.*

Baux emphytéotiques. Voy. *Circulation.*

Bierre. Ceux qui en vendent en détail sont soumis aux visites et exercices, et à prendre licence de débitans de boissons. p. 1.

Bijoutiers. Voy. *Matières d'or et d'argent.*

Boissons. Le déchargement des boissons en cours de transport, dans un lieu autre que celui de la destination indiquée sur l'expédition, est une contravention. p. 34. — Ne peuvent être introduites chez un particulier soumis aux exercices, qu'en vertu d'une expédition en son nom personnel. p. 35 et 243.

Bouteilles. Voy. *Débitans.*

Brasseur ne peut allumer du feu sous *aucune chaudière, alambic* ou *autre vase*, quelle que soit sa forme et son espèce, dans l'intérieur de sa brasserie, sans en avoir fait la déclaration. p. 46.

Bureaux de la régie. Nul ne peut s'affranchir des déclarations auxquelles la loi l'oblige, en matière de Contributions indirectes, sous le prétexte que la régie n'a pas de bureau établi dans le lieu où il réside. p. 123.

C.

Cartes a jouer. Voy. *Fabricant.*

Cautionnement. A partir de quelle époque les intérêts des cautionnemens commencent à venir en déduction des débets des comptables, p. 41. — Voy. *Comptables.*

Cautions des comptables, sont responsables, non seulement de leurs débets, mais encore des amendes qu'ils encourent. p. 206.

Certificats de service. Voy. *Pensions de retraite.*

D.

Débitans de bierre sont soumis à la licence, et aux visites et exercices des employés. p. 1.

Débitans de boissons. On doit considérer comme tels tous les dénommés en l'art. 50 de la loi du 28 avril 1816, quand bien même ils prétendraient ne faire aucun commerce de boissons. p. 3 et 241. — Doivent déclarer toutes les boissons qu'ils possèdent, non-seulement dans la commune où ils ont leur débit, mais encore dans toute autre, quelqu'éloignée qu'elle puisse être. p. 13; même celles dont ils prétendent ne pas faire le commerce. p. 36 et 52. — Sont soumis aux visites et exercices de la manière la plus absolue, p. 60. — Qui refusent de donner accès dans les locaux dépendans de leur habitation, sont en contravention. p. 234. — Doivent produire un bail authentique pour ceux de ces locaux qu'ils prétendraient avoir loués à des tiers, p. 243. — Ne peuvent avoir chez eux de boissons en bouteilles non cachetées, autres que celles livrées à un débit actuel. p. 50. — Ne peuvent réduire le degré de leurs eaux-de-vie, hors la présence des employés. p. 103. — Doivent justifier par des expéditions de la régie de toutes les boissons qu'ils reçoivent, *quelque petite qu'en soit la quantité* p. 107. — Doivent déclarer et placer en évidence toutes celles qu'ils possèdent, et en justifier par la représentation immédiate des expéditions. p. 109. — Ceux qui ont déclaré cesser leur débit, sont, pendant les trois mois suivans, soumis à toutes les obligations imposées aux débitans, et par conséquent, à la représentation des expéditions. p. 116 et 207. — Ceux établis sur le territoire des lieux sujets au droit d'entrée, doivent représenter la quittance de ces droits aux employés. p. 201. Voy. *Refus d'exercice*, et *Traiteurs*.

Débitans de boissons, *abonnés* pour le droit de détail, restent soumis aux exercices pour la conservation des autres droits. p. 41.

Décharge. Voy. *Acquit-à-caution*.

Dégustation. L'opposition mise par un débitant à ce que les employés dégustent ses boissons, est un véritable refus d'exercice. p. 215.

Délais. Comment se comptent ceux que la loi fixe *par mois*. p. 191. — *Quid?* pour ceux *à compter de tel jour*. p. 81. — La force majeure peut interrompre, quelque fois, le cours des delais fixés pour la signification de certains actes de procédure. p. 81.

Demi-Vin. Voy. *Piquette*.

Dépens. Voy. *Instruction*.

Description des objets saisis, faite en présence d'un agent du prévenu, est valable. p. 133.

Désistement. Voy. *Pourvoi*.

Diamans. Voy. *Matières d'or et d'argent*.

Directeurs de la régie sont personnellement responsables des sommes qu'ils feraient payer malgré une opposition régulièrement signifiée. p. 187.

Domicile des simples particuliers. Les employés ne peuvent s'y introduire, en cas de soupçon de fraude, qu'en vertu d'un ordre de leur directeur ou contrôleur. p. 212.

E.

F.

G.

GENDARMES. Leurs procès-verbaux n'ont foi en justice, en matière de Contributions indirectes, que dans les cas pour lesquels ils ont pouvoir spécial de la loi pour verbaliser. p. 172. — Ne peuvent verbaliser en matières de boissons. p. 173. — Ce qu'ils doivent faire lorsqu'ils découvrent une contravention. *ibid.* — Le défaut d'enregistrement de leurs procès-verbaux, n'est pas une nullité. p. 34.

H.

HÉRITIERS. Voy. *Pensions de retraite.*

HONORAIRES DES AVOCATS ET AVOUÉS ne sont pas dûs en matière criminelle et correctionnelle. p. 262.

HUISSIERS. Comment doivent être liquidés leurs frais de voyage ou de transport. p. 264.

HYPOTHÈQUES. Voy. *Fermiers* et *Inscriptions.*

I.

IMPORTATIONS. Voy. *Saisies.*

INCONNUS. Voy. *Saisies.*

INJURES. Voy. *Menaces.*

INSCRIPTION DE FAUX. Le prévenu n'est pas tenu d'écrire lui-même sa déclaration. p. 222. — Ne peut plus être formée après un jugement par défaut. p. 143.

INSCRIPTIONS HYPOTHÉCAIRES. Comment se compte le délai de dix années, après lesquelles elles doivent être renouvelées. p. 81. Voy. *Radiation.*

INSTRUCTION. En cas de nullité du procès-verbal, les tribunaux doivent condamner les prévenus *à la confiscation* et *aux dépens*, lorsque la contravention ressort de l'instruction. p. 132.

INTÉRÊTS DES CAUTIONNEMENS. Voy. *Comptables.*

INTÉRÊTS DES DÉBETS se prescrivent par trente ans. p. 192.

INVENTAIRE. Voy. *Piquette.*

J.

JOAILLIERS. Voy. *Matières d'or et d'argent.*

JUGEMENS en matière civile. Ceux rendus sur *plaidoiries*, lorsqu'il s'agit de droits contestés, sont susceptibles de cassation. p 144. — Il en est de même de ceux qui auraient été prononcés sans avoir été précédés d'un rapport. *ibid.*

JUGEMENS INTERLOCUTOIRES. Ce que c'est. p. 70 et 73.

JUGEMENS PAR DÉFAUT. Voy. *Inscription de faux.*

Militaires qui sont en contravention aux lois sur les Contributions indirectes, sont justiciables des conseils de guerre, et non des tribunaux ordinaires. p. 33.

Ministère public ne peut poursuivre sur les procès-verbaux de contravention aux lois sur les Contributions indirectes, qu'avec le consentement de l'administration et dans les formes déterminées par les lois spéciales sur la matière. p. 159.

Munitionnaires. Voy. *Entrepreneurs.*

N.

Nullités des procès-verbaux. L'omision, par les rédacteurs, d'une formalité prescrite par les circulaires et instructions administratives n'est pas une nullité. p. 9. Voy. *Procès-verbal* et *Instructions.*

O.

Objets saisis et Objets hors de service. Les directeurs de la régie peuvent les faire vendre sans le concours des préposés de l'Enregistrement. p. 8 ; et sans l'intervention des commissaires-priseurs. p. 82.

Octroi. L'art. 21 de la loi du 28 avril 1816 n'est pas applicable aux droits d'octroi. p. 123. — Le gouvernement statue sur les délibérations des conseils municipaux en cette matière. p. 122. — Les maires, agissant dans l'intérêt de l'octroi de leur commune, n'ont pas le caractère d'agens publics. p. 268. — Le fermier d'un octroi qui perçoit au-delà du tarif n'est pas réputé concussionnaire. p. 269. Voy. *Fermiers.*

Omission de recette. Voy. *Edit de 1716.*

Opposition. Voy. *Directeurs.*

Orfévre. Voy. *Matières d'or et d'argent.*

Ouvrier. Voy. *Emprisonnement* et *Description.*

P.

Paquets relatifs au service de la régie. Règles à observer pour leur transport. p. 187.

Particuliers. Voy. *Domicile.*

Pensions de retraite sont incessibles et inaliénables. p. 95. — Cas où la retenue de ces pensions peut être autorisée en faveur des femmes et enfans du titulaire. p. 29. — Droit des héritiers des pensionnaires aux arrérages de ces pensions. p. 95.—Mode d'admission des services militaires. p. 189 et 273.— Les services temporaires ne sont pas admissibles pour la liquidation des pensions. p. 190. — Cas où des certificats particuliers de service peuvent être admis. p. 79 — Droit des enfans naturels reconnus. p. 275.

verbal, toutes les formalités requises à peine de nullité, vient à cesser avant la clôture de cet acte, la formalité omise doit être remplie. p. 74. — Les formalités remplies en présence d'un ouvrier ou commis du prévenu sont réputées avoir été observées vis-à-vis le prévenu lui-même. p. 133. — Sont soumis au droit d'enregistrement de deux francs. p. 85. Voyez *Affirmation*, *Enregistrement*, *Gardes-champêtres*, *Gardes-forestiers*, *Gendarmes*, *Matières d'or et d'argent* et *Nullités*.

PROPRIÉTAIRE d'un lieu où sont trouvés des objets de fraude, est réputé l'auteur de la fraude, tant qu'il n'est pas établi que les objets saisis étaient hors de sa possession. p. 17. — Cas où il est responsable des plantations illicites de tabac, faites sur sa propriété. p. 153.

PROPRIÉTAIRE RÉCOLTANT. Cas où il peut être considéré comme marchand en gros de boissons. p. 145.

R.

RADIATION DES INSCRIPTIONS HYPOTHÉCAIRES. Formalités à remplir pour que le conservateur des hypothèques soit autorisé à l'opérer. p. 82.

RAPPORT DE JUGES. Voy. *Jugement*.

RECEL DE BOISSONS. Voy. *Débitant*.

RECENSEMENT des magasins d'un marchand en gros, peut avoir lieu dans le cours d'un trimestre. p. 193.

RECEVEURS. Voy. *Comptables*.

REFUS D'EXERCICE. Le défaut d'ouverture d'une armoire placée dans le domicile d'un débitant est une contravention, quand même il aurait pour cause l'absence de la personne que l'on prétendrait en avoir la clef. p. 60. — Les contestations qui surviennent entre un redevable et les employés sur la nature des exercices qu'ils peuvent faire chez lui, ne constituent un refus d'exercice que lorsque les employés ont fait *sommation expresse* au redevable de souffrir l'exercice, et que celui-ci s'y est formellement refusé. p. 193. Voy. *Dégustation*, *Menaces* et *Tribunal civil*.

REMISE DE CAUSE. Voy. *Enregistrement*.

RENTES EN VIN. Voy. *Circulation (Droit de)*.

RESPONSABILITÉ. Voy. *Cautions*, *Directeur*, *Entrepreneur* et *Propriétaire*.

RETENUE autorisée sur les pensions de retraite. p. 29.

RETRAITES. Voy. *Pensions*.

S.

SAISIES SUR INCONNUS. La loi du 5 septembre 1792, relative à ces sortes de saisies, en matière de Douanes, s'applique aux mêmes saisies en matière de Contributions indirectes. p. 225.

SAISIES A L'IMPORTATION, doivent être poursuivies à la requête de l'administration des Douanes. p. 9 et 10.

SALPÊTRES. Leur circulation est libre en France. p. 5.

SELS, ne peuvent circuler dans le rayon de trois lieues des salines du royaume, sans être accompagnés d'expéditions de la régie. p. 19. — Le droit sur les sels inventoriés en exécution du décret du 11 novembre 1813, étaient acquis et exigibles au moment de l'inventaire. p. 181.

SERVICES MILITAIRES. Voy. *Pension de retraite*.

SIGNIFICATION. Cas où la force majeure peut en prolonger les délais. Voy. *Visa*.

SOUSTRACTION DE RECETTE. Voy. *Edit de 1716* et *Erreurs de calcul*.

T.

TABAC. Le fait de la vente du tabac ressort suffisamment de la déclaration que fait le prévenu ; qu'il n'en *vend* pas, mais qu'il en *cède* à ses connaissances. p. 218. — Est légalement déclaré tabac de fraude quand les employés le déclarent tel dans leur procès-verbal. p. 218. — Saisi dans le rayon des Douanes, cas où la confiscation doit en être poursuivie par cette administration. p. 9 et 10. Voy. *Emprisonnement* et *Territoire*.

TERRITOIRE. Les habitans d'une partie de territoire français, placés hors la ligne des Douanes, continuent à être soumis aux lois générales du royaume en toute matière autre que celle des Douanes. p. 124.

TIMBRE. Voy. *Affiches*.

TOLÉRANCE. Voy. *Contravention*.

TRAITEURS, qui donnent *à manger* dans leurs maisons, sont soumis aux mêmes obligations que les débitans de boissons, bien qu'ils prétendent ne pas donner *à boire*. p. 241.

TRIBUNAL CIVIL n'est pas compétent pour statuer sur un refus d'exercice constaté par procès-verbal, même lorsque le contrevenant prétendrait que l'objet sur lequel il a refusé l'exercice, n'était pas soumis aux droits. p. 36.

V.

VENTES d'objets saisis et d'objets hors de service. Voy. *Commissaires-Priseurs*.

VIEUX PAPIERS. Voy. *Commissaires-Priseurs*.

VISA. L'exploit signifié à un préposé d'administration, n'est pas nul parce que ce préposé n'aurait pas apposé son *visa* sur l'original. p. 80. — Il n'en est pas de même pour les exploits d'ajournement. *ibid.*

VISITES et EXERCICES. Voy. *Débitant de bierre*, *Débitans abonnés*, *Domicile* et *Voisin*.

Fin de la Table des Matières.

BULLETINS

DES

CONTRIBUTIONS INDIRECTES,

Faisant suite au TRAITÉ DU CONTENTIEUX,

Par M^r. D'AGAR, Chef de Division Adjoint du Contentieux de la Régie, Auteur de plusieurs Ouvrages de Jurisprudence.

TOME PREMIER.

1re *et* SECONDE LIVRAISON.

Nous avons annoncé, dans la Note qui sert d'introduction à cet Ouvrage, qu'il serait publié par livraisons d'une feuille, et qu'il y aurait plusieurs livraisons par mois; mais l'administration de l'Enregistrement ayant prétendu que ce mode de publication soumettrait chaque feuille à son *timbre*, nous avons voulu épargner à nos Abonnés ce surcroît de dépense. En conséquence nous ne ferons paraître qu'une livraison par mois, mais elle sera de trois feuilles.

Six livraisons, dont la dernière comprendra les Tables chronologiques et alphabétiques, formeront un volume dont le prix, *franc de port*, sera toujours de *sept francs*. On ne peut souscrire pour moins d'un volume.

Les lettres doivent être *affranchies*, et être adressées à M. RENARD, *Libraire, rue Sainte-Anne, N°.* 71; elles devront contenir le prix de l'abonnement, en un mandat à vue sur Paris, et l'adresse exacte de l'abonné.

Les lettres *non affranchies* ne seront pas reçues.

TABLE SOMMAIRE DES BULLETINS

Contenus dans la seconde Livraison.

Fin des Bulletins de la seconde Livraison.

DELAGUETTE, Imprimeur, rue Saint-Merry, N°. 22, à Paris.

BULLETINS

DES

CONTRIBUTIONS INDIRECTES,

Faisant suite au TRAITÉ DU CONTENTIEUX,

Par Mr. D'AGAR, Chef de Division Adjoint du Contentieux de la Régie, Auteur de plusieurs Ouvrages de Jurisprudence.

TOME PREMIER.

TROISIÈME LIVRAISON.

Nous avons annoncé, dans la Note qui sert d'introduction à cet Ouvrage, qu'il serait publié par livraisons d'une feuille, et qu'il y aurait plusieurs livraisons par mois; mais l'administration de l'Enregistrement ayant prétendu que ce mode de publication soumettrait chaque feuille à son *timbre*, nous avons voulu épargner à nos Abonnés ce surcroît de dépense. En conséquence nous ne ferons paraître qu'une livraison par mois, mais elle sera de trois feuilles.

Six livraisons, dont la dernière comprendra les Tables chronologiques et alphabétiques, formeront un volume dont le prix, *franc de port*, sera toujours de *sept francs*. On ne peut souscrire pour moins d'un volume.

Les lettres doivent être *affranchies*, et être adressées à M. RENARD, *Libraire, rue Sainte-Anne, N°. 71*; elles devront contenir le prix de l'abonnement, en un mandat à *vue* sur Paris, et l'adresse exacte de l'abonné.

Les lettres *non affranchies* ne seront pas reçues.

TABLE SOMMAIRE DES BULLETINS

Contenus dans la troisième Livraison.

Fin des Bulletins de la troisième Livraison.

DELAGUETTE, Imprimeur, rue Saint-Merry, N°. 22, à Paris.

BULLETINS

DES

CONTRIBUTIONS INDIRECTES,

Faisant suite au TRAITÉ DU CONTENTIEUX,

Par Mr. D'AGAR, Chef de Division Adjoint du Contentieux de la Régie, Auteur de plusieurs Ouvrages de Jurisprudence.

TOME PREMIER.

QUATRIÈME LIVRAISON.

Nous avons annoncé, dans la Note qui sert d'introduction à cet Ouvrage, qu'il serait publié par livraisons d'une feuille, et qu'il y aurait plusieurs livraisons par mois; mais l'administration de l'Enregistrement ayant prétendu que ce mode de publication soumettrait chaque feuille à son *timbre*, nous avons voulu épargner à nos Abonnés ce surcroît de dépense. En conséquence nous ne ferons paraître qu'une livraison par mois, mais elle sera de trois feuilles.

Six livraisons, dont la dernière comprendra les Tables chronologiques et alphabétiques, formeront un volume dont le prix, *franc de port,* est toujours de *sept francs.* On ne peut souscrire pour moins d'un volume.

Les lettres doivent être *affranchies,* et être adressées à M. RENARD, *Libraire, rue Sainte-Anne,* N°. 71; elles devront contenir le prix de l'abonnement, en un mandat à *vue* sur Paris, et l'adresse exacte de l'abonné.

Les lettres *non affranchies* ne seront pas reçues.

TABLE SOMMAIRE DES BULLETINS

Contenus dans la quatrième Livraison.

Fin des Bulletins de la quatrième Livraison.

DELAGUETTE, Imprimeur, rue Saint-Merry, N°. 22, à Paris.

BULLETINS

DES

CONTRIBUTIONS INDIRECTES,

Faisant suite au TRAITÉ DU CONTENTIEUX,

Par Mr. D'AGAR, Chef de Division Adjoint du Contentieux de la Régie, Auteur de plusieurs Ouvrages de Jurisprudence.

TOME PREMIER.

CINQUIÈME LIVRAISON.

Six livraisons, dont la dernière comprendra les Tables chronologiques et alphabétiques, formeront un volume dont le prix, *franc de port,* est de *sept francs.* On ne peut souscrire pour moins d'un volume.

Les lettres doivent être *affranchies,* et être adressées à M. RENARD, *Libraire, rue Sainte-Anne, Nº.* 71; elles devront contenir le prix de l'abonnement, et l'adresse exacte de l'abonné.

Les lettres *non affranchies* ne seront pas reçues.

Nous nous empressons d'annoncer à nos abonnés que, dans la vue de faciliter aux Employés de tous grades, l'acquisition du *Manuel alphabétique des Contributions indirectes,* le prix de cet ouvrage vient d'être réduit à *trois francs,* pris à Paris.

MM. les Employés éviteront des frais de port en réunissant plusieurs demandes, parce qu'alors les exemplaires leur seront adressés par la messagerie en un seul balot.

TABLE SOMMAIRE DES BULLETINS

Contenus dans la cinquième Livraison.

Fin des Bulletins de la cinquième Livraison.

DELAGUETTE, Imprimeur, rue Saint-Merry, N°. 22, à Paris.

BULLETINS

DES

CONTRIBUTIONS INDIRECTES,

Faisant suite au TRAITÉ DU CONTENTIEUX,

Par M^r. D'AGAR, Chef de Division du Contentieux de la Régie, Auteur de plusieurs Ouvrages de Jurisprudence.

SIXIÈME ET DERNIÈRE LIVRAISON

du premier Volume.

MM. les Abonnés sont priés de renouveler leur abonnement, s'ils ne veulent pas éprouver d'interruption dans l'envoi de la première livraison et des suivantes du 2e. Volume.

AVIS.

Les changemens survenus dans l'organisation de l'administration centrale ont été la cause du retard qu'a éprouvé la publication de cette livraison qui termine le premier volume des Bulletins ; mais les livraisons suivantes vont se succéder avec rapidité.

La promotion de l'auteur de cet ouvrage à la place de Chef de la division du contentieux, et son entrée au conseil de la régie, doivent être pour MM. les Abonnés une nouvelle garantie que le recueil continuera à présenter tout ce qui peut les éclairer et les guider dans la pratique de leurs devoirs. L'administration a d'ailleurs manifesté l'intérêt qu'elle prenait à la continuation de ce travail en prenant *cent abonnemens* pour le service de ses bureaux.

La première livraison du deuxième volume des Bulletins est *sous presse*, et sera incessament envoyée à ceux de Messieurs les Souscripteurs qui auront renouvelé leur abonnement. Elle est spécialement destinée à leur faire connaître la composition du personnel de l'administration centrale et du service actif au 1er. avril 1821, *avec l'indication de la classe à laquelle chaque emploi appartient.* Ce travail nous a été demandé par plusieurs abonnés, et nous croyons faire plaisir à tous en le mettant sous leurs yeux en tête de ce deuxième volume.

Les livraisons suivantes continueront à présenter la jurisprudence de la cour de cassation, et les décisions ministérielles sur les difficultés que présente le service de la régie et celui des autres administrations dans des cas analogues. Elles contiendront de plus que les précédentes, *les décisions prises par l'administration en assemblée générale*, à partir du 1er janvier 1821.

Le prix du volume est toujours de *sept francs*, rendu *franc de port* par la poste.

Chaque volume se compose de six livraisons de trois feuilles d'impression ; il parait une ou deux livraisons par mois, selon l'abondance des matières ; la dernière livraison de chaque volume contient une table alphabétique.

Les demandes d'abonnement doivent être faites par lettres affranchies, à M. RENARD, libraire, rue Ste.-Anne, N°. 71, et contenir le prix de l'abonnement en mandat sur Paris.

DELAGUETTE, Imprimeur, rue Saint-Merry, N°. 22, à Paris.